AF555382

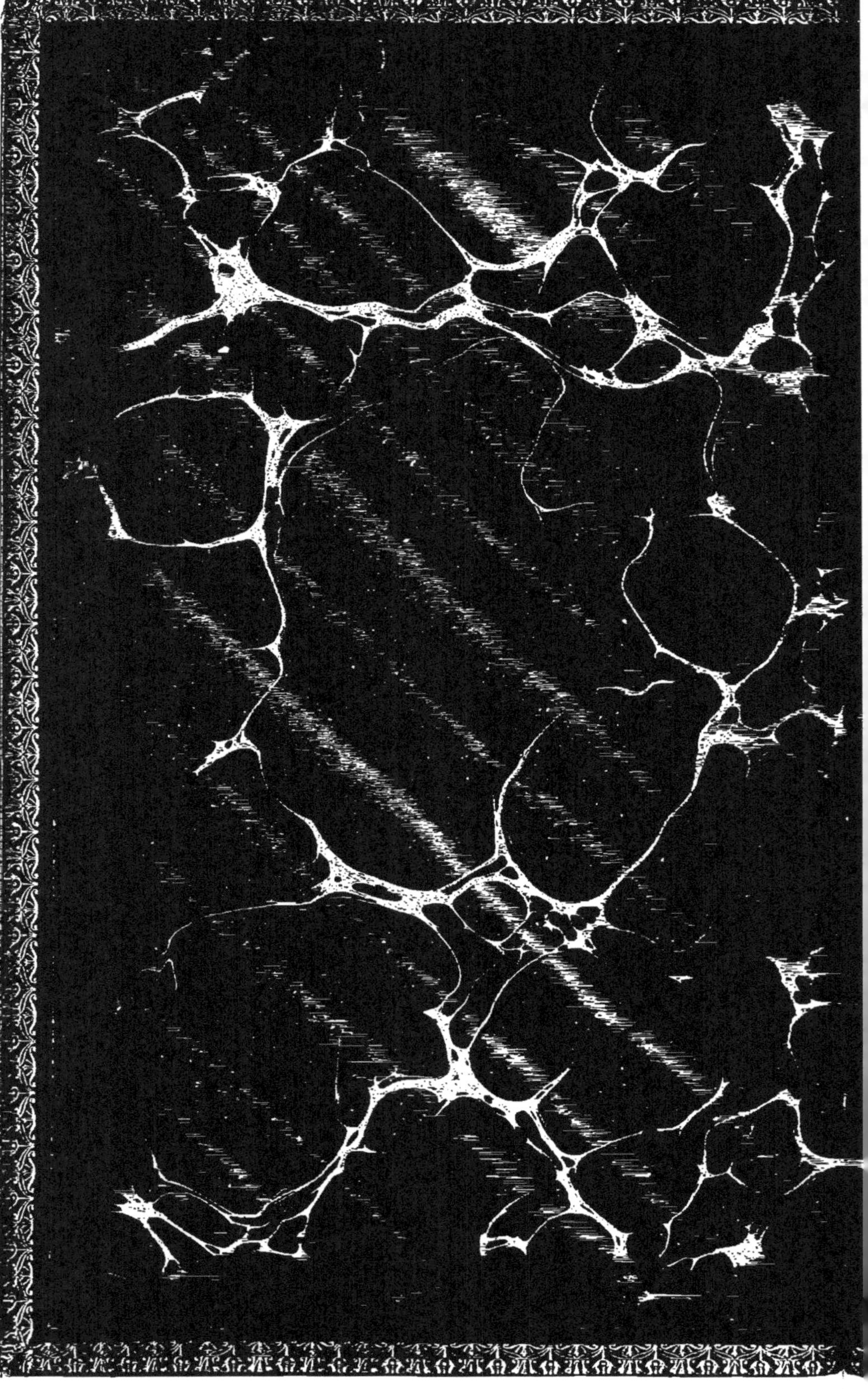

LE PEINTRE-GRAVEUR FRANÇAIS.

A. P.^s F. Robert Dumesnil.

Æt. 59.

LE PEINTRE-GRAVEUR
FRANÇAIS,

OU

CATALOGUE RAISONNÉ DES ESTAMPES

GRAVÉES

PAR LES PEINTRES ET LES DESSINATEURS

DE L'ÉCOLE FRANÇAISE

OUVRAGE FAISANT SUITE AU PEINTRE-GRAVEUR DE H. BARTSCH,

PAR A. P. F. ROBERT-DUMESNIL.

J'aurai du moins l'honneur de l'avoir entrepris.

LA FONTAINE.

TOME NEUVIÈME

Publié, d'après les désirs de l'auteur, par M. Georges Duplessis.

PARIS,

Chez { Mme BOUCHARD-HUZARD, LIBRAIRE, RUE DE L'ÉPERON, 5;
RAPILLY, LIBRAIRE ET MARCHAND D'ESTAMPES, QUAI MALAQUAIS, 5;

ET A LEIPZIG, CHEZ RUDOLPH WEIGEL.

1865

TABLE.

La mort, en enlevant, au commencement de l'année dernière, le doyen des amateurs d'estampes, ravit en même temps à l'art de notre pays un de ses historiens les plus instruits. M. Robert-Dumesnil, auquel ses consciencieux travaux sur la gravure française ont acquis une juste renommée parmi les iconophiles, mourut à Paris le 20 janvier 1864, à l'âge de 85 ans. Né à Périers dans le département de la Manche le 30 août 1778, il montra, fort jeune, un goût prononcé pour les beaux-arts. A sa sortie du collége, il se livra à l'étude du droit, entra à 18 ans, comme maître clerc, chez un notaire de Coutances, et vint bientôt à Paris, où il put, en même temps qu'il continuait à s'occuper des travaux de sa profession, satisfaire les goûts qui le portaient vers la connaissance des estampes. Au bout de quelques années il épousa la fille du notaire chez lequel il travaillait, et peu de temps après son mariage il prit une étude pour son compte et se distingua dans la carrière qu'il avait choisie par un jugement sûr et par une intelligence des affaires peu commune.

M. Robert-Dumesnil dirigea pendant vingt-deux ans l'étude que son prédécesseur lui avait cédée, et, malgré les occupations nombreuses que ses fonctions lui imposaient, il trouvait encore le temps de consacrer quelques moments à la recherche des œuvres d'art (1). Il faisait de fréquentes visites aux marchands d'estampes, et il parvint à réunir une des collections les plus considérables qui aient jamais été formées par un amateur français. Après avoir rassemblé un choix précieux de pièces de toutes les écoles et de tous les grands maîtres, M. Robert-Dumesnil, auquel les travaux d'Adam Bartsch avaient rendu de nombreux services, voulut, à son tour, faire profiter les autres des connaissances spéciales qu'une longue pratique des estampes lui avait acquises. Comprenant parfaitement qu'une collection peut, seulement à la condition d'être sévèrement circonscrite, offrir un ensemble à peu près complet, il se dessaisit des estampes précieuses qu'il avait jusqu'à ce jour réunies sans distinction d'écoles ni de pays. A partir de ce moment il se contenta de réunir les pièces de l'école française, voulant ainsi élever à notre art national un monument qui en constatât la vie et la force, et qui permît aux graveurs, nos contem-

(1). M. Robert-Dumesnil avait commencé de bonne heure à rendre service aux hommes qui partageaient ses goûts. Gault de Saint-Germain (*Guide des amateurs de peinture* : école italienne, 1816, p. 212) fait entendre que M. Robert-Dumesnil lui vint en aide pour l'impression de son ouvrage. Cette confidence est suivie d'une appréciation des mérites qui distinguaient le futur auteur du *Peintre-graveur français* : « M. Robert-Dumesnil, notaire royal, est un jeune amateur, sage dans ses désirs, docile aux conseils de l'expérience, rempli de zèle pour tout ce qui peut régler le goût et la prudence des curieux. »

porains, de ne plus ignorer la glorieuse série d'artistes qui les ont précédés. Le premier volume du *Peintre-graveur français* parut en 1835; M. Robert-Dumesnil s'était, dès cette époque, retiré des affaires, et il passait chaque année dans le château de la Joie, propriété qu'il possédait auprès de Nemours, la plus grande partie de l'été. C'est là, au milieu du calme et du repos des champs, qu'entouré de ses collections il rédigea, avec une conscience et une persévérance qu'on ne saurait trop louer, les huit volumes de cet ouvrage, qui est devenu aujourd'hui le guide indispensable de tous les amateurs d'estampes.

Les recherches qu'avait exigées ce travail avaient mis M. Robert-Dumesnil en rapport avec tous les hommes qui portaient à l'art de la gravure un véritable intérêt. Nous avons retrouvé dans sa correspondance les témoignages écrits de l'estime que l'on accordait avec raison à son ouvrage et la confiance que son érudition inspirait. Nous voyons tantôt M. Léon de Laborde, sur le point de mettre au jour son *Histoire de la gravure en manière noire*, lui demander avis (1836); tantôt M. Rudolph Weigel, le savant éditeur de Leipsig, lui soumettre ses doutes et lui demander le secours de ses lumières; tantôt enfin l'État faire appel au savoir de M. Robert-Dumesnil lorsqu'il projeta, en 1847, de dresser un catalogue des richesses que possédait le cabinet des estampes de la Bibliothèque royale.

Le dernier volume du *Peintre-graveur français*

parut en 1850, et, malgré les infirmités que l'âge amène, M. Robert-Dumesnil ne cessa pas un seul instant de travailler, et de recueillir tous les documents qui pouvaient servir à l'achèvement de l'ouvrage qu'il avait si vaillamment entrepris. La mort ne lui permit pas d'exécuter le projet, depuis si longtemps caressé, de mettre au jour deux nouveaux volumes, et, quelques jours avant sa mort, il voulut bien nous désigner à son fils pour classer et publier les notes qu'il avait rassemblées et qu'il avait déjà, en partie du moins, rédigées. L'honneur d'avoir été choisi par notre maître, qui avait bien voulu souvent mettre à notre disposition le fruit de son expérience et de ses lumières, nous imposa le devoir d'apporter à cette publication le soin le plus religieux et la plus scrupuleuse attention. Toutes les descriptions furent confrontées devant les estampes mêmes, toutes les sources indiquées en marge furent consultées, toutes les lacunes comblées autant que possible, et nous ne nous sommes décidé à confier à l'imprimeur le travail de M. Robert-Dumesnil que le jour où nous avons cru avoir satisfait aux exigences qu'une mission aussi honorable nous imposait. Notre but serait atteint si l'on accordait, aux monographies préparées par M. Robert-Dumesnil, complétées et mises en ordre par nous, l'estime qu'ont méritée et obtenue les huit premiers volumes du *Peintre-graveur français*.

GEORGES DUPLESSIS.

LISTE COMPLÈTE

DES CATALOGUES DE VENTES DE M. ROBERT-DUMESNIL (1).

1. Catalogue d'estampes anciennes et modernes, ainsi que de quelques dessins du cabinet de M***, par Duchesne aîné. Vente à Paris les 30 et 31 janvier 1826. In-8° de 27 pages.
2. Catalogue d'une collection d'estampes anciennes et modernes et ouvrages à figures provenant du cabinet de M. le comte M..., par Duchesne aîné. Vente à Paris le 24 mars 1828 et jours suivants. In-8° de 44 pages.
3. Catalogue d'une nombreuse collection d'estampes gravées sur cuivre et sur bois, par Duchesne aîné. Vente à Paris les 22 et 23 mars 1831 et jours suivants. In-8° de 20 pages.
4. Catalogue d'une collection d'estampes anciennes gravées à l'eau-forte par des peintres, et au burin par des graveurs des écoles d'Italie, d'Allemagne, des Pays-Bas et de France, provenant du cabinet de feu M. de B***, d'Arras. Vente à Paris les 6 et 7 avril 1835. Defer, expert. In-8° de 27 pages.
5. Vente d'une collection d'estampes anciennes gravées à l'eau-forte et au burin par des peintres et graveurs des écoles d'Italie, d'Allemagne, des Pays-Bas et de France, par suite

(1) La plupart de ces catalogues, rédigés par M. Robert-Dumesnil lui-même, contiennent de précieux renseignements iconographiques qui les font avec raison rechercher par les amateurs d'estampes ; ils sont d'ailleurs déjà assez difficiles à réunir pour que nous ayons cru intéressant de publier cette liste complète, qui aidera à les faire retrouver.

du décès de M. P***, peintre. Vente à Paris les 21 et 22 février 1839. Defer, expert. In-8° de 19 pages.

6. Catalogue d'une collection d'estampes anciennes par des graveurs et d'après des peintres des écoles d'Italie, d'Allemagne, des Pays-Bas et de France, provenant du cabinet de M. V***, de Lille. Vente à Paris les 21 et 22 février 1842. Defer, expert. In-8° de 16 pages.

7. Catalogue d'une collection d'estampes anciennes gravées au burin, à l'eau-forte et en bois, par des maîtres de l'école française, et de quelques spécimens de choix des autres écoles provenant du cabinet de M. R. D***. Vente à Paris les 3, 4, 5 avril 1843. Defer, expert. In-8° de 36 pages.

8. Catalogue d'une collection d'estampes anciennes gravées au burin, à l'eau-forte et en bois par des maîtres de l'école française, et de quelques spécimens de choix des autres écoles, provenant du cabinet de M. R. D***. Vente à Paris les 25, 26, 27 et 28 mars 1844. Defer, expert. In-8° de 35 pages.

9. Catalogue d'une vente d'estampes anciennes par des graveurs de l'école française et de quelques spécimens des graveurs des autres écoles, d'un choix de dessins de maîtres anciens, provenant du cabinet de M. R. D***. Vente à Paris les 7, 8 et 9 avril 1845. Defer, expert. In-8° de 59 pages. (Deux suppléments.)

10. Catalogue d'une intéressante collection de tableaux des écoles italienne, française et des Pays-Bas, provenant du cabinet de M. Robert-Dumesnil, auteur du *Peintre graveur français*. Vente à Paris le 20 décembre 1852. Gérard, expert. In-8° de 7 pages.

11. Catalogue d'estampes anciennes à l'eau-forte et au burin, provenant de la collection de M. R. D. Vente à Paris les 20 et 21 avril 1854. Defer, expert. In-8° de 30 pages.

12. Catalogue d'une collection d'estampes anciennes par des peintres et graveurs français des XVIIe, XVIIIe et XIXe siècles, de l'œuvre de Jean Lepaultre, architecte, celui de De Boissieu, amateur lyonnais, d'estampes des maîtres de l'école de Fontainebleau, des portraits, sujets histo-

riques, etc., etc., du cabinet de M. R. D. Vente à Paris le 4 décembre 1854 et jours suivants. Defer, expert. In-8° de 74 pages.

13. Catalogue d'estampes anciennes à l'eau-forte et au burin par divers peintres et graveurs, aux XVIe, XVIIe et XVIIIe siècles, parmi lesquels on remarque les œuvres d'Androuet du Cerceau, Cl. Mellan, Fr. Chauveau, W. Baur, Le Prince, Saint-Non, etc. Beaux portraits par Thomas de Leu, Masson, Drevet, Vanschuppen, etc. Anciens livres à figures et recueils d'estampes, curieux et rares, sur les sciences, les arts et l'histoire, du cabinet de M. R. D. Vente à Paris les 26 et 27 novembre 1855. Defer, expert. In-8° de 55 pages.

14. Catalogue d'estampes anciennes, principalement des maîtres français du XVe au XVIIIe siècle, décrites à l'ouvrage du *Peintre-graveur français*, par M. Robert-Dumesnil. Un œuvre très-remarquable de Jacques Callot et ceux de Claude le Lorrain, de la Hyre, Mauperché, Bourguignon, Coypel, Demarcenay, Demarne, etc. Une suite de portraits français par Thomas de Leu; quelques maîtres hollandais, dont les œuvres de Bega, Suanewelt, Waterloo, etc. Plusieurs recueils et livres à figures, curieux et rares, sur les beaux-arts et l'histoire, dont l'ouvrage très-rare de Tortorel et Perissin sur les troubles advenus en France de 1559 à 1570, provenant de la collection de M. R. D. Vente à Paris le 11 mars 1856 et deux jours suivants. Defer, expert. In-8° de 67 pages.

15. Catalogue d'estampes anciennes et portraits provenant de la collection de M. R. D. Vente à Paris les 17 et 18 décembre 1856. Defer, expert. In-8° de 24 pages.

16. Catalogue de livres sur les beaux-arts ou ornés de gravures, d'ouvrages de littérature et d'histoire et de lettres autographes provenant de la bibliothèque de M. R. D. Vente à Paris le 19 décembre 1856 et deux jours suivants. L. Potier et Laverdet, experts. In-8° de 52 pages.

17. Catalogue des livres anciens et modernes bien reliés, ouvrages à figures, lithographies, photographies, etc., prove-

nant du cabinet de M. Rob. D. Vente à Paris les 3 et 4 mars 1858. Lavigne, expert. In-8° de 32 pages.

18. Catalogue d'estampes anciennes et d'un bel œuvre d'Étienne de la Belle, annoté et augmenté sur celui de Jombert, par P. Defer, provenant du cabinet de M. R. D. Vente à Paris les 12 et 13 avril 1858. Vignères, expert. In-8° de 64 pages.

19. Catalogue d'estampes anciennes des trois écoles, provenant du cabinet de M. R. D. Vente à Paris les 19 et 20 novembre 1858. Vignères, expert. In-8° de 75 pages.

20. Catalogue d'une collection d'estampes, d'après les maîtres de l'école de Fontainebleau, provenant du cabinet de M. R. D. Vente à Paris le 26 mars 1862. Clément, expert. In-8° de 28 pages.

21. Catalogue d'une collection d'estampes françaises par Callot Flamen et autres. Vues de Paris anciennes par Israël Silvestre, provenant du cabinet de M. R. D. Vente à Paris le 11 mai 1863. Clément, expert. In-8° de 22 pages.

22. Catalogue d'estampes de l'école française et d'une collection de livres sur les beaux-arts, provenant du cabinet de feu M. R. D. OEuvre presque complet d'Étienne Delaune, le *Peintre graveur* de Bartsch, et le reste de l'édition du *Peintre graveur français*. Vente à Paris le 11 mars 1864. Clément, expert. In-8° de 16 pages.

A cette nomenclature il faut ajouter les catalogues des trois ventes qui furent faites à Londres.

Catalogue des estampes de Rembrandt, de Ferdinand Bol, de Jean Livens, de Jean-Georges van Vliet, de Rodermont et de leurs imitateurs; colligées par M. A. P. F. Robert-Dumesnil (Paris, 1835). In-8° de 39 pages.

Ce Catalogue fut traduit en anglais lors de la vente, et parut alors sous ce titre :

« A Catalogue of an important and valuable collection of etchings by Rembrandt, collected with great judgment by Mons. A. P. F. Robert Dumesnil, of Paris, and by him consigned to this country for sale; consisting of the most rare productions of that eminent painter with numerous variations and early states of impressions, many of which have not been hitherto described by the writers on art. They are chiefly brilliant impressions, and in the finest condition. Together with the works of his principal disciples, Ferdinand Bol, Rodermont, J. G. van Vliet, Jean Livens, etc., etc., etc., including some specimens of great rarity. » Vente à Londres le 12 avril 1836 et deux jours suivants. Phillips, expert. In-8° de 31 pages.

Catalogue des estampes des écoles allemande, flamande, hollandaise et anglaise, colligées par M. A. P. F. Robert-Dumesnil, dont la vente publique aura lieu à Londres le 1er mai 1837 et jours suivants. Paris, 1837, in-8° de 144 pages.

Ce Catalogue fut traduit en anglais sous ce titre :

« A Catalogue of a highly interesting and valuable collection of painters' etchings and engravings, formed during a period of many years, with indefatigable industry and profound judgment by Mons. Robert-Dumesnil, of Paris..... » Vente à Londres le 1er mai 1837 et six jours suivants. Phillips, expert. In-8° de 74 pages.

Catalogue des estampes des écoles d'Italie et d'Espagne, et des dessins tant de ces écoles que des écoles germaniques, colligés par M. A. P. F. Robert-Dumesnil, dont la vente publique aura lieu à Londres le 14 mai 1838 et jours suivants. Paris, 1838, in-8° de 113 pages.

LE MAITRE AU MONOGRAMME.

Nous n'avons aucun renseignement sur le graveur qui a signé de ses initiales et de son monogramme l'estampe que nous allons décrire, estampe sur laquelle on lit une inscription gothique en français, qui laisse supposer, avec beaucoup de vraisemblance, que son auteur fut de notre pays.

Elle représente le *cénacle* de Léonard de Vinci, peint, en 1497, dans le réfectoire du couvent de Sainte-Marie-des-Grâces, à Milan, et nous offre la représentation du réfectoire même où cette célèbre peinture fut exécutée.

Le Christ a la tête environnée de trois groupes de rayons ; les apôtres ont des auréoles, sauf Judas, qui en est privé.

On voit qu'alors le réfectoire était pavé en carreaux blancs et noirs, différents de forme et de grandeur ; qu'il était voûté à plein cintre et orné de colonnes à chapiteaux gothiques, formant péristyle de chaque côté vers le fond, au delà de la table faisant face au spectateur. Ces péristyles étaient éclairés, celui de gauche par deux œils-de-bœuf et une fenêtre cintrée, et l'autre par deux œils-de-bœuf et une fenêtre rectangulaire, garnis de verrières en losange. Au milieu du fond était une galerie voûtée en caissons, dont l'extrémité laissait voir une baie ouverte, décorée, à son amortissement, d'une forme hémisphérique où deux Génies soutiennent une guirlande portant le monogramme qui figure en tête de cet article (1).

Au milieu du bas est une banderole contenant cette inscription en caractères gothiques : *Sur tout il n'est que d'endurer*. Cette banderole est accompagnée, à gauche, d'un petit ange tenant un écusson chargé d'une espèce de plume et d'un burin, et, à l'opposite, d'un autre ange tenant une petite banderole portant les initiales du graveur.

Au surplus, voici le *fac simile* du bas de l'estampe ; il laisse à désirer sous le rapport de l'exécution : on y voit beaucoup trop de tailles parallèles, peu ou presque pas d'entre-tailles et encore moins de contre-tailles ; enfin l'encre d'impression est plutôt bistrée que noire.

(1) M. Robert-Dumesnil s'est trompé en croyant que cette estampe, grossièrement exécutée par un artiste français, donnait une représentation fidèle du réfectoire de Sainte-Marie-des-Grâces. Au lieu de voir dans l'architecture qui encadre la *Cène* une invention pure et simple

La rareté et l'ancienneté donnent seules à cette estampe quelque valeur.

L. 0,170; H. 0,120.

Bartsch, t. XIII de son *Peintre-Graveur*, cite, d'après la même peinture, trois estampes anciennes, dont voici les dimensions :

P. 81 (n° 26). L. 14° 10' = (0,400); H. 8° 10' = (0,236).
P. 82 (n° 27). L. 16° 2' = (0,435); H. 11° 9' = (0,307).
P. 83 (n° 28). L. 16° 5' = (0,445); H. 8° 4' = (0,224).

Comme il est facile de s'en convaincre d'après ces mesures, si l'on ne peut voir les estampes mêmes, qui sont également sans mérite, Bartsch n'a pas connu cette planche que nous a communiquée notre digne et précieux ami M. Defer; celui-ci attend, depuis plus de dix ans, la publication du IXe volume du *Peintre-graveur français*, ouvrage auquel il a toujours pris un intérêt dont nous ne saurions trop le remercier.

---

du graveur, qui s'est permis d'ailleurs d'interpréter très-librement l'œuvre immortelle de Léonard de Vinci, le savant iconographe, qui n'avait pas visité l'Italie, a cru retrouver l'état ancien d'un monument détourné aujourd'hui de sa destination. Il faut donc, pour ne pas être induit en erreur, considérer la description ci-dessus comme donnant une idée exacte de l'estampe et non pas la représentation fidèle d'une salle qui n'a pu, malgré les transformations qu'elle a subies, perdre absolument sa physionomie et sa disposition primitives.

JEAN COUSIN.

Jean Cousin naquit en 1501 à Soucy, près Sens, et mourut vers 1589. Il ne nous appartient pas ici de rappeler les œuvres hors ligne qui assurent à Jean Cousin une des premières places dans l'histoire de l'art français. Le tombeau de l'amiral Chabot, les rares peintures sur panneau ou sur verre, et les quelques dessins authentiques du maître Sénonais, révèlent une intelligence d'élite et un talent supérieur. Les estampes qu'il grava lui-même à la pointe, sans témoigner d'un savoir aussi grand, ne laissent pas que de commander également l'attention : traitées en croquis, elles n'offrent pas la perfection que peuvent offrir des œuvres exécutées à loisir et mûries lentement, mais elles donnent déjà la mesure réelle du talent de ce maître qui possédait, à un degré fort élevé, la science de la forme et le sentiment de l'élégance et de la beauté.

Si les Iconographes sont généralement tombés d'accord pour attribuer à Jean Cousin les trois eaux-fortes décrites ci-après, il n'en a pas été de même des estampes gravées d'après les dessins du maître. Ici, en effet, le champ est laissé libre aux conjectures. Quoique l'on ait, pour se guider, *le Livre de perspective* et *le Livre de pourtraicture*, ouvrages incontestables de l'artiste Sénonais, et œuvres empreintes d'une originalité bien tranchée, quelques auteurs n'ont pas craint de mettre sous le nom de Jean Cousin un grand nombre de vignettes fort indignes de supporter une attribution aussi illustre. D'autres, au contraire, désireux de grouper autour de cette grande figure le nombre le plus considérable de planches précieuses, n'ont pas hésité à ranger dans l'œuvre de Jean Cousin les estampes qui décorent *le Songe de Poliphile* et *l'Entrée de Henri II à Paris en* 1549, deux des plus beaux livres ornés de vignettes publiés en France pendant le XVIe siècle. Plus prudent dans nos attributions, et fidèle en cela à la voie que nous a tracée M. Robert-Dumesnil, nous nous contenterons, jusqu'à plus ample information, de regarder comme étant uniquement exécutés d'après les dessins de Jean Cousin, en dehors des deux ouvrages que nous avons mentionnés plus haut, un assez grand nombre des planches de la Bible de Jean Leclerc, et un livre fort beau, trop peu connu, à cause de sa rareté, dont les vignettes rappellent absolument la marque de Jean le Royer, placé sur le frontispice du *Livre de perspective*, et qui porte comme titre : *Henrici II, Galliarum Regis elogium cum ejus verissime expressa effigie, Petro Paschalio autore. Ejusdem Henrici Tumulus, autore eodem. Lutetiæ Parisiorum apud Michaelem Vascosanum.* 1560, *ex privilegio Regis*. in-folio (1).

(1) Nous ne pouvons, en effet, mettre au nombre des ouvrages com-

Nous avons pensé qu'il ne serait pas sans intérêt de donner ici la liste des ouvrages que composa Jean Cousin, et d'indiquer les éditions successives que subirent ces ouvrages. Quelque incomplète que soit cette liste, elle pourra servir de base à un travail bibliographique plus étendu et appeler l'attention sur ces traités qui contiennent clairement exposés les principes fondamentaux des arts du dessin.

I. Livre de perspectiue de Jehan Cousin, Senonois, maistre

---

posés entièrement par Jean Cousin le volume suivant, dont M. de Montaiglon nous a révélé l'existence (*Archives de l'art français*, Documents, tome V, p. 356), et que nous avons vu nous-même à la bibliothèque de l'Arsenal, où il porte le nº 11,954 : « Le *Livre de lingerie*, composé par maistre Dominiqve de Sera, italien, enseignant le noble et gentil art de l'esguille, pour besongner en tous points : vtile et profitable à toutes dames et damoyselles pour passer le temps et euiter oysiveté. Nouuellement augmenté et enrichi de plusieurs excellents et diuers patrons, taut du point coupé, raiseau, que passement, de l'inuention de M. Jean Covsin, peintre à Paris. A Paris, chez *Hiérosme de Marnef*, et la veusue de *Guillaume Cauellat*, au mont St-Hilaire, à l'enseigne du *Pélican*. 1584. Auec priuilége du Roy. » — Ce priuilége est du 7 septembre 1583.

Les trois premiers feuillets du cahier G, d'un goût excellent, doivent seuls, ce nous semble, être du dessin de Jean Cousin. Pour s'en assurer d'une façon positive, il faudrait avoir vu l'édition antérieure (1583) que cite, d'après Duverdier, M. Brunet (*Manuel du libraire*, dernière édition, tome V, colonne 300). La marque de Jérôme de Marnef, reproduite par Silvestre (*Marques typographiques*, nº 812), se voit sur le dernier feuillet de cet ouvrage ; et, s'il faut admettre, comme le prétendent quelques auteurs, que J. Cousin donna le dessin de plusieurs marques de libraires, on pourrait compter, au nombre de celles qu'il a inventées, celle-ci, qui est en tout point digne d'une semblable attribution. Nous croyons également reconnaître la main de J. Cousin dans une autre marque fort belle qui se trouve sur un certain nombre d'ouvrages imprimés par Jacques Dupuys, *Jésus et la Samaritaine* (Silvestre. *Marques typographiques*, nº 719).

painctre à Paris. — A Paris, de l'imprimerie de Jehan Le Royer, imprimeur du Roy ès mathématiques. 1560. avec privilége du Roy, in-f°. — La marque de J. Le Royer avec cette devise : *Stante et currente Rota* se voit sur le titre. M. Robert-Dumesnil a décrit les planches qui ornent cet ouvrage, tome VII du *Peintre-graveur français*, pages 28-42.

Jean Cousin fait précéder son livre de perspective de la dédicace suivante :

JEHAN COVSIN AV LECTEVR.

Amy lecteur, tu as icy un mien œuure, contenant les premières Reigles de l'art de Perspectiue, que j'eusse voluntiers desdié et adressé au Roy ou à quelques Princes et grans Seigneurs, selon que coustumièrement il se faict, si j'eusse senty de l'éloquence et scauoir assez en moy pour m'y oser adresser. Je l'eusse semblablement voluntiers laissé aller auecq' ses figures simples, s'il n'eust deu tumber qu'es mains des experts, et exercez en l'art, qui d'eux mesmes et à la simple veue de la figure eussent peu cognoistre et voir ce qui en est. Mais j'ay voulu seruir aux rudes et ignorans qui voudront en cognoistre quelque chose, et satisfaire à l'instante poursuitte de mes bons seigneurs et amys, amateurs de cest art, qui m'en ont à tant de fois requis et prié, qu'il ne m'a esté possible les esconduire, et m'exempter d'en mettre dehors quelque chose. En quoy véritablement j'ay esté d'autant plus hardy qu'il me sembloit bien que l'expérience que j'en ay faicte pas longtemps me deuoit auoir laissé quelque jugement et cognoissance pour en pouuoir parler à l'instruction et auancement des noueaux et non expérimentez en l'art, et au contentement des amys qui m'en ont si instamment requis. Cest art consiste en reigles et sections de lignes certaines, selon quil se pourra voir par ce qui est contenu en ce présent œuure. Et se verra encore plus amplement par le second œuure : auquel seront représentées les figures de touts corps, mesmes des personnages, arbres et paysages, pour entendre et cognoistre en quelle situation, forme et grandeur ils doiuent estre représentez selon cest art : lequel œuure, auec l'ayde de Dieu, j'espère bien tost faire sortir en lumière : Si je cognois ce mien premier labeur t'estre aggréable. Qui est ce que je demande de toy pour toute récompence. A-Dieu.

On lit dans l'avis de l'imprimeur au lecteur : « M'estant présenté par maistre Jehan Cousin (en l'art de portraicture et peincture non infime à Zeusis ou Appelles) un livre de la pratique de la perspective par luy composé, et les figures pour l'intelligence d'iceluy nécessaires, portraictes de sa main sur planches de bois : j'ai accepté la ditte offre et ay taillé la plus grand' part desdittes figures, et quelques unes qui auparavant estoient encommencées par maistre Aubin Olivier mon beau frère, les ay parachevées et mises en perfection, selon l'intention dudit auteur..... »

II. Livre de povrtraictvre de maistre Jean Covsin, peintre et geometrien très excellent, contenant, par une facile instruction, plusieurs plans et figures de toutes les parties séparées du corps humain : ensemble les figures entières tant d'hommes que de femmes et de petits enfans, veues de front, de profil et de dos, avec les proportions, mesures et dimensions d'icelles, et certaines règles pour racourcir par art toutes lesdites figures : fort utile et nécessaire aux peintres, statuaires, architectes, orfèures, brodeurs, menuisiers, et généralement à tous ceux qui ayment l'art de peinture et de sculpture. A Paris, par Jean le Clerc, rue Saint-Jean-de-Latran, à la Salamandre, auec priuilège du Roy, s. d. (1595), in-4° obl.

Achevé d'imprimer ce 10 mars 1595. — De l'imprimerie de David le Clere, rue Frementel, à l'Estoille d'or. — Le privilège fut donné à Mantes le 13 juillet 1593.

M. Brunet mentionne (*Manuel du libraire*, dernière édition, t. II, col. 339) trois éditions antérieures à celle-ci, et datées de 1571, 1589 et 1593, éditions que nous n'avons pu rencontrer, et que nous ne trouvons cataloguées nulle part ailleurs. Le comte Léopold Cicognara (t. I,

p. 54, nº 315 de son catalogue), s'attachant à la beauté des épreuves d'un exemplaire du *Livre de portraicture* portant la date de 1671, exemplaire qu'il possédait, croit à une erreur typographique et suppose que la date 1571 doit être la date réelle de cette édition.

2e édition. Paris, *Jean Leclerc*, 1603, in-4° obl.
3e — — — — 1608, in-4° obl.
4e — Paris, *Jean Leclerc*, achevé d'imprimer le 6 juin 1618, par D. L. C.; in-4° obl.
5e — — — — 1635, in-4° obl.
6e — Paris, *Guillaume Le Bé*, 1640, citée par l'abbé de Fontenai dans le *Dictionnaire des Artistes*.
7e — Paris, *Guillaume Le Bé*, 1642, in-4° obl.
8e — — — — 1647, in-4° obl.
9e — Paris, *Guillaume Le Bé*, 1656, in-4° obl.
10e — La vraye science de la pourtraicture décrite et démontrée par maistre Jean Cousin, peintre géométrien très excellent, représentant par une facile instruction plusieurs plans et figures de toutes les parties séparées du corps humain; ensemble les figures entières, tant d'hommes que de femmes et de petits enfants, vues de front, de profil et de dos, avec les proportions, mesures et dimensions d'icelles; et certaines règles pour raccourcir par art toutes lesdites figures. Fort utile et nécessaire aux peintres, statuaires, architectes, orfèvres, brodeurs, menuisiers, et généralement à tous ceux qui aiment l'art de peinture et sculpture. *Jouxte la copie imprimée à Paris, et se vendent à* Lyon, *Demasso*, 1663, in-4°, obl.
11e — Paris, *Guillaume Le Bé*, 1671, in-4° obl.
12e — Paris, *Guillaume Le Bé*, 1676, in-4° obl.
13e — L'art de désseigner de maistre Jean Cousin, reveu, corrigé et augmenté par François Jol-

lain, graueur, à Paris, de plusieurs morceaux d'après l'antique, auec leurs mesures et proportions, d'vne Description exacte des os et muscles du corps humain et de leurs offices et usages, et d'une Instruction facile pour apprendre à desseigner touttes ces figures selon les différens aspects qu'elles peuuent avoir. Se vend à Paris chez *Jollain*, rue Saint-Jacques, à la Ville de Cologne. Auec priuilège du Roy, s. d. (1685), in-4° obl.

Le privilége est du 22 mai 1681, et on lit au-dessous : Achevé d'imprimer pour la première fois le 25 avril 1685. Les gravures qui se trouvent dans cette édition sont en partie copiées sur les estampes de l'ouvrage original, comme le dit positivement l'avis au lecteur : on en a ajouté plusieurs qui sont, sans doute, de l'invention de Jollain.

La bibliothèque de l'Arsenal possède un exemplaire sans date de cet ouvrage, avec cette adresse : « ...Se vend à Paris, chez ledit *Jollain*, rue St.-Jacques, à l'Enfant Jésus, avec priuilége du Roy. »

14ᵉ édition. L'Art de dessiner, par Jean Cousin, revu, corrigé et augmenté de plusieurs morceaux d'après l'antique..... Paris, *François Chereau*, 1750, in-4° obl.

15ᵉ — L'art de dessiner, revu, corrigé et augmenté de plusieurs morceaux d'après l'antique... Paris, chez *Fr. Chereau*, 1778, in-4° obl.

16ᵉ — L'art de dessiner, par Jean Cousin, excellent peintre françois. A Paris, chez *Jacques François Chereau*, 1788, in-4° obl.

17ᵉ — L'art de dessiner, par Jean Cousin, augmenté de plusieurs figures d'après l'antique. Paris, *Joubert*, an X (1802), in-4° obl.

18ᵉ — L'Art de dessiner, par Jean Cousin, augmenté de plusieurs figures d'après l'antique, avec leurs mesures et proportions, d'une description des os et des muscles du corps humain; de leurs noms et de leurs fonctions, et d'une instruction pour apprendre à dessiner facilement. Paris, *Jean*, 1821, in-4° obl.

19e édition. L'Art du dessin démontré d'une manière claire et précise par Jean Cousin, peintre français, revu, corrigé et augmenté d'après les ouvrages de ce maître et les meilleures éditions qui aient paru jusqu'à ce jour, par P. T. Le Clère, peintre. Paris, *Jean*, s. d., in-f°.

Copies grossières, gravées au pointillé, des planches contenues dans les éditions mentionnées ci-dessus.

III. Figures de la saincte Bible, accompagnées de briefs discours contenans la plus grande partie des histoires sacrées du vieil et du nouueau Testáment, et des œuvres admirables du Dieu viuant, créateur du ciel et de la terre, et de Jésus-Christ son fils unique, nostre Sauueur et Rédempteur, pour l'instruction, contentement et consolatiou des ames deuotes et contemplatives. Le tout dédié au Roy très chrestien. Paris, *Jean Leclerc*, 1614, in-f°.

2e édition. Paris, *Guillaume Le Bé*, 1635, in-f°.

3e — Figures des histoires de la sainte Bible, accompagnées de briefs discours contenans la plus grande partie des histoires sacrées du vieil et nouueau Testament et des œuvres admirables du Dieu vivant, créateur du ciel et de la terre, et de Jésus-Christ, son fils unique, notre Sauveur et Rédempteur. Pour l'exercice ordinaire des âmes déuotes et contemplatives. Le tout dédié au Roy très-chrétien. Paris, *Guillaume Le Bé*, 1643, in-f°.

4e — Paris, *Guillaume Le Bé*, 1660, in-f°.

5e édition dédiée à madame Jeanne de Chaumont, Paris, 1670, in-f°.
6e — Paris, 1686, in-f°.
7e — dédiée à S. A. S. Monseigneur le Prince de Conty (Paris, *Robert Pepie*, 1688, in-f°).
8e — Paris, *Alexis de la Roche* et *Jean Lesclapart*, 1724, in-f°.

Quoique nos recherches ne nous aient pas permis de citer une édition de cet ouvrage antérieure à l'année 1614, il nous paraît impossible d'admettre qu'un livre gravé au XVIe siècle, et dessiné vraisemblablement par Jean Cousin, n'ait pas vu le jour du vivant des artistes qui le composèrent. Les épreuves des bois qui se trouvent dans la première édition citée ici sont d'ailleurs assez usées pour que l'on puisse affirmer qu'elles ont subi un tirage antérieur. Nous avons vu, dans la riche collection de M. Ambroise Firmin Didot, un exemplaire défectueux de cet ouvrage, qui nous confirme dans cette opinion. Celui-ci est in-4 oblong. Le texte, encadré dans des ornements d'un bon goût, est en regard de chaque estampe; malheureusement le titre manquant, nous ne pouvons assigner la date de cette édition, qui est certainement, si l'on fait attention au bon état de conservation des planches, une des plus anciennes.

ŒUVRE

DE

JEAN COUSIN.

1. *L'Annonciation.*

La sainte Vierge s'est agenouillée à côté de son prie-Dieu, à la droite du bas. Elle écoute, les mains jointes, dans un saint recueillement, la révélation du mystère de l'incarnation que lui fait l'archange Gabriel, apparaissant à gauche de l'estampe, environné de trois petits anges. Au milieu du devant on remarque un vase d'où s'élève un lis en fleurs, emblème de pureté. Le fond présente une construction architectonique ornée de plusieurs colonnes dont quelques-unes sont en partie cachées par une draperie, et laissent voir la campagne ornée de riches fabriques. Au bas de cette construction, vers la gauche, on lit, en caractères tracés par le maître : ·I·COVSIN

L. 0,197; H. 0,130.

2. *Le Sauveur descendu de la croix.*

Le corps mort du Rédempteur, qui vient d'être descendu de la croix, est déposé sur une grande pierre, au milieu du bas de l'estampe, par Nicodème, Joseph d'Arimathie et le disciple bien-aimé, qui supportent encore le précieux fardeau. A ce triste spectacle, la sainte Vierge exprime la plus profonde douleur que deux saintes femmes partagent en lui portant secours. Ce groupe occupe le premier plan à gauche. A la droite du bas, au delà de Nicodème, on remarque sainte Madeleine prosternée qui baise les pieds du Sauveur et vers le fond du même côté la caverne devant servir de sépulcre. Le fond du sujet présente la montagne du Calvaire surmontée des trois croix, le rocher où avait poussé le figuier desséché auquel Judas est pendu, et maintes et maintes collines ornées d'un monument en rotonde et de ruines d'autres monuments somptueux. On lit à droite, vers le bas, sur les côtés ombrés d'une pierre :

L. 0,298 ; H. 0,168.

On trouve de cette estampe des épreuves très-différentes de tirage. Malgré nos recherches, nous n'avons pu découvrir entre elles aucune différence matérielle. Nous avons constaté seulement que les premières épreuves étaient tirées très-finement, tandis que les secondes, imprimées avec une encre bourbeuse, étaient lourdes et empâtées. On remarque d'ailleurs, dans ces secondes épreuves, certaines éraillures qui n'étaient pas apparentes dans les premières. Un dessin pour cette composition, assez peu différent de l'œuvre définitive, se trouve à Paris, dans la collection de M. Hip. Destailleur.

3. *La Conversion de saint Paul.*

Au milieu de la composition, Saül, foudroyé avec son cheval par la parole du Christ, que l'on voit à gauche sur un nuage environné d'anges, se retourne effrayé pour lui demander : *Qui êtes-vous, Seigneur?* A droite deux cavaliers fuient, ayant peine à contenir leurs chevaux ; à gauche, deux autres, dont un portant un drapeau, se sauvant dans cette direction. Sur le devant, du même côté, un homme fuit en se bouchant les oreilles ; dans le lointain, à droite sur la montagne, on aperçoit des monuments d'architecture avec arcades. Belle composition en largeur, sans aucune marge et sans le nom du maître, dont elle pourrait bien être le coup d'essai.

L. 0,430 ; H. 0,290.

On connaît deux états de cette planche :

I. Avant les rayures dont il va être parlé.

II. Avec quantité de raies sur toute l'étendue de la planche, notamment quatre sur le nuage, descendant diagonalement de droite à gauche; quatre autres pareilles sur le drapeau ; enfin, vers la droite, une très-grande, traversant plus de la moitié de la planche, depuis le bord supérieur jusqu'à la tête de saint Paul.

On attribue encore, avec quelque vraisemblance, à Jean Cousin, l'estampe suivante, qui a échappé jusqu'à ce jour aux recherches des iconographes :

Un homme nu, tourné vers la gauche, assis sur deux degrés regarde sur une sorte de volumen étroit avec un manche qu'il tient de ses deux mains ; il se trouve dans un paysage au fond duquel on voit à droite un palais en ruine et à gauche sur le devant une colonne tronquée qui masque en partie une campagne traversée par une rivière. Pièce anonyme.

H. 0,210; L. 0,146.

Ces quatre estampes sont de la plus grande rareté. M. Robert Dumesnil avait décrit les nos 1 et 3 d'après les épreuves possédées par M. Prosper de Baudicour. Le superbe cabinet de cet amateur nous a été ouvert avec une générosité sans pareille, et nous sommes heureux de pouvoir donner ici-même un témoignage public de notre reconnaissance à l'auteur du *Peintre-graveur français continué*, qui a bien voulu nous promettre de mettre à notre disposition ses riches portefeuilles, pour mener à bonne fin le travail que nous entreprenons aujourd'hui.

ÉTIENNE DELAUNE.

Cet artiste fut connu dans son temps sous le nom de maître *Étienne*, en latin *Stephanus*.

Le plus ancien auteur qui, à notre connaissance, ait parlé de lui, est *la Croix du Maine*, qui écrivait en 1584 (1). Selon cet auteur, Ét. Delaune naquit à Paris (2), et mourut dans la même ville, le jour de la Pentecôte de l'année 1583, à l'âge de 67 ans.

A ce compte, maître *Étienne* serait venu au monde

(1) *Premier volume de la Bibliothèque du sieur de la Croix du Maine*, etc., in-fol., Paris, *Abel l'Angelier*, M.D.LXXXIIII, p. 76. *La Croix du Maine* caractérise comme il suit le talent de cet artiste : *C'est*, dit-il, *l'un des plus excellens hommes pour le burin et la taille-douce de toute la France, comme il se voit par une infinité de pourtraits faits de sa main et imprimés tant à Paris qu'en autres lieux.*

(2) Huber et Rost, Nagler, Brulliot, Renouvier et quelques autres historiens de la gravure assignent Orléans comme lieu de naissance d'Étienne Delaune. Nous ignorons absolument sur quelles preuves s'appuient ces opinions diverses, que nous nous contentons de constater : des actes officiels, encore à trouver, pourraient seuls trancher la question et faire savoir, d'une façon positive, laquelle de ces deux villes, Paris ou Orléans, a le droit de réclamer l'honneur d'avoir donné le jour à Étienne Delaune. M. H. Herluison, dans une notice intéressante sur les *Artistes orléanais* (Orléans, 1863, in-16), se contente de classer Étienne Delaune au nombre de ses compatriotes, sans pouvoir, toutefois, apporter aucun document irrécusable à l'appui de son opinion. M. Haag, dans la *France protestante*, nous apprend qu'Étienne Delaune appartenait à la religion réformée.

vers 1516; il y a là une erreur que nous devons chercher à détruire.

D'après cinq estampes de son œuvre, sur lesquelles il a eu soin de graver son âge et l'année où il les exécuta, le calcul fait connaître que notre artiste naquit en 1519. Il n'avait donc, en mourant, que 64 ans et non 67, comme le dit l'auteur cité. Ces cinq estampes sont : le n° 352, daté de 1573, dans sa 54e année; les nos 440, 441, 443, datés de 1579, dans sa 60e année; et le n° 218, portant la date de 1580, dans sa 61e année. A la vérité, les nos 126 et 442 de notre catalogue, exécutés en 1578, établissent que l'artiste était alors âgé de 60 ans, ce qui semblerait renverser notre calcul, puisqu'en prenant l'indication au pied de la lettre il paraîtrait né en 1518; mais la contradiction est plus apparente que réelle, si l'on veut reconnaître avec nous qu'entré seulement en 1578 dans sa 60e année, cette même année n'atteignit sa révolution complète qu'en 1579, date des nos 440, 441 et 443.

Le nom de famille de notre maître était De LAUNE ou DELAUNE; c'est lui-même qui nous l'enseigne, nos 352, 383, 390 et 397. Ainsi ceux qui l'écrivent *De Laulne* ou *De Losne* ont plus d'égard à la prononciation qu'à l'exactitude littérale.

Les premières pièces gravées par lui, ayant une date, sont de l'année 1561. Viennent ensuite celles qui portent les dates de 1567, 1568, 1569, 1570, 1573, 1575, 1576, 1578, 1579, 1580 et 1582. Il en existe cependant une qui précède celles de 1561; nous voulons parler du portrait de Henri II, fait pour décorer un livre qui parut en 1560 (1), et dont on peut fixer la date à cette dernière année au plus tard.

Ce portrait et celui d'Ambroise Paré nous semblent avoir été exécutés à Paris; il est plusieurs autres pièces qui ont également vu le jour, sinon à Paris, du moins en France, ce que prouvent suffisamment les mots *cum privilegio regis*, qu'elles portent; mais il est certain que notre maître a habité Strasbourg (*Argentina*) et Augsbourg (*Augusta*) où il fit paraître, savoir, dans la dernière de ces villes, les nos 266 et 267, datés de 1576, et dans la première les quarante-neuf estampes que nous décrivons sous les nos 205 à 224, 352 à 358 et 383 à 389 de notre catalogue, estampes qui virent le jour en 1573 et en 1580.

Si le portrait de Henri II est, comme nous le croyons, la première estampe de maître Étienne, cet artiste n'aurait commencé à graver que dans l'âge mûr, c'est-à-dire de 40 à 41 ans; il aurait employé ses années antérieures à l'étude de la gravure en médailles où il excellait, comme nous l'avons dit tome VII, p. 29 de cet ouvrage; cet autre art suppose celui de modeleur et même de statuaire pour lesquels les leçons d'un maître habile ne lui

(1) L'*Éloge de Henri II*, cité plus haut dans la notice qui précède le Catalogue de l'œuvre de Jean Cousin, p. 5.

firent pas défaut, puisque cette époque coïncide avec le séjour en France de Benvenuto Cellini qui vint à Paris en 1540. Les neuf estampes, n°s 140 à 148 de notre catalogue, qui sont des revers de médailles frappés à coin libre, d'après les compositions de notre maître, témoignent de la sûreté de son goût et de la puissance de son talent comme dessinateur.

Étienne Delaune est le premier graveur qui parmi nous ait fait revivre la manière inventée par Jules Campagnola, de finir ses estampes au pointillé; tels sont *le Portrait de Henri II*, exécuté en 1560, et les n°s 1, 2, 3, 5, 9, 10, 12 et 18 de la suite de la *Genèse* en 36 morceaux, dans lesquels les nuages et les figures des apparitions sont gravés à l'aide de ce procédé.

Outre cette particularité bonne à noter, la manière propre au talent de Delaune doit être, ce nous semble, indiquée. Successeur immédiat des artistes qui fondèrent, à Fontainebleau, une école devenue célèbre, il subit l'influence à laquelle personne n'échappa à cette époque, et malgré cette discipline, sous laquelle il semblait enrôlé, il sut encore conserver une originalité qui fait reconnaître à première vue les œuvres sorties de son burin. La profession d'orfévre qu'il avait exercée pendant de longues années lui avait acquis une sûreté de main qui lui permettait de mettre dans les plus petits sujets une expression singulière; les maîtres dont il avait suivi les préceptes ou dont il reproduisait les œuvres,

Jean Cousin, Luca Penni et Niccolò dell' Abbate, maintenaient son goût et l'empêchaient de tomber dans l'exagération à laquelle s'adonnèrent certains graveurs de cette époque ; enfin un savoir personnel lui permit de mettre au jour des œuvres qui dénotent une connaissance approfondie de la perspective et une entente réelle de l'ordonnance. A ces qualités, qui font d'Étienne Delaune un artiste très-recommandable, il en faut joindre une autre non moins appréciable. Personne ne compose avec plus d'esprit et plus de délicatesse les arabesques qui doivent servir de modèles aux orfévres et aux ciseleurs, les petits cartouches destinés à orner une épée, une bague ou un couteau, et ces bordures élégantes qui encadrent un miroir ou un écran. En somme, Étienne Delaune est, pour l'école française, ce que les petits-maîtres Beham, Aldegrever et Binck étaient pour l'école allemande, des orfévres devenus, par la force des choses, dessinateurs et graveurs ; seulement il possède un esprit et une grâce, une élégance dans les figures et une richesse dans l'invention que jamais graveur allemand ne connut, et, au lieu d'un burin brillant, mais un peu lourd, il dispose d'un travail souple et moelleux qui se prête admirablement aux figures sveltes ou aux ornements légers qu'il exécute.

Mariette, après avoir consacré à Étienne Delaune plusieurs notes qui révèlent toujours une grande sûreté de jugement et une érudition singulière, ajoute : « J'ay veu un recueil de desseins de Delaune, assez ample, faits la pluspart le trait à la plume et lavés sur du vélin, c'étoit sa manière, dans lequel recueil il y avoit beaucoup de desseins pour les médailles, des monoyes, des jettons, des cachets et pour divers ouvrages de bijouterie; c'est de là que j'ai extrait les dattes ci-dessous, lesquelles se trouvent sur des desseins de jettons ou monnoyes fort joliment faits :

1553. *Curia monetarum Franciæ.* — Jeton.
1554. *Ibidem.* — Jeton.
1555. *In labore quies.* Armes. — Jeton.
1556. *Qui imperavit ventis et mari.* — Jeton de la ville.
1557. Cachet de J. Clausse, notaire et secrétaire du roi.
1559. *Memoria æterna.* — Jeton.
1560. Une Annonciation de la Vierge.
1560. *Camera computorum regiorum.* — Jeton.
560. *Bened. subductis rationibus.* — Jeton.
1560. Portrait de François II. Médaille ou monnaie.
1561. *Remis sacra ac saluta.*
1561. *Hos mihi paravit Diana triumphos.*
1562. XV. VIR. MON. FR. M. D. LXII. — Jeton.
1562. *Fides exercitum.*
1563. *Memento qui fuit, vespiæ qui ven.* — Jeton.
1564. Jeton pour les compagnies françaises.
1564. C. Catherine de Cleremont; devise. — Jeton.
1564. Tête de Charles IX. — Médaille ou monnaie.
1568. Devise. — Jeton.
1568. Médaille.
1570. *Sit nomen Dn̄i bened.* — Jeton.
1575. *Providentia Dei salus populi.* — Médaille. »

Personne ne met en doute aujourd'hui qu'Étienne Delaune, avant de devenir graveur d'estampes, ait non-seulement ciselé lui-même, mais ait encore été très-souvent chargé de fournir des dessins aux graveurs de médailles et de jetons. Cette opinion, bien arrêtée dans l'esprit des amateurs d'estampes, et souvent exprimée, ne semble pas avoir encore préoccupé au même degré les archéologues; ceux-ci, trop portés à ne voir dans une médaille que la consécration d'un événement historique ou la constatation d'un fait projeté ou accompli, n'accordent pas, ce nous semble, aux auteurs de ces pièces commémoratives, toute l'attention qu'ils méritent. Ainsi, les savants auteurs du *Trésor de numismatique et de glyptique,* qui reproduisent deux médailles signées de la lettre S (pl. XII, n° 4 et n° 5), ne font aucune mention, dans le texte qui explique ces planches, de la présence de cette initiale; oubli regrettable, si l'on songe que le nom du graveur de ces médailles était caché sous cette abréviation. Désireux de mettre à même le lecteur d'avoir une idée juste et complète du talent d'Étienne Delaune, nous donnons ici même la description de deux médailles à nous connues qui portent cette initiale. Le temps et les travaux incessants auxquels se livrent les numismates amèneront, sans aucun doute, la découverte d'autres médailles signées de la même initiale; et le jour où un certain nombre de ces œuvres d'art pourra être réuni et comparé, Étienne Delaune occupera, nous en avons la ferme confiance, une place élevée dans l'art de la gravure en médaille.

HENRICVS. II. DEI. G. FRANCO. REX. Buste à droite, tête nue, S dans le champ.

℞. NOMEN. AD. ASTRA. 1552. B. Diane debout, tenant son arc et une flèche. 21 milli.

Cette pièce est gravée dans le *Trésor de numismatique et de glyptique*, pl. XII, n° 4.

HENRICVS. II. DEI. G. FRANCO. REX. Buste à droite lauré.

℞. SIC. FAMA. VIRESCIT. 1552. B. Victoire assise sur un globe, tenant une palme et une couronne. S. dans le champ. 20 milli.

Nous reproduisons ici cette troisième médaille que le *Trésor de numismatique et de glyptique* a déjà publiée (pl. XII, n° 5), uniquement pour éviter aux amateurs une méprise qui pourrait leur être préjudiciable. Le *Catalogue des coins du musée monétaire*, sans dire à quelle époque elle fut exécutée, nous apprend, ce qu'un œil exercé devine sans peine, qu'elle n'est pas contemporaine de Henri II, malgré la date 1551 qui l'accompagne. La figure qui se voit au revers a été empruntée à une autre médaille de Henri II (Voir *Trésor de numismatique*, pl. XII, n° 1), et l'artiste qui a fait cet emprunt a montré un soin religieux à s'écarter le moins possible de son modèle. Maintenant il s'agirait de savoir ce que signifie cette lettre S placée au-dessous du buste royal ?

A propos des médailles gravées par Étienne Delaune, nous lisons dans Piganiol de la Force (édition de 1742, t. II, p. 84) le passage suivant :

« Toutes nos espèces ont été fabriquées au marteau, jusqu'au règne du Roi Henri II, que les inconvénients de ce monoyage firent penser à lui en substituer un meilleur. Un menuisier, nommé Aubin Olivier, né à Saint-Genest, en Auvergne, inventa pour lors l'art de monoyer au Moulin, et ce fut Guillaume de Marillac, général des monoyes, qui le produisit à la cour, où tout le monde admira la beauté des essais qu'il fit. Le Roi lui permit l'établissement de ce monoyage par ses lettres patentes du 3 de Mars de l'an 1553, lesquelles portent : *Nous avons pourvu ledit* Aubin Olivier *de l'office de maître et conducteur des engins de la monoye au Moulin,* etc. Aubin Olivier s'associa *Jean Rondelle* et *Estienne Delaulne,* graveurs excellents qui firent les poinçons et les carrés. »

ŒUVRE

D'ÉTIENNE DELAUNE.

§ I. — Sujets de l'Ancien Testament et sujets de sainteté.

MORCEAU EN HAUTEUR.

1. *Judith.*

Elle remet la tête d'Holopherne à sa servante et se dirige à gauche en brandissant son coutelas. Le millésime 1567 se voit à la droite du bas. Composition dans ne forme ovale.

H. 0,052. L. 0,041.

MORCEAUX EN LARGEUR.

2. *Le Jugement de Salomon.*

Salomon est assis sur son trône, au milieu du fond, et les deux mères se voient à gauche. La lettre S est vers le bas, du même côté. Composition dans une forme ovale.

L. 0,028. H. 0,022.

3 — 14. Suite de douze estampes dans des formes ovales.

L. 0,088. H. 0,066.

On connaît trois états de ces planches :

I. Elles sont réunies deux à deux ; celles qui portent le millésime 1561 occupent la droite, et les autres la gauche. Les lettres : S. F. ou les mots : STEPHANVS. FECIT., sont gravés entre chaque sujet, sur une partie retranchée lors de la séparation qui a produit le IIe état. Voici leurs dimensions :

L. 0,221. H. 0,066.

II. Chaque planche a été divisée en deux, et cette opération a produit l'état qui nous occupe, lequel offre, comme le Ier, dans les angles du bas, à gauche le nom du sujet, et à l'opposite, pour les morceaux qui en occupaient la gauche, ce qui subsiste encore des inscriptions primitives, et, pour ceux qui occupaient sa droite, le millésime 1561. C'est d'ailleurs cet état que nous allons décrire en suivant l'ordre des temps.

III. Les états qui précèdent n'ont point été chiffrés et sont sans adresse. Dans celui-ci les pièces sont chiffrées dans l'angle bas de sa droite, et l'une d'elles, notre n° 7, porte l'adresse de *Ciartres*.

3. *Sacrifice d'Abraham.*

— (1) On lit dans les angles du bas, à gauche : ABRAAM, et à droite, 1561.

Le IIIe état est chiffré 2.

4. *Loth commettant inceste avec ses filles.*

— (2) = A gauche : LOT, et à droite : 1561.

Le IIIe état est chiffré 11.

5. *L'Ange du Seigneur consolant Agar.*

— (3) = A gauche : AGAR, et à droite : CVM PRI. R.

Le IIIe état est chiffré 9.

6. *Abraham recevant les trois Anges.*

— (4) = A gauche : .ABRAHAM, et à droite : CVM. PRIVILEGIO . R.

Le IIIe état est chiffré 6.

7. *La Rencontre de Jacob et de Rachel.*

— (5) = A gauche : .RACHEL. et à droite : CVM.PRIVILEGIO. REGIS.

Le IIIe état est chiffré 1. D'ailleurs on lit dans ses angles, au-dessus des inscriptions rapportées, à gauche : *Ciartres*, et à l'opposite : *Excudit*.

8. *Le Songe mystérieux de Jacob.*

— (6) = A gauche : .IACOB. et à droite : CVM PRIVILEGIO. REGIS

Lors du tirage du IIIe état, cette estampe, qui ne se trouvait pas en la possession de l'éditeur, ne reçut pas le n° 12 qu'il devait porter. Elle fut remplacée dans la suite par l'estampe représentant *l'élément du Feu*, n° 106 ci-après, laquelle fut marquée du n° 12 dans l'angle bas de la droite.

9. *Jacob luttant avec l'Ange.*

— (7) = A gauche : .IACOB. et à droite : 1561.

Le IIIe état est chiffré 5.

10. *Laban embrassant Jacob en le recevant chez lui.*

— (8) = A gauche : LABAN. et à droite : 1561.

Le IIIe état est chiffré 8.

11. *Samson met le feu dans les blés des Philistins.*

— (9) = A gauche SAMPSON. et à droite : .CVM PRI. R.

Le IIIe état est chiffré 7.

12. *David tuant Goliath.*

— (10) = A gauche : GOLIATH. et à droite : 1561.

Le IIIe état est chiffré 10.

13. *Élie nourri miraculeusement dans le désert.*

— (11) = A gauche : HELIE et à droite 1561.

Le IIIe état est chiffré 3.

14. *Le prophète de Judas mis à mort par un lion.*

— (12) = A gauche : .LHOMME. DE. DIEV. et à droite : STEPHANUS . F.

Le IIIe état est chiffré 4.

15—18. L'Histoire du prophète Jonas.

Suite de quatre estampes.
L. 0,055. H. 0,038.

15. *Jonas se jette dans la mer.*

(1) On lit au haut : IO. I. 1569. MITTITVR JONAS IN MARE et à gauche, vers le bas : S. F.

16. *Il est rejeté par le poisson qui l'avait englouti.*

(2) On lit au haut : CONSERVATVS IONAS EVOMITVR A PISCE, 1569. | ION. 2. et à la gauche du bas : S. F.

17. *Il exhorte les habitants de Ninive à la pénitence.*

(3) On lit à la droite du bas : S. F. CVM PRI. et au haut :

IONAS HORTATVR NINIVITAS AD
ION. 3. PENITENTIAM. 1569.

18. *Il s'abandonne à l'affliction.*

(4) On lit au haut :

STETIT SVB VMBRACVLO IONAS DONEC VIDERET
S. F. QVID ACCIDERET CIVITATI. IO. 4. 1569.

19. Les filles de Loth enivrant leur père, d'après Lucas Penni.

On lit sur trois pierres, à la droite du bas : L. PEN. IN. | GENES. 19 | STEPHANVS F. | 1569.

L. 0,079. H. 0,054.
On connaît deux états de cette planche.
I. C'est l'état décrit.
II. Le mot : GENES. et le nombre 19 de l'inscription rapportée ont été enlevés.

20—23. La Parabole de l'enfant prodigue.

Suite de quatre estampes.
L. 0,095. H. 0,065.

20. *L'Enfant prodigue prend congé de son père.*

(1) La lettre S se voit au bas, vers la droite.

21. *Il est attablé avec des femmes perdues et les compagnons de ses débauches.*

(2) Morceau sans nom ni marque.

22. *Il est réduit à garder les pourceaux.*

(3) La lettre S se voit à la gauche du bas.

23.

(4). . . . .

24—59. Histoire de la Genèse.

Suite de trente-six estampes, marquées au bas de la marge pour les nos (8), (11) et (12) et pour les autres au bas ou vers le bas des compositions : STEPHANVS. F. OU STEPHANVS. F. ou STEPHANVS. F. ou simplement S. F., précédés ou suivis de CVM PRI. REGIS OU CV. PRI. REGIS OU CVM PRIVIL. REGIS, à l'exception des nos (25) et (28) où ces mots ne se trouvent pas. La marge contient le texte de la Genèse qui convient au sujet représenté et dont, pour abréger, nous ne rapporterons que quelques mots du commencement et de la fin.

L. 0,103. H. 0,077, dont 0,008 à 0,010 de marge.

On a des copies de ces estampes dans le même sens et de même dimension, par un anonyme de mérite. Quelques-unes portent cette adresse : *Stefano Scolari formis*, mais aucune ne porte ni le nom ni la marque de *Maître Étienne*. On les reconnaît tout d'abord par ceci : le mot GENÈSE, suivi du nombre se référant au livre saint, se voit sous ce texte au milieu du bas de la marge, tandis que dans les originaux cette indication forme le titre des inscriptions marginales et se voit conséquemment au milieu du haut de ce texte.

24. *La Création du monde.*

(1) On lit dans la marge : CREAVIT DEVS..... ANIMAM VIVENTEM.

On connaît deux états de cette planche:

I. L'état décrit.

II. On lit au-dessous des deux lignes, en encre beaucoup plus noire : *P. Mariette excud.*

25. *Dieu formant Adam et l'animant de son souffle.*

(2) = FINXIT DOMINVS.... SPIRITVM VITALEM.

26. *Ève créée pendant le sommeil d'Adam.*

(3) = ÆDIFICAVIT DOMINVS.... AD HOMINE.

27. *Adam et Ève mangeant du fruit défendu.*

(4) = VIDIT MVLIER.... DEDITQZ VIRO SVO.

28. *Dieu reprochant à Adam et Ève leur péché et maudissant le serpent.*

(5) = EXECRATVS ES.... ET PVLVERE TERRE COMEDES.

29. *L'Ange du Seigneur chassant Adam et Ève du paradis.*

(6) = EMISIT DEVS..... COLENDAM HVMV.

30. *Adam et Ève assujettis au travail.*

(7) = IN SVDORE.... REVERTARIS IN HVMV.

31. *Caïn tuant son frère Abel.*

(8) = REXPEXIT DOMINVS.... FRATRE SVV ET OCCIDIT.

32. *Caïn fuyant la vue de Dieu après le meurtre qu'il vient de commettre.*

(9 = DIXIT DOMINVS AD CAIN.... PROFVGVS IN TERRA.

33. *Dieu ordonnant à Noé d'entrer dans l'Arche.*

(10) = DIXIT DOMINVS AD NOAH.... VOLVCRE QVOQZ COELI.

On connaît deux états de cette planche :

I. Le premier mot rapporté est DIXT.

II. Ce mot a été corrigé en intercalant un petit I entre les deux dernières lettres.

34. *Le Déluge universel.*

(11) = STAGNAVIT DILVVIV.... SVPER TERRAM.

35. *Noé offrant un sacrifice d'actions de grâces à Dieu, après la cessation du déluge.*

(12) = RESEDIT ARCA.... HOLOCAVSTA DOMINO.

36. *L'ivresse de Noé.*

(13) = PLANTAT VINEAM NOA,.... CHAN EXECRATVR.

37. *Les hommes construisent la tour de Babel.*

(14) = EXTRVITVR TVRRIS.... VNIVERSE TERRE.

38. *La séparation de Loth et d'Abraham.*

(15) = SEPARANTVR ABRAHAM.... NON SVFFICERET.

On connaît deux états de cette planche :

I. Elle n'est pas chiffrée.

II. Elle porte le chiffre 3 dans la marge, à droite.

39. *Melchisédech offrant du pain et du vin à Abraham.*

(16) = MELCHIZEDEC REDEVNTES.... ABRAHAM PRIMITIAS.

On connaît deux états de cette planche :

I. Elle n'est pas chiffrée.

II. Elle porte le chiffre 4 dans la marge, à droite.

40. *Sara se plaignant à Abraham des mépris d'Agar.*

(17) = VILESCIT SARRA.... CONSOLATVR AB ANGELO.

41. *Abraham intercédant auprès de Dieu pour la conservation de Sodome et de Gomorrhe.*

(18) = IVDICIV̄ DOMINI.... INTERPELLAT ABRAHAM.

42. *Les habitants de Sodome punis d'aveuglement.*

(19) = NEPHARIA LIBIDINE.... PLECTV̄TVR ADNŌ.

43. *Les deux Anges emmenant Loth et ses deux filles hors de Sodome.*

(20) = EDVCITVR LOTH.... COITV ILLICITO.

44. *Abimélech rendant Sara à Abraham.*

(21) = INCOLA FIT ABRAHAM.... ABRAHE RESTITVIT.

45. *Agar chassée de la maison d'Abraham.*

(22) = EIICITVR AGAR.... DESERTO BEERSEBEA.

46. *Abraham donnant un repas pour solenniser le jour ou fut sevré son fils Isaac.*

(23) = ABLACTATO ISAAC,.... ABRAHE LASCIVIENTEM.

47. *Le Sacrifice d'Abraham.*

(24) = ABRAHAM AD FILII.... PROIBETVR AB ANGELO.

On connaît deux états de cette planche.
I. L'état décrit.
II. On a ajouté entre les lettres O et I de *proibetur* un petit *H*.

48. *Sara mise dans le cercueil.*

(25) = MORITVR SARA.... LVGET EAM ABRAHAM.

49. *Eliézer rencontrant Rebecca près d'un puits.*

(26) = ADSTAT AD FONTĒ.... ET CAMELIS EIVS.

50. *Isaac vient au-devant de Rebecca.*

(27) = AVDITIS VERBIS.... AGIT DOMINO.

51. *Isaac et Ismaël mettant le corps d'Abraham dans le sépulcre.*

(28) = MORITVR ABHRAM,.... IN AGRO EPHRONIS.

52. *Rebecca enfantant Jacob et Ésaü.*

(29) = CONCEPIT REBECA,.... IN VTERO EIVS.

On connaît deux états de cette planche :
I. L'état décrit.
II. On a ajouté entre les lettres C et A de *Rebeca* un petit C.

53. *Jacob achetant à Ésaü son droit d'aînesse.*

(30) = ESAV VENDIT PRIMOGENITA.... LENTIBVS COXERAT.

54. *Les Philistins comblant le puits qu'avait fait creuser Abraham.*

(31) = PALESTINI OBRVVNT.... FODERAT ABRAHAM.

55. *Abimélech apercevant Rebecca entre les bras d'Isaac.*

(32) = VERITVS ISAAC.... SORОREM VOCAT.

56. *Alliance d'Isaac et d'Abimélech.*

(33) = ABIMELEC INSTRVIT.... FOEDVS PACISCITVR.

57. *Jacob surprenant la bénédiction d'Isaac.*

(34) = IAACOB MATRIS,.... BENEDICTIONEM PRÆRIPIT.

58. *Jacob levant la pierre de dessus le puits et faisant abreuver les troupeaux de Rachel.*

(35) = ADVENTVS IAACOB.... GREGES OVIVM.

59. *La Naissance de Joseph.*

(36) = RECORDATVS EST DEVS.... EAM FOECVNDAM.

On connaît deux états de cette planche.
I. Le mot *Rachelis* est écrit *Rahelis*.
II. Cette erreur du graveur en lettres a été corrigée.

60. *Suzanne surprise au bain par les vieillards.*

La lettre S est dans l'angle bas de la gauche. On lit dans la marge, du même côté : CVM. PRIVILEGIO. REGIS.

L. 0,176. H. 0,112, dont 0,002 de marge.

61. *Moïse montrant au peuple le serpent d'airain, d'après Jean Cousin* (1).

On lit au bas, à droite, sur la tranche ombrée d'une pierre: IO.CVSIN? SENO. | INVEN. (Signifiant *Joannes Cusinus Senonensis inventor*), à gauche : CVM. | PRI. REGIS | . S. FECIT | STEPHANVS | F., et dans la marge, en une seule ligne : ET SICVT MOYSES EXALTAVIT SERPENTEM IN DESERTO : ITA EXALTARI OPORTET FILIVM HOMINIS : VT OMNIS QVI CREDIT IN IPSO NON PEREAT, SED HABEAT VITAM ÆTERNAM, IOAN. 3. Les angles de la planche sont arrondis.

L. 0,393. H. 0,286, dont 0,006 de marge.

On connaît deux états de cette planche :
I. L'état décrit; avant les éraillures.
II. Avec des éraillures dans toute l'étendue de la planche, principalement autour du serpent d'airain attaché au haut de l'arbre, et sur le genou d'une femme à gauche dans la demi-teinte.

(1) Félibien, t. III, p. 121, parle d'une peinture sur verre que Jean Cousin avait exécutée dans l'église des Cordeliers de Sens, et qui représentait ce sujet; notre estampe reproduit vraisemblablement ce vitrail aujourd'hui détruit.

Copie dans le même sens et de la même dimension, par Léonard Gaultier, qui l'a signée : LEONARDVS GALTHERVS FECIT, à gauche, vers le bas, à la place où Étienne Delaune avait écrit : CVM | PRI REGIS | S. FECIT. On lit sur une pierre, vers le milieu du bas : *Cum Privilegio Regis*, et plus bas vers la gauche : *Honeurogt ex.*

62. *La Naissance de saint Jean-Baptiste, d'après Jules Romain.*

Grande composition de beaucoup de figures. On voit sur le devant, à gauche, cinq femmes occupées à laver le nouveau-né dans un bassin, et à l'opposite un chien tenant un os. Morceau anonyme, que Bartsch a décrit (tome XV, p, 443) sous le n° 26 de l'œuvre de Diana Ghisi. Il nous paraît de la gravure de notre artiste.

H. 0,466, dont 0,003 de marge. L. 0,300.

Il existe de cette estampe une copie en contre-partie assez grossièrement exécutée, au bas de laquelle on lit : LA NATIVITADE DI S. GIOANNI BATTISTA. | *Non surrexit inter natos mulierum maior Joanne Baptista. Matt. C.XI.* | — *Sebastianus a Regibus incid.*

63. *La Conversion de saint Paul, d'après Jean Cousin.*

On lit, à la gauche du bas, sur l'épaisseur d'une pierre posant sur la tablette dont nous allons parler : CVM. PRIVILEGIO REGIS. La lettre S de maître Étienne se voit dans l'angle bas de la droite.

L. 0,305. H. 0,236, dont 0,009 de marge blanche.

On connaît deux états de cette planche.

I. Avant les lettres I. C. S. IN., sur la petite pierre à gauche, au-dessus du mot CVM. qui se trouve sur la tablette. On ne connaît, jusqu'à ce jour, que l'épreuve qui fait partie de la riche collection de M. Prosper de Baudicour.

II. Avec les initiales gravées sur la petite pierre à gauche. C'est l'état décrit.

Ce morceau a été copié dans le même sens par Kartarus, qui y a mis son chiffre, suivi de ces mots : *Marius Kartarus, inc.* et environnés au-dessus du millésime 1567, et au-dessous, des mots : IN ROMA. Bartsch l'a indiqué, t. XV, p. 527. Le chiffre mentionné ici a été reproduit par Brulliot, *Dictionnaire des monogrammes*, Ire partie, n° 542.

L. 0,301. H. 0,225.

§ II. — Sujets de l'histoire profane.

MORCEAUX EN HAUTEUR.

64. *Lucrèce, d'après Lucas Penni.*

Collatin soutient entre ses bras sa chère Lucrèce, qui vient de se donner la mort. On lit à la gauche du haut : L. PEN. IN. | .S. F. et dans la marge :

IVRATVR LVCRETIÆ VINDICTA,
INDE EXPELLVNTVR REGES.
1569.

H. 0,055, dont 0,005 de marge. L. 0,039.

65. *Ajax, d'après quelque monument antique.*

Buste casqué tourné de profil à gauche ; dans une bordure ovale sur laquelle on lit : AYAX. TELAMONIVS. CVM. PRIVILEGIO. REGIS. S.

On connaît deux états de cette planche.

I. L'état décrit.

II. On voit le nombre 17 sur la bordure, au milieu du bas.

H. 0.151. L. 0,098.

MORCEAU EN LARGEUR.

66. *Une allocution d'après un bas-relief antique.*

Auguste haranguant Antoine et Lépide, et plusieurs de leurs acolytes, sur l'établissement du triumvirat. Composition de sept figures en demi-corps, bordée de doubles traits formant marge de tous les côtés. On lit dans la marge du haut : ADLOCVTIO, et dans celle du bas : FIGVRA ADLOCVTIONIS IMPLÆ. OCT. AVG. M. ANT. ET C. LEPIDI APVD MODENA | LAPIS MARMOREVS OB PERPET. REI MEMORIAM SIC | ROMÆ INCISVS AB ANTIQVO , 1570. . STEFANVS. F.

L. 0,079. H. 0,065, y compris les marges.

§ III. — Sujets mythologiques.

MORCEAUX EN HAUTEUR.

67—84. Différents sujets ornés de paysages.

Suite de dix-huit estampes, dont voici les dimensions.

H. 0,054 à 0,058. L. 0,040 à 0,042, y compris les marges.

Les compositions sont dans des ovales. Voici leurs dimensions.

H. 0,040 à 0,045. L. 0,029 à 0,031.

67. *Andromède exposée à un monstre marin est délivrée par Persée.*

(1) La lettre S est sur le rocher à gauche, vers le bas.

68. *Céphale tuant Procris par mégarde.*

(2) La lettre S est au bord de l'estampe à droite, vers le bas.

69. *Diane métamorphosant Actéon en cerf.*

(3) La lettre S est dans le champ du cartouche qui orne le bassin de la fontaine où est la déesse.

70. *Ganymède enlevé au ciel par l'aigle de Jupiter.*

(4) La lettre S est près du bord de l'estampe à droite, vers le bas.

71. *Hercule enfant écrasant deux serpents dans son berceau.*

(5) La lettre S est près du bord gauche de l'estampe, vers le bas.

72. *Hercule enchaînant le chien Cerbère.*

(6) La lettre S est à gauche, vers le bas, derrière l'une des pattes du monstre.

73. *Hercule étouffant Anthée.*

(7) La lettre S est près du bord gauche de l'estampe, vers le bas.

74. *Hercule combattant contre Cacus.*

(8) La lettre S est près du bord gauche de l'estampe vers le bas.

75. *Hercule déchirant le lion de la forêt de Némée.*

(9) La lettre S est près du bord droit de l'estampe, vers le bas.

76. *Narcisse devenant amoureux de lui-même en se mirant dans une fontaine.*

(10) La lettre S est sur le bord du bassin de la fontaine, à droite, vers le bas.

77. *Le centaure Nessus faisant présent à Déjanire d'une chemise trempée dans son sang.*

(11) La lettre S se voit entre une touffe de roseaux, et le trait bordant la composition, à gauche, vers le bas.

78. *Orphée attirant les animaux par les doux accents de sa musique.*

(12) La lettre S se voit près du bord gauche de l'estampe, vers le bas.

79. *Le dieu Pan apprenant à Mercure à jouer de la flûte champêtre.*

(13) La lettre S est au bas, vers la gauche.

80. *Pâris jugeant les trois déesses.*

(14) La lettre S est sur le rocher où est assis Pâris, à gauche, vers le bas.

81. *La chute de Phaéton.*

(15) La lettre S est près du trait bordant la composition, à gauche, à un quart de sa hauteur.

82. *La Mort de Pyrame et de Thisbé.*

(16) La lettre S se voit à la gauche du bas.

83. *Bacchanale où des Satyres aident Silène à se soutenir.*

(17) La lettre S est en bas, vers la gauche.

84. *Vénus pleurant la mort d'Adonis.*

(18) La lettre S est à gauche, vers le bas.

85. *Narcisse, d'après maître Rous.*

Il est assis à gauche, au bord d'une fontaine dans l'eau de laquelle il se regarde. On lit dans la marge :

QVOD CVPIO MECVM EST,
INOPEM ME COPIA FECIT.
.S. F. 1569. ROVS. IN.

H. 0,054, dont 0,005 de marge. L. 0,039.

86. *Sacrifice à Jupiter, d'après le même.*

Le temple du dieu occupe le fond. Au devant est un autel de sacrifice allumé. Au bas on voit, à gauche, une mère qui montre la statue du dieu à son enfant et, à l'opposite un vétérinaire égorgeant un agneau. Morceau anonyme.

H. 0,066. L. 0,044.

87. *Sacrifice à Castor et à Pollux, d'après le même.*

Leur temple occupe pareillement le fond. Au devant, on remarque trois autels allumés. A droite, vers le milieu, un sacrificateur semble faire dévorer, par les lions qu'il a dressés, des hommes et des enfants, dont plusieurs succombent au bas. Morceau anonyme.

Même dimension.

88—94. Les Planètes.

Suite de sept estampes dans des formes ovales dont voici les dimensions :

H. 0,075. L. 0,053 à 0,055.

88. *Le Soleil.*

(1) Il est représenté sous la figure d'Apollon, accompagné d'un Lion et de son signe astronomique. On lit au milieu du haut : SOL et à droite, au-dessous du signe chimique de l'or : STEPHANVS | INVENTOR, F. | 1576.

89. *La Lune.*

(2) Figurée par Diane, accompagnée de l'Écrevisse et de son signe, ainsi que du signe chimique de l'argent. Au milieu du haut est écrit : LVNA, à gauche, vers le milieu : STEPHANVS—IN, et vers le bas, de ce même côté : S.

90. *Mercure.*

(3) Ce dieu du paganisme est ici accompagné de la Vierge et de son signe astronomique et aussi du signe chimique de vif-argent. On lit au milieu du haut : MERCVRIVS, à gauche, vers le milieu : STEPHANVS | IN et au bas, du même côté : S.

91. *Vénus.*

(4) Cette déesse, tenant l'Amour par la main, est accompagnée du Taureau et de la Balance, et de leurs signes célestes et aussi du signe chimique du cuivre. On lit au milieu du haut : VENVS, à gauche, à peu près à mi-hauteur : STEPHANVS | IN et au bas du même côté : S.

92. *Mars.*

(5) Ce Dieu est accompagné du Bélier et du Scorpion et de leurs signes astronomiques et pareillement du signe chimique du fer. On lit au milieu du haut : MARS, à gauche,

vers le haut : STEPHANVS | IN, et vers le bas de ce même côté : S.

93. *Jupiter.*

(6) Cette planète est figurée par le maître des dieux qui est environné des Poissons et du Sagittaire et de leurs signes astronomiques et aussi du signe chimique de l'étain. On lit à la gauche du haut : IVPITER, au-dessous : STEPHANVS | IN et vers le bas, du même côté : S.

94. *Saturne.*

(7) Ce Dieu est accompagné du Capricorne et du Verseau et de leurs signes célestes, aussi bien que du signe chimique du plomb. On lit au milieu du haut : SATVRNVS, et à droite, à mi-hauteur : STEPHANVS | IN. La lettre S est à la gauche du bas.

95. *Mars et Vénus.*

Vénus couchée entr'ouvre son lit pour y recevoir son amant que l'Amour déshabille. La lettre S se voit dans l'angle bas de la gauche. On lit dans la marge, de ce même côté : CVM. PRIVILEGIO. REGIS.

H. 0,185, dont 0,005 de marge. L. 0,142.

96. *Pendant du morceau précédent.*

Vénus assise près de son lit, s'appuie sur la cuirasse de Mars qui est debout à son côté. Cupidon sommeille au chevet du lit. La lettre S est dans l'angle bas de la gauche. On lit dans la marge, de ce même côté : CVM. PRIVILEGIO. REGIS.

Même dimension que le numéro précédent.

MORCEAUX EN LARGEUR.

97. *Diane.*

Elle plane au haut d'un temple occupant le fond et substitue une biche à Iphigénie qu'on allait immoler. La lettre S est à droite, près du bord de l'estampe, qui est de forme ovale.

L. 0,028. H. 0,023.

98. *Hercule sacrifiant Busiris.*

Composition dans un ovale, sans nom ni marque.

L. 0,037. H. 0,027.

99. *Hercule faisant manger Diomède par ses propres chevaux.*

Composition pareillement dans une forme ovale. La lettre S, d'une petitesse extrême, se voit sur une butte à la gauche du bas.

Même dimension.

99 bis. *Sacrifice à Vénus.*

La déesse apparaît au haut assise sur un nuage; sur le devant, aux deux côtés d'un autel allumé, sur lequel est un âne, se voit à gauche un sacrificateur, et à droite une femme nue qui offre un présent à Vénus. La lettre S se trouve à la droite du bas. Pièce ovale.

L. 0,028. H. 0,022.

100. *Apollon sur le Parnasse, d'après Nicolo dell' Abbate.*

On lit au bas : STEPHANVS. F. CV̄. PRI. REGIS. NIC. LABBATI. IN. Le millésime 1569 se voit à gauche, vers le bas.

L. 0,054. H. 0,038.

101. *Le fleuve Nil, d'après le Primatice.*

Il est assis près de deux sphynx et de quelques enfants dans une touffe de roseaux. Le millésime 1569 se voit à la gauche du haut. On lit dans les angles du bas, à gauche : .BOL. IN. et à l'opposite : STE. F. Pièce à pans dans les angles et supérieurement gravée. Elle est d'après un plafond que le Primatice avait peint dans une partie de la voûte de la galerie d'Ulysse, au palais de Fontainebleau.

L. 0,056. H. 0,039.

102. *Vénus, les Grâces et l'Amour pleurant la mort d'Adonis, d'après Luca Penni.*

On lit à la gauche du haut : L. PEN. IN et au milieu du bas : STE. F. 1569.

Même dimension.

103—106. Les quatre Éléments figurés par des divinités du paganisme.

Suite de quatre estampes dans des formes ovales.

L. 0,063 à 0,067. H. 0,048 à 0,050.

103. *L'Eau.*

Cet élément est figuré par Neptune debout sur son char, dans la mer, brandissant son trident. Le ciel est pluvieux. La lettre S est à gauche, entre le bord de l'estampe et la coquille servant de char au Dieu.

104. *La Terre.*

Figurée par Cérès, assise sur un nuage, à la gauche du haut, au-dessus d'un riche paysage. La lettre S, extrêmement déliée, est à la droite du bas, sur un rocher d'où s'élève un arbre.

105. *L'Air.*

Il est figuré par Mercure volant dans l'espace, à la droite du haut, au-dessus d'un riche paysage. La lettre S se voit à la droite du bas.

106. *Le Feu.*

Cet élément est caractérisé par Jupiter assis sur les nuages, à la droite du haut. Il tient son foudre, et l'aigle est à son côté. Un four à chaux brûle dans le fond. La lettre S est à la gauche du bas.

On connaît deux états de cette planche :
I. L'état décrit.
II. Elle porte le chiffre 12 dans l'angle bas de la droite.

107—118. Sujets divers.

Suite de douze estampes dans des formes ovales, bordées de deux filets parallèles, entre lesquels sont les inscriptions que nous rapporterons; voici les dimensions de ces compositions, y compris les bordures.

L. 0,065 à 0,067. H. 0,051 à 0,053.

107. *Athalante et Méléagre poursuivant le sanglier de Calydon.*

(1) On lit entre les filets circulaires : FIGIT APRVM PRIMA IACVLANS ATALANTA SAGITTA. S. F.

108. *Méléagre offrant à Athalante la hure du sanglier.*

(2) = PRÆMIA PRIMA REFERT PRIMIQVE VVLNERIS AVCTOR S. F.

109. *Procris remettant à Céphale le chien et le javelot en présence de Diane.*

(3) = DIANÆ CEPHALVS PROCRIN PRÆ PONIT AMANDAM. S. F.

110. *Céphale et Amphitryon chassent le renard de Thèbes.*

(4) = STANT CANIS ET VVLPES VICTORI ÆTERNA TROPHÆA. S. F.

111. *Jason recevant la toison des mains du roi de Colchide.*

(5) = PELLE CAPRÆ PRVDENS ANIMOSAS CONTINET IRAS. S. F.

112. *Diane remet son cor de chasse à Hercule.*

(6) = DAT DIANA SACRIS PRO CORNIBVS HOC TIBI CORNV. S. F. 1573.

113. *Hercule à cheval sonne du cor et chasse le sanglier d'Érymanthe.*

(7) = HIS ET EQVIS CORNVQZ EERAS TIBI SVBIICIS OMNES. S. F.

114. *Hercule sur un cheval à double corps chasse la biche aux pieds d'airain.*

(8) = CERVA FVGAX TIMOR EST AVDACIA QVEM DOMAT VNA. S. F.

115. *Hercule tue Diomède.*

(9) = SEGNITIES ET LVXVS EQVI SVNT SANGVINE PASTI. S. F.

116. *Hercule enlève les chevaux de Diomède.*

(10) = TRACIS EQVOS DOMITAS VENERIS CONTEMTOR ET OCI. S. F.

117. *Hercule sacrifie une biche et le bois d'un cerf à Diane, après cette victoire.*

(11) = CORNVA DE TIMIDIS SACRAS VOTIVA DIANA. S. F.

118. *Le dieu Pan, un guerrier et un triton jouant de divers instruments pour célébrer la victoire et la paix.*

(12) = VIS ANIMOSA PRÆEST ET REBVS PACIS ET ARMIS. S. F.

119—125. Les Planètes.

Elles sont représentées par des divinités du paganisme assises sur des nuages.

Suite de sept estampes dans des formes ovales, dont voici les dimensions.

L. 0,072 à 0,075. H. 0,052 à 0,054.

119. *Le Soleil.*

(1) Figuré par Apollon tenant son sceptre d'une main et sa lyre de l'autre. Au fond, on remarque le signe chimique de

l'or, le Lion céleste et son signe astronomique. A droite, vers le haut, est écrit : SOL. La lettre S est à la gauche du bas.

120. *La Lune.*

(2) Elle est figurée par Diane chasseresse près de sa biche. Au fond, on remarque le signe chimique de l'argent, l'Écrevisse et son signe astronomique. On lit, à la gauche du haut : LVNA. La lettre S est au milieu du bas.

121. *Mercure.*

(3) Ce dieu est accompagné de la Vierge, des Gémeaux et de leurs signes astronomiques. Le signe chimique du vif-argent se remarque derrière sa tête. On lit au milieu du haut : MERCVRIVS. La lettre S est à la droite du bas.

122. *Vénus.*

(4) Cette déesse est accompagnée du Taureau et de la Balance qu'environnent leurs signes astronomiques. Derrière la tête de Vénus on remarque le signe chimique du cuivre. On lit au milieu du haut : VENVS. Morceau sans la marque du maître.

123. *Mars.*

(5) Il est accompagné des signes du Bélier et du Scorpion. Derrière sa tête est le signe chimique du fer. On lit à la gauche du haut : MARS. La lettre S se voit au milieu du bas.

124. *Jupiter.*

(6) Le maître des dieux a près de lui son aigle ; derrière sa tête est le signe chimique de l'étain: le Sagittaire et les Poissons et les signes astronomiques qui leur conviennent l'environnent. On lit au milieu du haut : IVPITER. Au bas sont, à gauche le millésime 1575, et à l'opposite la lettre S.

125. *Saturne.*

(7) Ce Dieu est environné du Verseau et du Capricorne

et des signes astronomiques qui s'y rapportent. Derrière sa tête est le signe chimique du plomb. On lit à la droite du haut : SATVRNVS. La lettre S est au bas du même côté.

126—132. Plusieurs divinités de l'antiquité païenne.

Suite de sept estampes, y compris le titre.

La première offre deux figures dans des niches, et chacune des six autres en contient trois pareillement dans des niches.

L. 0,080. H. 0,054.

126.

(1) Titre. — On lit dans un cartouche d'arabesques, aux côtés duquel sont les figures d'Adam et d'Ève recevant chacun la pomme de deux serpents qui se voient en haut :

IOANNI
FIL. INVE
STEPHANVS
PAT. ANO. D
ÆT. SVÆ. 60
FOELICITER
SCVLPSIT
1578.

127.

(2) Hercule, Mars et Vulcain. L'initiale du maître se voit à la droite du bas de chaque niche.

128.

(3) Mars, Hercule et Neptune.

129.

(4) Figure vue de dos, tenant un bâton de ses deux mains et deux fois Mars.

130.

(5) La Fortune, Vénus assise sur deux dauphins et Diane.

L'initiale du maître se voit à la droite du bas des niches ; elle est venue à rebours dans les deux premières.

131.

(6) Flore avec un Satyre, Vénus et l'Amour, une Naïade épanchant son urne. L'initiale est à la droite du bas des niches.

132.

(7) Pandore et deux fois Vénus. L'initiale est pareillement à la droite du bas des niches.

133—138. Histoire d'Apollon et de Diane.

Suite de six estampes dont les dessins ont toujours passé pour être de l'invention de Luca Penni.

L. 0,108. H. 0,082, dont 0,005 de marge.

On connait deux états de ces planches :

I. Elles ne sont pas chiffrées et ne portent pas d'adresse; c'est l'état que nous allons décrire.

II. Elles sont chiffrées de 1 à 6, et notre nº (6) porte cette adresse : *F. L. D. Ciartres exc.*

Cette opération ayant interverti l'ordre de l'Histoire, nous ne suivrons pas l'ordre numérique qu'elle a établi ; cependant nous rapporterons les numéros gravés à la fin des inscriptions marginales.

133. *Latone, insultée par les habitants de Lycie, les change en grenouilles.*

(1) On lit, à la gauche du bas : S. F. CVM PRI. REGIS, et dans la marge ce distique :

LATONAM LYCIVS DVM STAGNIS ARCET AGRESTIS
RANA FIT : ET MERITAS STAGNI LVIT INCOLA POENAS [6].

134. *Apollon tuant de ses flèches le serpent Python.*

(2) On lit à la gauche du bas : S. F. CVM PRI REGIS, et dans la marge ce distique :

FATIDICI PYTHON OBSESSOR FONTIS ET ANTRI,
OCCIDIT A PVERI CONFOSSVS APOLLINIS ARCV [5].

135. *Diane admettant en sa compagnie le chasseur Orion.*

(3) On lit à la droite du bas : STEPHANVS. F. CVM PRI REGIS, et dans la marge :

IN SILVAS COMITEM VOCAT ORIONA DIANA,
SED PLACVISSE DEÆ CAVSAM NECIS ATTVLLIT ILLI [2].

136. *Britomarte, l'une des nymphes de Diane, se jetant dans des filets tendus dans la mer pour mieux éviter les poursuites de Minos.*

(4) On lit à gauche, vers le bas : CVM PR. | REGIS | S. F, et dans la marge ce distique, qui donne une autre idée du sujet, mais notre explication est la véritable :

LATONAM TITYVS AVSVS TENTARE PVDICAM,
DAT POENAS CERTA FIXVS PER CORDA SAGITTA [4].

137. *Orion tué par Apollon.*

(5) On lit à la gauche du bas : S. F. CVM PRI REGIS, et dans la marge :

IMPROBVS ORION CASTAM VIOLARE DIANAM
AVSVS, APOLLINEI CADIT ICTVS ACVMINE TELI [3].

138. *Diane pleurant la mort d'Orion.*

(6) On lit à gauche, vers le bas : CVM | PRI | REGIS | .S. F., et dans la marge ce distique :

VENANDI SOCIVM FLENS ORIONA DIANA,
VIX IOVIS IN MEDIIS SOLATIA LVCTIBVS AVDIT [1].

139. *Diane et Actéon.*

Diane est surprise au bain par Actéon qui, pour punition, est métamorphosé en cerf. Dans une forme ovale. La lettre S est à gauche, près de la bordure de la composition dont voici la dimension :

L. 0,107. H. 0,075.
Dimensions de la planche : L. 0,125. H. 0,084.

139 bis. *Diane et Actéon.*

Actéon, à la chasse, surprend Diane et ses compagnes au bain; la déesse le change en cerf. On lit au bas, au-dessous d'Actéon : CVM .PRIVILEGIO. REGIS. Pièce anonyme.

L. 0,173. H. 0,114.

139 ter. *La mort d'Adonis.*

Adonis est étendu mort sur les genoux de Vénus éplorée; on aperçoit à gauche le sanglier poursuivi par des amours armés de flèches. On lit à la gauche du bas la lettre S.

L. 0,171. H. 0,108.

§ IV. — **Sujets allégoriques.**

MORCEAUX DANS DES RONDS.

140—148. *Sujets emblématiques à la gloire de Henri II, roi de France, représentés dans des formes rondes en manière de médaillons, au nombre de neuf estampes, portant toutes la lettre S, et au-dessous de l'exergue, en dehors des compositions, ces mots de l'écriture cursive du maître :* Cum. pri. Regis.

L. 0,056. H. 0,048, en comprenant les parties blanches.

140.

(1) La Renommée publie les actions héroïques de Henri second chez les peuples des quatre parties du monde. La lettre S se voit à droite au-dessous d'un arc.

141.

(2) La Sagesse et le Temps plaçant le trône de ce mo-

narque sur le globe de la Terre. La lettre S se voit à droite, derrière le pied gauche du Temps personnifié.

142.

(3) Le roi reçoit des mains de la Providence le bâton de commandement en présence de Jupiter, Éole, Neptune et Saturne, qui lui viennent offrir leur puissance. La lettre S se voit au bas, entre les jambes de Neptune (1).

143.

(4) Ayant rendu stable la France, il écoute les conseils que lui donne la déesse Minerve. La lettre S se voit au bas, près du pied gauche de la déesse. On lit au-dessous du cercle : *Cum pri. Regis*

144.

(5) Ce même prince, assis à l'ombre d'un palmier, entretient l'Abondance et fait fleurir le royaume de France, tandis que l'Ignorance et le Vice détruisent le monde. La lettre S se voit près du pied droit du Vice personnifié. On lit au-dessous du cercle : *Cum pri. Regis.*

---

(1) Guidé par Mariette, qui semble avoir approfondi toutes les questions touchant de près ou de loin aux arts du dessin, nous avons été assez heureux pour voir une médaille dont le revers reproduisait cette composition de Delaune. Cette médaille représente le buste tourné à gauche d'Antoine de Bourbon, la tête nue, et vêtu de son armure, avec cette légende : ANTONIVS. DEI. G. REX. NAVARRÆ, et au revers, qui ne diffère que par un détail insignifiant, — la faux de Saturne est en bas, au lieu d'être debout comme dans l'estampe, — on lit : AVXIL. MEVM. A. DOMINO.; et dans l'exergue : IN. FIL. HOM. NON. EST. SALVS. 1562. Cette rencontre semble laisser espérer qu'un jour ou l'autre quelque patient et sagace numismate mettra la main sur des médailles exécutées d'après les neuf estampes gravées à la gloire de Henri II, et décrites ci-dessus. La médaille, dont il est ici question, est reproduite dans le *Trésor de numismatique et de glyptique*, pl. XXV, n° 9.

145.

(6) Il fait alliance avec ses voisins. La lettre S se voit au-dessous du bouclier, qui est à droite de l'estampe.

146.

(7) La Fortune, qui lui est favorable, lui persuade de faire la paix avec l'empereur Charles-Quint. La lettre S se voit à la droite de l'estampe, aux côtés de la Fortune personnifiée.

147.

(8) Jupiter et Mars soutiennent le globe de la France au-dessus d'un trépied d'où naît un olivier. La lettre S est au bas, à droite du trépied.

148.

(9) Le roi, assis au pied d'un olivier, à côté d'un agneau, offre une palme et une couronne à la Vérité, tenant d'une main un cœur enflammé et de l'autre une torche et une épée. Cette médaille, la plus petite de toutes, ne porte que 0m,030 de module. L'épreuve que nous en avons vue n'était pas dans son intégrité. La lettre S se voit très-distinctement sur le petit banc sur lequel le Roi est assis.

MORCEAUX EN HAUTEUR.

149—153. Les cinq sens de nature figurés par des femmes debout dans des paysages.

Suite de cinq estampes ovales dont voici les dimensions : H. 0,040. L. 0,030.

149. *L'Ouïe.*

(1) La lettre S retournée est vers la gauche du bas. On lit en haut, à droite : AVDITVS.

150. *La Vue.*

(2) La lettre S est à la gauche du bas. On lit au haut du même côté : VISVS.

151. *L'Odorat.*

(3) La lettre S est à gauche vers le bas. On lit au milieu du haut : OLFACTVS.

152. *Le Goût.*

(4) La lettre S, retournée, est à gauche vers le bas. On lit au haut du même côté : GVSTVS.

153. *Le Toucher.*

(5) La lettre S est à la gauche du bas. On lit au haut à droite : TACTVS.

154—157. Les quatre anciennes Monarchies représentées allégoriquement dans des paysages.

Suite de quatre estampes dans des formes ovales.

H. 0,041. L. 0,030.

154. *L'Assyrie.*

(1) Figurée par un guerrier vu le dos appuyé sur son bouclier. On lit à la droite du haut : ASIRIA. La lettre S est au côté gauche, vers le bas.

155. *La Perse.*

(2) Cette monarchie est caractérisée par un guerrier armé de son bouclier, marchant à droite et ayant à côté de lui un ours. On lit à la gauche du haut : PERSIA. Planche anonyme.

156. *La Grèce.*

(3) Elle est figurée par un guerrier armé de son épée et de

son bouclier, marchant à gauche. On lit à la droite du haut : GRÆCIA. Planche anonyme.

157. *Rome.*

(4) Guerrier vu de face, l'épée à la main. On lit à la droite du haut : ROMA. La lettre S est au milieu du bas.

158—166. La Divinité, la Justice, la Prudence, la Tempérance, l'Amitié, la Libéralité, la Science, la Magnificence et la Magnanimité, représentées d'une manière allégorique sous des figures de femmes, et qui en portent les symboles.

Suite de neuf estampes de forme ovale, ayant au bas une espèce d'exergue en partie pointillé.

H. 0,049 à 0,050. L. 0,036 à 0,037.

158. *La Divinité.*

(1) Debout et vue de face sur le globe du monde. La partie supérieure de son corps est dans les nues, sa tête est environnée d'étoiles, et de ses mains elle touche le Soleil et la Lune. Au bas, à gauche, S. F., et dans l'exergue : DIVINITAS.

159. *La Justice.*

(2) Elle s'accoude du bras droit sur un trophée d'armes, en tenant un glaive d'une main et des balances de l'autre. On lit dans l'exergue ; IVSTICIA.

160. *La Prudence.*

(3) Elle s'appuie sur un socle où une chouette est posée. Un serpent, frappé mortellement, se débat à terre. On lit dans l'exergue : PRVDENCIA.

161. *La Tempérance.*

(4) Accoudée du bras gauche sur un grand vase que surmonte un sablier, elle tient de la main droite un dard qu'en-

tortille un serpent. Au bas, à droite : S. F., et dans l'exergue : TEMPERANCIA.

162. *L'Amitié.*

(5) Elle est debout entre deux palmiers, tenant un cœur de la main gauche élevée et montrant de l'autre sa poitrine entr'ouverte. A la gauche du bas : S. F., et dans l'exergue : AMICITIA.

163. *La Libéralité.*

(6) Elle sème un champ de la main droite, en soutenant de l'autre son tablier contenant du grain. A la droite du bas : S. F., et dans l'exergue : LIBERALITAS.

164. *La Science.*

(7) Elle tient de sa main gauche élevée une tête de mort, et de l'autre une règle et un compas. Plusieurs instruments de physique sont à ses pieds. On lit dans l'exergue : SIENTIA, S. F.

165. *La Magnificence.*

(8) Vue de face dans un appartement somptueux et vêtue en reine, elle est environnée d'amphores, de coupes et autres vases et d'un coffre-fort. A la gauche du bas : S. F., et dans l'exergue : MANIFISANCIA.

166. *La Magnanimité.*

(9) Elle pose un pied sur un lion couché en travers de l'estampe, en tenant d'une main son épée et de l'autre une couronne. On lit dans l'exergue : MAGNANIMITAS.

167—168. Les principales sciences, et de plus Minerve et la Sagesse, représentées par des femmes environnées de leurs attributs, debout dans des paysages.

Suite de douze estampes dans des formes ovales.

H.0,055, dont 0,003 pour l'emplacement des inscriptions qui se voient au bas, en dehors des bordures. L. 0,038.

167. *La grammaire.*

(1) Sur le plat d'un livre à la droite du bas, on voit le millésime 1569, et au bas, du côté opposé, la marque S. F. On lit sur la bordure : GRAMATIQVE. S. F.

168. *L'Arithmétique.*

(2) Le millésime 1569 est en tête d'une tablette adossée à un rocher à gauche de l'estampe. La marque S. F. est au bas du même côté. On lit sous la bordure : ARISMETIQVE. S. F.

169. *La Géométrie.*

(3) On lit à la gauche du bas : S. F. 1569, et sous la bordure : GEOMETRIE. S. F.

170. *L'Astronomie.*

(4) On lit sur le plat d'un livre à gauche, vers le bas : S. F. 1569, et sous la bordure : ASTRONOMIE. S. F.

171. *La Rhétorique.*

(5) On lit à gauche du bas : 1569, et sous la bordure : RETORIQVE. S. F.

172. *La Dialectique.*

(6) On lit à la gauche du bas : S. F. 1569, et sous la bordure : DIALECTIQVE. S. F.

173. *La Physique.*

(7) On lit à la gauche du bas : S. F. 1569, et sous la bordure : PHISIQVE. S. F.

174. *La Théologie.*

(8) On lit sur une pierre à la gauche du bas : S. F. 1569, et sous la bordure : THEOLOGIE. S. F.

175. *La Jurisprudence.*

(9) On lit à gauche, vers le bas : S. F. 1569, et sous la bordure : IVRISPRVDENCE. S. F.

176. *La Musique.*

(10) On lit au bas, à gauche : S. F., à droite : 1569, et sous la bordure : MVSIQVE. S. F.

177. *Minerve.*

(11) On lit au bas, à gauche : S. F., à droite : 1569, et sous la bordure : MINERVE. S. F.

178. *La Sagesse.*

(12) On lit au milieu du bas : S. F. 1569, et sous la bordure : SAPIENCE. STE. F.

MORCEAUX EN LARGEUR.

179.

Jeune femme mettant sa main dans la gueule d'un dragon qui est élevé sur un cippe, dans un temple (peut-être est-ce la bouche de vérité?) La lettre S est au milieu du bas. Composition dans un ovale. On lit au-dessous de la bordure, à 0,008 de distance : CVM. PRIVILIGIO. REGIS.

L. 0,043. H. 0,043, y compris l'emplacement de l'inscription.

180.

Un homme, armé d'une cognée, attaquant un roi assis sur son trône, au milieu de plusieurs soldats. La lettre S est au milieu du bas. Composition dans un ovale. On lit au-dessous de la bordure, vers la droite, à 0,008 de distance : CVM. PRIVILIGIO. REGIS.

Même dimension.

181 — 184. La Paix et l'Abondance, la Guerre et la Famine, représentées d'une manière allégorique.

Suite de quatre estampes dans des formes ovales.

Dimensions des compositions. L. 0,067 à 0,069. H. 0,048 à 0,049.
Dimensions des planches. L. 0,078. H. 0,054.

181. *La Paix.*

(1) Elle est représentée par une jeune fille assise au pied d'un palmier, tenant d'une main un rameau d'olivier, et de l'autre une torche qui lui sert à détruire un trophée d'armes; un troupeau de moutons l'environne. La lettre S est vers le bas, à gauche. On lit dans les angles inférieurs, à gauche : PAX, et à l'opposite : S. F.

182. *L'Abondance.*

(2) Figurée par une jeune fille couronnée de fleurs et d'épis, assise au pied d'un arbre. Elle tient d'une main une coupe et de l'autre une corne d'abondance. La lettre S, retournée, est au côté gauche de la composition, vers le bas. On lit dans les angles inférieurs, à gauche : ABONDANTIA, et à l'opposite : S. F.

183. *La Guerre.*

(3) Figurée par Bellone assise sur un trophée d'armes. On lit dans les angles inférieurs, à gauche : BELLVM, et à droite : S. F.

184. *La Famine.*

(4) Figurée par une femme décharnée assise sur un banc de mousse au pied d'un arbre; elle cherche à se repaître

de membres humains. On lit dans les angles inférieurs, à gauche : INVIDIA (1), et à droite : S. F.

185—196. Les douze Mois, ou les différentes occupations des hommes pendant le cours de l'année.

Suite de douze estampes dans des formes ovales.

Dimensions des compositions. L. 0,075. H. 0,054.
Dimensions des planches. L. 0,078. H. 0,056.

185. *Janvier.*

(1) Intérieur d'une salle à manger où se voient un mari et sa femme, personnages de distinction assis à table, servis par un maître d'hôtel et un échanson. Cette salle est contiguë à une cuisine où une femme tient une poêle sur le feu. Le Verseau et son signe céleste se remarquent au haut de la salle, vers le fond. On lit à la droite du bas de la composition : 1568, S. F., et dans les angles inférieurs, à gauche : IANVIER, et à l'opposite : S. F. CVM. PRI. REGIS.

186. *Février.*

(2) A la gauche de l'estampe on voit un vieillard assis qui se chauffe à une cheminée où s'approche une femme filant au fuseau, ayant une aumônière pendue à sa ceinture ; un serviteur la suit apportant du bois. Les Poissons et leur signe se voient au milieu du haut. Extérieurement on aperçoit, au fond de la droite, un bûcheron qui abat du bois. Les lettres S. F. se voient à la droite du bas de la composition. On lit dans les angles inférieurs à gauche : FEVRIER, et à l'opposite : CV. PRI. REGIS.

187. *Mars.*

(3) Un homme et une femme sont occupés de la taille de

(1) Ce mot a été mis mal à propos. On devrait lire FAMES, comme dans le quatrième morceau de la suite, nos 201-204 ci-après, qui est une repétition de cette allégorie différemment composée.

la vigne. Au milieu du haut paraît le Bélier et son signe astronomique. On lit, vers le milieu du bas de la composition : S. F., et dans les angles inférieurs, à gauche : MARS, et à l'opposite : CVM. PRI. REGIS.

188. *Avril.*

(4) Au milieu du devant de ce morceau on voit un berger assis s'entretenant avec une bergère qui tresse des fleurs et une jeune fille qui en cueille; par delà un troupeau est épars. Au milieu du haut paraît le Taureau et son signe astronomique. Les lettres S. F. se voient à gauche, vers le bas, au bout du manche de la houlette du berger. On lit dans les angles inférieurs, à gauche : AVRIL, et à l'opposite : CVM. PRI. REGIS.

189. *Mai.*

(5) Au milieu du devant de ce morceau on voit une jeune fille assise de face qui chante en s'accompagnant du cystre. Elle est entre deux autres jeunes personnes dont l'une tient un bouquet d'une main et une couronne de fleurs de l'autre. Les Gémeaux paraissent au milieu du haut ainsi que leur signe céleste. On lit à gauche vers le bas : STEPHANVS | F., et dans les angles inférieurs, à gauche : MAY, et à l'opposite : CVM. PRI. REGIS.

190. *Juin.*

(6) Sur le devant de cette estampe on s'occupe de la tonte du troupeau, opération à laquelle se livre une jeune femme secondée de deux bergers qui lui amènent ou lui apportent deux brebis. Au milieu du haut se voit le Cancer et son signe astronomique. On lit à gauche, vers le bas de la composition : STEPHA | NVS | F., et dans les angles inférieurs, savoir, du même côté : IVING, et à droite : CVM. PRI. REGIS.

191. *Juillet.*

(7) La droite de ce morceau offre deux hommes occupés à faucher. Le Lion se voit au milieu du haut accompagné de son signe astronomique. On lit dans les angles inférieurs, à gauche : IVLLIET. et à l'opposite : CVM. PRI. REGIS.

192. *Août.*

(8) Quatre hommes s'occupent des travaux de la moisson sur le devant de ce morceau ; trois scient le blé et un autre le lie en gerbes. Au milieu du haut on voit la Vierge et son signe astronomique. Les lettres S. F. sont à la gauche du bas de la composition. On lit dans les angles inférieurs, à gauche : AOVST. et à l'opposite : CVM. PRI. REGIS.

193. *Septembre.*

(9) Le labourage et l'ensemencement de la terre. Sur le premier plan on remarque un cultivateur qui, en marchant à droite, sème un champ. A la droite du fond on en remarque un autre qui conduit sa charrue sur une pièce de terre. Au milieu du haut paraît le Scorpion (1) et son signe astronomique. Les lettres S. F. sont à la droite du bas de la composition. On lit dans les angles inférieurs, à gauche : SEPTEMBRE. et à l'opposite : CVM. PRI. REGIS.

194. *Octobre.*

(10) La vendange. Le raisin est apporté et foulé dans une cuve au milieu du devant, et le vin est soutiré ; trois hommes s'en occupent. Le surplus de l'opération se fait au

(1) C'est fort mal à propos que le Scorpion figure dans ce mois et qu'en octobre figure celui de la Balance ; il y a évidemment transposition des constellations, faute dans laquelle maître Étienne n'est pas tombé dans la suite ci-après décrite nos 225-236.

fond. Au milieu du haut on voit la Balance et son signe astronomique. Les lettres S. F. sont à la gauche du bas de la composition. On lit dans les angles inférieurs, à gauche : OCTOBRE. et à droite : CVM. PRI. REGIS.

195. *Novembre.*

(11) La glandée. Un porcher s'occupe à faire tomber les glands des chênes qui garnissent la gauche de ce morceau, sous lesquels on voit un troupeau de pourceaux. Le Sagittaire se remarque au milieu du haut avec son signe astronomique. Les lettres S. F. sont à la droite du bas de la composition. On lit dans les angles inférieurs, à gauche : NOVEMBRE. et à droite : CVM. PRI. REGIS.

196. *Décembre.*

(12) Sur le devant de l'estampe un boucher vient d'égorger un pourceau, dont le sang est reçu dans un poêlon par une femme. Au fond, à gauche, plusieurs autres animaux de la même espèce sont passés aux flammes. Le Capricorne et son signe astronomique se voient au milieu du haut. Les lettres S. F. sont au bas de la composition. On lit dans les angles inférieurs, à gauche : DÉCEMBRE. et à droite : CVM. PRI. REGIS.

197—200. *Les quatre parties du monde.*

Suite de quatre estampes dans des formes ovales.

Dimension des compositions. L. 0,077 à 0,079. H. 0,058 à 0,059.
Dimension des planches. L. 0,079 à 0,081. H. 0,062.

197. *L'Europe.*

(1) Femme assise par terre en avant de plusieurs quadrupèdes; parmi ceux-ci est un bœuf sur lequel elle appuie son bras droit en tenant à la main un rameau d'olivier. Les lettres S. F. sont gravées à gauche vers le bas de la composi-

tion. On lit dans les angles inférieurs, à gauche : EVROPE. et à l'opposite : 1575. S. F.

198. *L'Asie.*

(2) Femme assise à la lisière d'une forêt ; elle appuie son bras droit sur un chameau, et tient de la main gauche une espèce d'écrin ; d'autres quadrupèdes l'environnent. Les lettres S. F. sont gravées à gauche, vers le bas de la composition. On lit dans les angles inférieurs, à gauche : ASIE et de l'autre côté : 1575. S. F.

199. *L'Afrique.*

(3) Femme assise par terre ; elle appuie son bras droit sur un lion, et tient une palme à la main. Un monstre amphibie est à son côté et un éléphant marche dans le fond. Les lettres S. F. sont à gauche de la composition, vers le bas. On lit dans les angles inférieurs, à gauche : AFRICCA. et à l'opposite : 1575. S. F.

200. *L'Amérique.*

(4) Femme nue assise au milieu de l'estampe, et accoudant son bras droit sur un quadrupède difficile à caractériser ; elle tient un arc à la main. Les lettres S. F. sont sur une pierre à gauche, sur le bord de la composition, à mi-hauteur. On lit dans les angles inférieurs, à gauche : AMERICCA. et à l'opposite : 1575. S. F.

201—204. *La Paix et l'Abondance, la Guerre et la Famine, représentées d'une manière allégorique.*

Suite de quatre estampes dans des formes ovales.

Dimension des compositions : L. 0,078 à 0,082. H. 0,059 à 0,061.
Dimension des planches : L. 0,081 à 0,084. H. 0,062 à 0,064.

Cette suite est une répétition, avec quelques variantes, de la suite décrite sous les nos 181-184. La lettre S se voit à gauche, vers le bas des compositions de l'Abondance, de la

Guerre et de la Paix. On lit dans les angles inférieurs les inscriptions que voici :

201. *La Paix.*

(1) PAX. 1575. S. F.

202. *L'Abondance.*

(2) ABONDANTIA. 1575. S. F.

203. *La Guerre.*

(3) BELLVM. 1575. S. F.

204. *La Famine.*

(4) FAMES. 1575. S. F.

205—224. EMBLÈMES MORAUX.

Suite de vingt estampes qui renferment chacune un sens dont nous allons donner l'explication. Chacune d'elles porte au haut une lettre de l'alphabet qui nous servira à les désigner. Les planches N, Q, T, V ne portent ni le nom ni la marque de l'artiste. Les planches F et P portent l'initiale du prénom latin du maître, à gauche, vers le bas. La planche O contient les inscriptions que nous rapporterons en la décrivant. Ces inscriptions apprendront que notre graveur a exécuté cette suite d'après les dessins de son fils. Toutes les autres planches portent les lettres S. F. (signifiant *Stephanus Fecit*), au bas ou vers le bas du côté gauche, à l'exception d'une seule, celle cotée K, où ces lettres se trouvent au milieu.

L. 0,096 à 0,098. H. 0,057 à 0,060.

205.

(A) Un philosophe debout, à la droite du devant, semble prêcher le mépris du monde en quittant un palais somptueux où il se trouve, et dans le fond duquel on remarque deux couples de figures mondaines, pour diriger ses pas à l'opposite, où l'on voit l'Espérance qui semble prêcher aussi de son côté, tête voilée, la gorge découverte et dont la robe est semée de fleurs de lis, symbole de toute vertu.

206.

(B) Ici est représenté le monde qui, par les plaisirs qu'il fait goûter, entraîne les humains dans l'abîme plus promptement qu'une flèche, que le vent, que les eaux. Cela est rendu sensible par la marche de la grande prostituée de Babylone, qu'on aperçoit au milieu du devant assise sur un monstre à sept têtes, se dirigeant à pas précipités vers un gouffre vomissant des flammes, et qu'anime un Génie infernal qui s'avance pour la recevoir de la droite du bas. Dans le haut, à gauche, se voit un vent qui souffle avec impétuosité, et une flèche lancée d'une main ferme par une chasseresse debout au bord d'une rivière, qui vient au bas tomber en cascade.

207.

(C) Cette allégorie signifie qu'il n'y a rien de constant en ce monde que l'inconstance. On voit à gauche l'Inconstance, figurée par une femme debout sur un globe flottant au gré des eaux ; elle a la tête parée d'une couronne et elle cherche à se percer le sein. A l'opposite est un philosophe debout, qui semble lui faire des remontrances. Au fond on remarque une ville fortifiée, dominée par une montagne ornée de fabriques d'où s'élèvent des flammes, et à la porte de laquelle deux corps d'armées se trouvent en présence.

208.

(D) Un philosophe assis à gauche, à l'ombre de quelques arbres, semble donner une leçon de morale à un duelliste debout à droite, qui foule aux pieds le corps d'un jeune homme étendu mort sur le devant Cette composition semble vouloir dire que le monde fait mourir ceux qui l'aiment et ceux qui s'attachent trop à lui (1).

---

(1) Nous avons rencontré des épreuves des planches qui portent les lettres D, E, H, I, K, L, M, N, P, Q, R, S, T, V, accompagnées de huitains écrits par un calligraphe fort habile. Nous allons les reproduire en conservant l'orthographe.

D

Mondain si tu le sçais, dy moy quel est le monde ?
S'il est bon, pourquoy donc tant de mal y abonde ?
S'il est mauvais, pourquoy le vas tu tant cherchant.
S'il est doux, comment a il donc tant d'amertume ?
S'il est amer, comment te va il allechant
S'il est amy, pourquoy a il ceste coustume
De tuer l'homme vain, sous ses pieds abatu ?
Et s'il est ennemy, pourquoy t'y fies tu ?

E

Le beau du monde s'esface
Soudain comme un vent qui passe
Soudain comme on void la fleur
Sans sa première couleur
Soudain comme une onde qui fuit
Deuant une autre qui la suit,
Qu'est ce donques que le monde ?
Un vent, une fleur, une onde.

H

Orfeure, taille moy vne boule bien ronde
Creuse, et pleine de vent l'image de ce monde,
Et qu'vne grand beauté la vienne reuestir
Autant que ton burin peut tromper et mentir
En y representant des fruits de toute guise,
Et puis tout à l'entour escris ceste deuise
Ainsi roule tousiours ce monde deceuant
Qui n'a fruicts qu'en peinture, et fondé sur le vent.

I

La glace est luysante et belle,
Le monde est luysant et beau ;

209.

(E) Assis à la droite du devant, tout près d'un palais somptueux, un philosophe semble méditer s urceq u'il voit

---

De la glace on tombe en l'eau :
Du monde en la mort éternelle :
Tous deux à la fois s'en vont,
Mais la glace en l'eau se fond :
Le monde et ce qui est sien
S'esuanouent tout en rien.

K

L'estranger estonné regarde et se pourmeine
Par les antiquitez de la gloire romaine
Il void les arcs rompus et les marbres luisans
Mutilez, massacrez par la fureur des ans :
Il voit pendante en l'air une mossue pierre
Qui arme ses costez de longs bras de lierre :
Et qui est ce, dit-il, qu'en ce bas lieu se fonde
Puis que le temps vainqueur triomphe de ce monde.

L

Le monde est un iardin, ses plaisirs sont ses fleurs
De belles y en a, et y en a plusieurs ;
Le lis espannouy sa blancheur y presente,
L'œillet y fleure bon, le thim veut qu'on le sente
Et la fleur du soucy y est fort aduancée
La violette y croist, et la pensée aussy
Mais la mort c'est hyuer, qui rend soudain transy
Lis, œillet, thym, soucy, violette et pensée.

M

Jamais n'avoir et tousiours desirer
Sont les effects de qui ayme le monde
Et plus encor on l'y void aspirer
Par guerre, et feu ou le sang y abonde
Il ne jouit de cela qui est sien,
Il veut l'autruy, il l'estime il l'adore,

autour de lui. Parmi les personnages qui se trouvent sur le devant du palais on remarque un roi et son escorte. Des

---

Quand il a tout, c'est alors qu'il n'a rien :
Car ayant tout, tout il désire encore.

N

Antiquité pourquoy as tu donné
Le nom de biens aux richesses mondaines,
Puis qu'il n'y a que maux ennuis et peines
Pour l'homme vain, qui y est addonné ?
Mais toy mondain pourquoy abuses tu
De ce qui est instrument de vertu ?
Les biens font mal, à qui des biens abusent
Les biens font bien, aux bons qui bien en usent.

P

Celuy qui pense pouruoir
Au monde repos auoir
Et assied son espérance
Dessus un tel changement
Que pense un tel homme ? Il pense
Et assis bien seurement
Dessus une boule ronde
Flotant au milieu de l'onde.

Q

Quand le mondain travaille sans cesse
Pour tirer, pour avoir, et entasser tousiours,
Plaisir dessus plaisir, richesse sur richesse
Pour combler le souhait de ses plus vains discours
Quand plus il est chargé, moins il sent son fardeau
Et cherchant son repos au trauail, qui le mine
Porte aporte tousiours monceau dessus monceau
En somme que faict il ? Il bastit sa ruine.

R

Un jour le monde combatant
Contre vertu sa plus grande ennemie,
Il la menasse, et elle le deffie ;
Il entre au camp et elle l'y attend,

fleurs croissent sur le sol, des flots sont agités dans un vaste bassin et le vent souffle avec force à la gauche du haut. Le sens moral de ce morceau est que la durée des

---

Il marche, il vient, il s'approche, il luy tire
Mais tous ses coups ne peuvent avoir lieu
Car tous les traits du monde sont de cire
Et le bouclier de vertu est de feu.

S

C'est folie et vanité
D'estre en ce monde arresté
Le plaisir de ceste vie
N'est qu'ennuy et facherie
O DIEV seul sage et constant
Fay moy pour vaincre contant
Receuoir de ta largesse
Ta fermeté et sagesse.

T

Toy qui plonges ton cueur au profond de ce monde
Sçais tu ce que tu es ? Le sapin temeraire
Qui saute sur le dos de la courroucée onde
El lance par les coups du tourbillon contraire
Raison ton gouuernail, est pieça cheu au fond :
Tu erres vagabond, ou le vent variable
De tes plaisirs t'emporte, et enfin il te rompt
Contre le roc cruel d'une mort miserable.

V

Au langage des Cieux une fois j'entendy
Qu'au sage le monde est comme nuit à l'aurore
Comme au soleil rosée et ombre en plein midy
Car vertu qui son cueur allume, eschaufe, enflamme
Est aurore, soleil, et plein midy encore ;
L'ignorance est la nuict, les plaisirs sont rosée
L'ombre est la vanité, qui fuit tousiours nostre Ame
Jusqu'à ce que vertu l'ait du tout embrasée.

FIN.

Alors, comme Alors.

plaisirs du monde est semblable à une fleur, au vent et à des flots agités.

210.

(F) Le Dieu du jour est sur son char à la droite du haut et dirige sa course vers le côté opposé; la lumière de son flambeau n'a pas encore dissipé l'éclat des étoiles et de la lune qui brillent devant lui. Un charmant paysage forme le devant et le fond du tableau. Le sens de cette représentation paraît être que le monde est plus inconstant que le soleil et les autres astres.

211.

(G) Le sens moral de cette estampe paraît être qu'il est plus aisé de faire subsister ensemble l'eau et le feu que de faire son salut en se livrant au monde. On y voit, en effet, un philosophe debout à la gauche du devant, déplorant l'aveuglement de quelques hommes, ayant musique et porte-flambeaux en tête, et parcourant bruyamment, pendant la nuit, les rues d'une ville.

212.

(H) Le sens de celle-ci est que le monde est creux en dedans, qu'il roule toujours et qu'il n'a qu'une apparence de beauté, ce que l'artiste a exprimé en faisant paraître son philosophe dans l'atelier d'un orfévre, qui lui montre un globe enrichi de différents dessins et portant ces mots : AINSI ROVLLE TOVSOVRS CE MONDE....., gravés sur sa ligne équinoxiale.

213.

(I) Le sens moral de cette estampe est que les plaisirs du monde sont comme une fumée ou comme la glace qui se résout en eau. Elle représente notre philosophe debout à la gauche du bas, qui paraît saisi d'étonnement à la vue de plusieurs figures infernales vomies par des feux au côté opposé, où dirigent leurs pas deux époux de distinction, précédés d'un joueur de violon et suivis de deux pages. Au fond, se voit une rivière glacée en partie, sur laquelle glissent des enfants, et qui cède sous les pas de l'un d'eux.

On connaît deux états de cette planche :

I. Elle est avant la tettre I au haut et avec la seule lettre S à la gauche du bas.

II. Elle porte au haut la lettre I et à la gauche du bas les lettres S E.

214.

(K) Celle-ci signifie que le temps triomphe du monde comme des plus superbes édifices; elle représente deux couples qui se promènent dans des monuments antiques de Rome, au nombre desquels se trouvent le fleuve Nil mutilé et le Laocoon restauré.

215.

(L) Par cette composition, l'artiste a voulu exprimer que le monde est comme un jardin plein de fleurs, que la mort fait bientôt disparaître. On y voit un philosophe assis sur une colline à la gauche du bas; il médite sur un parterre qu'il aperçoit au-dessous de lui, et sur la mort paraissant, armée de sa faux, à la droite du haut.

216.

(M) Par celle-ci, que le monde laisse toujours quelque chose à désirer à ceux qu'il comble de ses faveurs. Mais que notre artiste a-t-il représenté? Son éternel philosophe, assis à la droite du bas, paraît réfléchir sur les causes et les effets d'une bataille qui finit sous ses yeux à gauche; vers le fond, on aperçoit une ville en flammes.

217.

(N) Le sens moral de cette estampe est que les biens du monde ne sont biens que pour ceux qui en savent user. Elle représente un roi assis sur son trône, recevant des présents qu'escortent des guerriers; sur le devant deux chiens se mordent.

218.

(O) Le sens de celle-ci est que l'on ne peut espérer la conquête du monde, puisque les Assyriens, les Perses, les Grecs et les Romains n'y ont pu réussir; c'est ce que l'artiste a cherché à exprimer par le globe du monde placé au centre des quatre chefs de ces peuples, dont les noms se lisent sur l'estampe. On y lit de plus au haut de la gauche : STEPHANVS | PATER ÆT. 61 | FOELICITE SCVLPSIT | IHOANI. FILIO | INVE. 1580. et au milieu du haut, entre les mots ASIRRIA et PERSIA : IN. ARGENTINA.

219.

(P) Qui croit assurer son repos dans ce monde, flotte sur une boule au milieu des flots, est le sens moral de cette estampe, qui représente un homme assis sur une boule flottant au gré des flots à droite vers le fond; tel paraît être le sujet des réflexions que fait le philosophe debout à la gauche du bas.

220.

(Q) Celle-ci signifie que celui qui ne met point de bornes à sa convoitise court à sa ruine. Elle représente un riche assis sur une espèce de trône, dans une salle où des richesses de toutes sortes sont étalées, apportées ou comptées. Les démons s'apprêtent à se saisir de lui.

On connaît deux états de cette planche :
I. Avant la lettre Q dans le haut de la composition;
II. Avec cette lettre.

221.

(R) Les efforts du monde ne peuvent faire périr la vertu, qui triomphe de ses projets. Tel est le sens de cette estampe, où l'on voit un archer debout, à gauche, lançant ses traits contre la vertu occupant la droite, armée d'un bouclier de feu qui la protége.

On connaît deux états de cette planche :

I. Avant maints travaux, avant la lettre R dans le haut de la composition et avec la seule lettre S à la gauche du bas.

II. Elle est terminée dans toutes ses parties, et la lettre R se voit au haut. La lettre S du bas est suivie d'un F.

222.

(S) La sagesse et la force peuvent seules rendre l'homme heureux dans ce monde. C'est ce que l'artiste a cherché à démontrer en représentant ici son philosophe, vu à la gauche du bas qui adresse à Dieu une fervente prière.

223.

(T) Le sens moral de cet emblème est que le monde fait faire naufrage à ceux qui s'y fient. Il représente un grand seigneur, le verre à la main, à côté d'une femme, occupant la droite, à qui le philosophe fait part de ses réflexions; il n'oublie pas sans doute l'exemple du vaisseau qui se brise contre un rocher à la gauche du fond.

224.

(V) Enfin par cette estampe l'artiste cherche à faire connaître qu'on doit faire part de ses biens aux pauvres dans ce monde-ci pour en recueillir la récompense dans l'autre. Il y a représenté son philosophe marchant et gesticulant au milieu du devant, et au fond, de chaque côté, d'amples distributions faites aux pauvres.

Nous avons rencontré un exemplaire des mêmes emblèmes contenant les distiques suivants, qui peuvent aussi justifier nos explications :

A. Appren bening lecteur à mepriser le monde,
Et suy la Marguerite ou la vertu abonde.

B. L'eau va viste et le traict, comme aussi fait le vent,

Mais la joye mondaine fuyt plus legierement.
C. France fragile et pleine de grand' variété,
N'a rien de plus constant que sa legiereté.
D. Si le monde aime l'homme ne doit sa mort chercher,
S'il est son ennemy il ne s'y doit fier.
E. Le vent, la fleur, et l'onde passent bien vistement,
Tout ainsi fait le monde qui change à tout moment.
F. Alors que les haults astres le grand cours cessera,
L'inconstance du monde encores durera.
G. Plus tost le feu dans l'eau paisible demourra,
Que Dieu auec le monde conioinct se trouvera.
H. Peintre qui représentes en ton tableau des fruits,
Peins y les fruicts du monde fondez sur peu d'appuis.
I. La glace fond en l'eau, et le monde inconstant,
S'esuanouit, se perd et coule en vn instant.
K. Qui verra les antiques de la ville de Rome,
Connoistra que le temps toutes choses consomme.
L. Le monde est vn jardin de fleur fort bonne et belle
Mais l'yver est sa mort qui tout transit et gele.
M. Le monde insatiable n'est content de ses biens,
Et si quant il a tout c'est alors qu'il n'a riens.
N. Les biens font mal à ceux qui des biens trop abusent
Et si font bien à ceux qui sagement en vsent.
O. Les quatre monarchies du monde insuperables
Ont prins fin, qui pourra s'assurer d'estre stable?
P. Autant est asseuré qui prend repos au monde,
Que qui vogue en la mer sur une boule ronde.
Q. Qui sans cesse travaille, et richesses accroche,
Plus en ha, plus se charge, plus sa ruine approche.
R. Le monde armé de cire a fait guerre a vertu,
Qui ha l'escu de feu, et ses traits sa fondu.
S. Le monde n'a plaisir que de sa vanité
Mais Dieu le fortifie en toute fermeté.
T. Le monde erre sur mer sans guide, et son vaisseau
Se brise au dur rocher, et puis s'abîme en l'eau.
V. Vertu le cœur enflamme du sage en plein midy
A la nuict d'ignorance vanité nous conduit.

225—236. LES DOUZE MOIS DE L'ANNÉE.

Suite de douze estampes, ayant des bordures chargées d'ornements qui ont rapport au sujet.

L. 0,234 à 0,236. H. 0,171 à 0,173.

On connaît deux états de ces planches :

I. Elles ne sont pas chiffrées et ne portent point d'adresse.

II. Elles sont chiffrées de 1 à 12. On lit sur le premier morceau : *F. L. D. Ciartres Excudit.*

225. *Janvier.*

(1) Le côté gauche de ce morceau offre un paysage où l'on remarque au haut la figure du Verseau à côté de son signe astronomique, et au bas une femme cassant la glace d'une rivière. Le côté opposé représente l'intérieur de la salle à manger d'un grand seigneur, dans laquelle le maître et la maîtresse sont servis par leurs gens tandis qu'un nain leur amène une compagnie de masques. Dans un cartouche au haut se voit la figure de Janus et dans un autre, au bas, est écrit :

Jano quum tristis facies tamen intro receptus
Ignis naturæ, luculentas concoquit escas
Cum pri.
Regis.
S. (1).

226. *Février.*

(2) Dans un édifice ruiné, occupant la gauche de ce morceau, on voit un homme et une femme environnés de leurs deux enfants qui se chauffent, assis à une cheminée vers laquelle se dirige un serviteur portant du bois. Dans un cartouche au haut sont représentés les poissons et leur signe astronomique, et dans un autre, au bas on lit :

Februo curta dies multum, infelisq. recessus
Corpora dum morbis opplet, et vermibus hortos
Cum pri. Regis.

---

(1) Ce morceau est le seul de la suite qui porte l'initiale de maître Étienne.

227. *Mars.*

(3) Sur le devant, à gauche, des vignerons taillent la vigne, et à droite un jeune garçon garde des oies. On remarque au second plan de ce dernier côté une chaumière entourée d'un pâtis, non loin de laquelle un berger garde son troupeau. Au fond, un camp, sur le devant duquel on voit une charge de cavalerie, précède une ville d'où s'échappent des tourbillons de fumée. Dans un cartouche, au haut, on voit le bélier et son signe astronomique, et dans un autre, au bas, est écrit :

Mars terram atq. homines torquet, Cœlumq. profondum
Bellisonæ alumnus : sed annia legumina fundit.
Cum pri. Regis.

228. *Avril.*

(4) Le devant de ce morceau présente une chasse au cerf; deux des chiens se désaltèrent à la droite du bas. Dans un cartouche, au haut, on voit le Taureau et son signe céleste. Dans un autre, au bas, est écrit :

Aprilis flores aperit auibusq. canoris
Paria dat lætas ostendit arbore frondes
Cum pri. Regis.

229. *Mai.*

(5) A la gauche du devant deux jeunes personnes tressent des fleurs; au milieu, une jeune mère et sa fille chantent dans un livre, ce que font aussi deux jeunes enfants qui tiennent un autre livre de musique. Deux hommes, dans le costume antique et couronnés de laurier, complètent ce groupe; l'un d'eux tient un cistre et l'autre paraît appliqué à lire dans un livre posé sur le sol. Quatre femmes jouent de divers instruments sous un berceau à droite. Dans un cartouche, au haut, se voient les Gémeaux et leur signe astronomique. On lit dans un autre, au bas :

Cœperat Aprili Lucinia euoluere cantus
Maio quos repetit : Nymphæ dum sertula nectunt
Cum pri. Regis.

230. *Juin.*

(6) Sur le devant de ce morceau, qui représente la cour d'une ferme, on s'occupe de la tonte des moutons; une vieille femme, et une jeune fille à laquelle un berger debout semble tenir quelques propos galants, se livrent à cette opération. Dans un cartouche, au haut, on voit le Cancer et son signe astronomique. Dans un autre, au bas, est écrit :

Iunio mulctra valet butyris, caseoq. recenti
Vellus præbet, ouis, apibusq. aluearia feruent
Cum pri. Regis.

231. *Juillet.*

(7) Deux hommes et une femme sont en train de faucher un pré ; à droite coule une rivière dans laquelle des hommes se baignent où s'apprêtent à se baigner. Dans un cartouche, au haut, on voit le Lion et le signe céleste qui s'y rapporte. Au bas en est un autre dans lequel on lit :

Julio fœniseris sitis inexhausta, natare
Tunc condiscit iners, vt algida membra toposcant
Cum pri. Regis.

232. *Août.*

(8) Les travaux de la moisson. Deux hommes scient le froment, un troisième le lie, et un homme et une femme transportent des gerbes à la grange. Dans un cartouche, au haut, se voient la Vierge et son signe astronomique, et dans un autre, au bas, est écrit :

Fœlices Auguste iacis, bona dum sua norunt.
Agricolas, fruges illis, fructusq. rependens.
Cum pri. Regis.

233. *Septembre.*

(9) Le labourage et l'ensemencement de la terre. Sur le devant, à gauche, un cultivateur ensemence un champ que son valet achève de labourer à la droite du fond, à l'aide d'une charrue attelée de deux bœufs. Dans un cartouche, au haut, on voit la Balance, et dans un autre, au bas, ces mots :

Uuas September fundit, et suauia vina
Solamen fessis viribus curisq. molestis.
Cum pri. Regis.

234. *Octobre.*

(10) La Vendange. Le raisin est apporté et foulé dans une cuve au milieu du bas, non loin d'une autre cuve d'où s'écoule le vin auquel goûte un homme, tandis qu'une femme remplit un tonneau. Dans un cartouche, au haut, on voit le Scorpion et son signe astronomique. Dans un autre, au bas, ces mots :

Bubus arat, terras vel equis, spargitq. vicissim
Triticeas October opes, pia dona columbis.
Cum pri. Regis.

235. *Novembre.*

(11) La Glandée. Un troupeau de pourceaux est gardé par un porcher qui fait tomber les glands d'un gros chêne, sous lequel il se trouve. Une bergère dort sur une souche à la droite du bas. Dans un cartouche, au haut, on voit le Sagittaire et son signe emblématique. Dans un autre, au bas, on lit :

Glandibus infercit porcos, mensasq. Nouember
Opiparas reddit, auibus, pinguiq. ferma.
Cum pri. Regis.

236. *Décembre.*

(12) Au devant d'une maison occupant la gauche de l'estampe et où pend pour enseigne un croissant, un homme fait *brûler* deux porcs, tandis que du côté opposé un homme et une femme s'occupent de l'arrangement de la pâte et de la cuisson du pain. Dans un cartouche, au haut, on voit le Capricorne et le signe céleste qui y répond. Dans un autre, au bas, on lit :

Ite sues alio, vos vult enecare December
Ille ferit glebas, vt dulcia semina seruet.
Cum pri. Regis.

Cette suite a été supérieurement copiée par un graveur peu connu, nommé *Jean Buchsmachr*, dont on lit le nom précédé de ces mots : *Coloniæ Agrippinæ excudit*, à la droite du bas de la composition du premier morceau. Elle a été chiffrée de 1 à 12 dans le cartouche du bas qui contient aussi, outre le nom en latin du mois, une ligne de discours au-dessous, sans l'accompagnement du *cum pri. Regis* des originaux, et sans l'initiale *S* sur le premier morceau.

L. 0,229 à 0,238. H. 0,172 à 0,176.

§ VI. — Sujets variés, sujets de genre et de fantaisie.

237—248. SUJETS VARIÉS.

Suite de douze estampes gravées deux par deux, l'une au-dessous de l'autre, sur six planches, dont voici les dimensions.

H. 0,097. L. 0,057.

Les planches paraissent n'avoir jamais été coupées, mais, comme les sujets se rencontrent fort souvent détachés, nous allons les décrire isolément en commençant par ceux du haut et finissant par ceux du bas des planches.

Chacun des sujets porte l'initiale du maître, et de plus ces mots en très-petits caractères de son écriture cursive : *Cum pri. Regis.*

MORCEAUX DANS DES RONDS.

Diamètre : 0,031 à 0,033.

237.

(1) Un soldat romain haranguant devant un prince qui est assis sur son trône. Peut-être est-ce Régulus à Carthage?

238.

(2) Les Romains déclarant dictateur Q. Cincinnatus qu'ils trouvent occupé à conduire sa charrue.

239.

(3) Des femmes et un soldat s'empressant de secourir une jeune femme qui paraît expirer entre leurs bras.

240.

(4) Un homme, coiffé d'un turban, combattant contre un basilic.

MORCEAUX DANS DES FORMES OVALES.

L. 0,037 à 0,038. H. 0,027 à 0,028.

241.

(5) Le jeune Atys tué par mégarde, par Adraste, à la chasse du sanglier de Mysie.

242.

(6) Un prince furieux enlevant en l'air un jeune homme pour le précipiter dans l'eau.

243.

(7) Diane et ses nymphes s'apercevant de la grossesse de Callisto.

244.

(8) Un guerrier escaladant un rocher rempli de bêtes fé-

roces. Peut-être est-ce Énée cherchant le chemin qui conduit aux Enfers.

245.

(9) Deux femmes à genoux dans un temple consacré à Diane chasseresse.

246.

(10) La continence de Scipion.

247.

(11) Une princesse offrant un sacrifice en présence de Neptune, que l'Amour perce d'un de ses traits.

248.

(12) Une reine absolument nue se précipitant au devant de deux soldats qui viennent pour tuer un vieillard couché dans son lit.

249—254. AUTRES SUJETS VARIÉS.

Suite de six estampes ovales en hauteur, portant au milieu du bas le millésime 1567, à 2 ou 4 millimètres au-dessous de la bordure; elles sont anonymes.

H. 0,035 à 0,038. L. 0,025 à 0,027.

249.

(1) Le sacrifice d'Abraham.

250.

(2) Samuel réprimandant Saül.

251.

(3) Élie nourri miraculeusement dans le désert.

252.

(4) Le Temps et l'Amour.

253.

(5) La mort de Pyrame et Thisbé.

254.

(6) Une bergère trayant sa vache non loin d'un berger sommeillant.

255—261. Diverses actions pastorales et champêtres.

Suite de sept estampes dans des formes ovales, gravées en 1569, et portant, outre cette date, les lettres S. F au bas des compositions, sauf le n° (5) qui ne porte que la lettre S.

H. 0,034. L. 0,024.

255.

(1) Bergère s'occupant à filer; près d'elle un Berger qui conduit son troupeau à une fontaine.

256.

(2) Un Berger et une Bergère s'entretenant ensemble au pied d'un rocher.

257.

(3) Des Bergers et des Bergères dansant au son de la musette.

258.

(4) Un homme pêchant avec un échiquier.

259.

(5) Une Bergère filant près d'une chèvre qui broute des branches d'arbre.

260.

(6) Un oiseleur tendant ses filets.

261.

(7) Un pêcheur à la ligne.

MORCEAUX EN LARGEUR.

262—265. Les quatre petits combats.

Suite d'autant d'estampes à fond noir, marquées, au bas, de l'initiale du maître, et de plus, sur la dernière, de ces mots : CVM PR. REGIS.

L. 0,090. H. 0,037, y compris les marges.

Comme les marges n'ont pas été conservées dans beaucoup d'épreuves, voici les dimensions des compositions :

L. 0,082. H. 0,027.

262. *Combat d'Achille et d'Hector.*

(1) Les deux héros sont à cheval, accompagnés de quelques guerriers, l'un à cheval et les autres à pied. On lit au haut, sur le fond, à gauche : HECTOR, et à droite : ACHILLES.

On connaît deux états de cette planche :
I. Elle n'est pas chiffrée.
II. Elle porte le chiffre 5 dans la marge, à gauche.

263. *Combat de Pyrrhus et de Troïle.*

(2) Les Troïens combattant contre Pyrrhus, qui se voit à cheval, à droite, se dirigeant du côté opposé. On lit au haut, sur le fond, à gauche : TROILLVS, et à droite : PIRRVS.

On connaît deux états de cette planche :
I. Elle n'est pas chiffrée.
II. Elle porte le chiffre 2 dans la marge, à gauche.

264. *Combat d'Annibal et de Scipion.*

(3) Les deux héros sont à cheval et sont soutenus de quelques guerriers à pied. On lit au haut, sur le fond, à gauche : HANIBAL, et à droite : SCIPIO.

On connaît deux états de cette planche :
I. Elle n'est pas chiffrée.
II. Elle porte le chiffre 3, dans la marge, à gauche.

265. *Combat d'Enfants.*

(4) Les chefs des deux partis, montés sur des boucs, s'avancent l'un contre l'autre au milieu, vers le fond. Sur le devant, vers la gauche, on remarque l'un des petits soldats qui fait aspirer à la seringue dont il est armé le liquide contenu dans un vase.

266—267. Deux ateliers d'orfévres.

L. 0,120, H. 0,084.

266. *Le premier* (1).

Trois orfévres travaillent auprès d'une table couverte d'outils; à droite un jeune homme tient, à l'aide d'un long instrument, un objet qui cuit dans le four ; à gauche un enfant tourne le moulinet d'un banc à tirer ; l'atelier est éclairé, au fond, par une grande fenêtre cintrée, et entr'ouverte. On lit au bas, à droite, sur une tablette : STEPHANVS | FECIT IN | AVGVSTA | et à côté le millésime 1576. Nous donnons ici le *fac simile* de l'inscription et de deux des figures les plus en évidence, qui passent pour être les portraits d'Étienne Delaune et de son fils.

(1) Cette estampe a été reproduite dans le *Livre d'or des métiers*. Histoire de l'orfévrerie-joaillerie, par Paul Lacroix et Ferdinand Seré, page 111.

267. *Le second.*

Cette seconde estampe reproduit le même atelier que la précédente ; la fenêtre est entr'ouverte pour donner accès à un seigneur qui adresse la parole à un ouvrier assis; celui-ci se décoiffe pour répondre à son interlocuteur. Un seul ouvrier travaille sur la table qui est au milieu et un autre polit un objet de métal sur une enclume. A gauche, un jeune homme debout souffle le feu, tandis qu'un enfant, à ses côtés, fait le même office avec un soufflet adapté au four lui-même. Le long des murs sont accrochés, comme dans la planche précédente, les outils ordinaires aux orfèvres. On lit dans le coin gauche du bas, sur une tablette : STEPHANVS F. | IN AVGVSTA, et à côté la date 1576.

Cette estampe a été gravée en fac-simile dans la *Gazette des beaux-arts*. Tome IX, page 37.

268. *Une chasse au cerf.*

Représentée dans une espèce de frise, de forme circulaire, elle est sans nom ni marque, mais n'en est pas moins du maître, nous dit J. P. Mariette, qui nous en a conservé les dimensions. Nous ne l'avons jamais rencontrée.

L. 0,130. H. 0,040.

269—274. Différents cavaliers romains.

Suite de six estampes dans des formes quadrilatérales en hauteur, chiffrées de 1 à 6, à la gauche du haut et portant au bas, sur l'exergue, le millésime 1567. Le fond est teinté de tailles horizontales.

H. 0,032 à 0,034. L. 0,029.

269.

(1) Cavalier marchant à droite, le bouclier passé au bras droit, et tenant le bâton de commandement de la main gauche élevée.

270.

(2) Porte-enseigne marchant à gauche, le bouclier au dos, la main gauche posée sur sa hanche, et tenant de l'autre une enseigne dont la hampe pose sur la selle du coursier.

271.

(3) Soldat dont le cheval, dirigé à gauche, se cabre étant poursuivi par un chien qui aboie. Il élève son bouclier de la main gauche, et tient une masse d'armes de l'autre main en se retournant à gauche.

272.

(4) Cavalier dont le cheval galope à gauche. Il est vu presque de dos, élevant son bouclier devant lui et tenant son sabre de la main droite.

273.

(5) Autre cavalier dont le cheval galope à droite. Son bouclier élevé lui cache en partie la tête et la dépasse; il tient un poignard de la main droite.

274.

(6) Cavalier tombé à la gauche du devant, ayant le pied droit engagé dans l'étrier de son cheval, qui court à gauche en retournant la tête du côté opposé.

275—280. La chasse à l'ours, au sanglier, au loup, aux oiseaux, au cerf et au lièvre.

Suite de six estampes en forme de frises, à fond blanc.

L. 0,220. H. 0,067.

On connaît trois états de ces planches :

I. Elles ne sont pas chiffrées et ne portent pas d'adresse.

II. On lit au milieu du devant sur le premier morceau : *F. L. D. Ciartres excud.* Elles ne sont pas encore chiffrées.

III. Elles sont chiffrées de 1 à 6, et au lieu du nom de *Ciartres*, on voit celui-ci : *Mariette le fils*.

275. *La chasse à l'Ours.*

(1) L'animal, attaqué par cinq chiens, au milieu du devant, et par deux valets de chasse armés d'une fourche et d'une lance, s'en prend à cette dernière arme et la mord. Un chasseur à cheval s'avance de la droite de l'estampe vers l'animal. On lit à la gauche du bas, de l'écriture cursive du maître : *Stephanus F. Cum pri. Regis.*

276. *La chasse au Sanglier.*

(2) Un Sanglier se voit, au milieu du devant, assailli par cinq chiens. Il est percé au flanc par la hallebarde d'un chasseur à pied ; un chasseur à cheval accourt de la gauche sur l'animal, vers lequel il dresse son arme. On lit pareillement à la gauche du bas : *Stephanus F. Cum pri. Regis.*

277. *La chasse au Loup.*

(3) Vers la gauche du devant l'animal est pris dans un filet ; il est assailli par plusieurs chiens maintenus par deux valets de chasse, et est encore poursuivi par un chasseur à cheval qui arrive au galop de la droite, armé de tenailles. On lit à la gauche du bas : *Stephanus F. Cum pri. Regis.*

278. *La chasse aux Oiseaux.*

(4) A la gauche du devant, un homme, précédé de son chien, tire sur des canards ; un autre, vers le milieu, ajuste un lièvre avec une arbalète, et à la droite du bas un oiseleur a tendu ses filets et joue de l'apneau. On lit au milieu du bas : *S. F. Cum pri. Regis.*

279. *La chasse au Cerf.*

(5) Vers le milieu du devant, un cerf, aux abois, se voit assailli par six chiens ; il tombe sous les coups de la lance d'un chasseur à pied suivi d'un autre à cheval. On lit à la droite du bas : *Stephanus F. Cum pri. Regis.*

280. *La chasse au Lièvre.*

(6) Plusieurs chiens stimulés par deux chasseurs et trois valets poursuivent un lièvre qui fuit à gauche, où des rets sont tendus. Deux autres chiens se désaltèrent à la gauche du bas. On lit au bas, à droite : *Stephanus F. Cum pri. Regis.*

281—292. Combats et triomphes.

Suite de douze estampes en forme de frises, à fond noir.

L. 0,218 à 0,222. H. 0,065 à 0,067.

On connaît quatre états de ces planches :

I. Elles ne portent ni numéros ni adresses.

II. Elles ne portent pas encore de numéros, mais on lit cette adresse sur le premier morceau : *F. L. D. Ciartres excud.*

III. Avec l'adresse de *Ciartres* et avec les numéros 1 à 12.

IV. Elles portent les numéros 1 à 12, et le nom de *Ciartres* a été remplacé par celui-ci : *P. Mariette le fils.*

Le faire de ces estampes se rapporte à deux époques différentes de la vie de notre artiste ; dans l'une se rangent les nos 1, 2, 3, 4, 5, 6, 7, 10 et 12, et dans l'autre les nos 5, 8, 9 et 11. Ces quatre derniers morceaux, traités avec beaucoup de science et dans la grande manière du maître, ont des analogues dans les nos 300 à 308 de notre catalogue.

281. *Bellone.*

(1) Elle est assise de face sur des trophées et tourne la tête à gauche ; on remarque de chaque côté deux figures de vaincus assises sur des canons. On lit à la droite du bas : *Stephanus F. Cum pri. Regis.*

282. *Marche triomphale.*

(2) Le milieu de l'estampe est occupé par un char que traînent des esclaves précédés de trois soldats sonnant de la trompe. Un roi vaincu, les mains liées, est assis dans ce char derrière lequel se voient des troupeaux et des esclaves portant des vases et des armes. On lit au bas, à gauche : *Cum pri. Regis*, et à l'opposite : *Stephanus Fecit S.*

283. *La Victoire.*

(3) Au milieu d'un trophée embrassant toute l'étendue de l'estampe, on voit la figure de la Victoire assise de face sur deux faisceaux, tenant de la main droite une palme et de l'autre une couronne. On lit au bas, à gauche, *Cum pri.*, et à droite : *Regis S.* Puis on lit encore sur un étendard qui est derrière la Victoire : *Stephanus | Fec | it.*

284. *Combat grotesque.*

(4) Il a lieu entre des paysans des deux sexes, dont deux montent des ânes. On remarque au milieu du devant une vieille femme terrassée par une jeune fille, qui la frappe avec une cuiller à pot. A la droite du bas est écrit : *Stephanus F. Cum pri. Regis.*

285. *Le triomphe de Bacchus.*

(5) Le dieu est dans un bige dirigé à gauche, précédé de Bacchants et suivi de trois Bacchantes portant, l'une, une hure de sanglier, et les autres des amphores. On lit au bas, à gauche : S. CVM PRIVILEGIO REGIS, et à droite : *Stephanus Fecit.*

Il y a des épreuves avant *Stephanus fecit.*

286. *Combats d'hommes et d'animaux.*

(6) A là gauche du fond, un homme montant un dromadaire et un autre à cheval se dirigent l'un contre l'autre, armés chacun d'une pique. On remarque au milieu, en avant d'un gros arbre, un éléphant aux prises avec une espèce de dragon. Au bas est écrit, au milieu : *Cum pri. Regis,* et à droite : *Stephanus Fecit. S.*

287. *Mêlée d'hommes nus.*

(7) Ces hommes, qui sont armés et frappent d'estoc et de taille, paraissent cependant n'agir que d'une façon folâtre.

On en remarque un, à l'extrémité de la gauche, dont la tête est ornée d'un panache et qui porte un autre panache pendu à sa ceinture, lequel semble décocher une flèche. On lit au bas, à gauche : *Stephanus Fecit*, au milieu : *Cum pri. Regis*, et à droite : *S*.

288. *Combat des Centaures et des Lapithes.*

(8) Au milieu de la composition on remarque l'enlèvement d'Hippodamie. On lit au bas, à gauche : S. et au milieu : CVM PRIVILEGIO REGIS.

289. *Combat de cavaliers et de fantassins.*

(9) On voit au fond, vers la gauche, un fantassin portant un drapeau tronqué par le bord supérieur de l'estampe, et, vers la droite, deux cavaliers fuyant de ce dernier côté ; l'un d'eux se retourne pour décocher une flèche. On lit à la gauche du bas : S. CVM | PRIVILEGIO REGIS.

290. *Autre.*

(10) Au milieu du devant, deux guerriers, se tenant corps à corps, cherchent à s'entrepercer de leurs armes. On lit au bas, à gauche : *Stephanus Fecit*, et à droite : *Cum pri. Regis S*.

291. *Autre.*

(11) A la droite du fond se présente un cavalier dont le cheval se cabre, qui lève son sabre pour en frapper un fantassin tombé sur le devant, et qui veut l'arrêter en saisissant un pan de son vêtement. Au bas, à gauche, est la lettre S, et au milieu est écrit : CVM PRIVILEGIO REGIS.

292. *Autre.*

(12) Un fantassin est tombé à la renverse au milieu du devant, sous le cheval d'un cavalier qui se dirige à droite. On lit au bas, à gauche : *Cum pri. Regis*, et à l'opposite : *Stephanus Fecit S*.

293–294. Deux combats de cavaliers romains, contre des soldats à pied.

Suite de deux estampes en forme de frises, dont les fonds sont teintés de tailles horizontales, et portant au bas vers la droite la lettre S, et à gauche ces mots : CVM PRIVILEGIO REGIS. Ces morceaux sont des moindres choses du maître.

L. 0,305. H. 0,090.

293. Le premier.

On remarque principalement dans celui-ci un porte-drapeau à cheval, dirigé à droite, contre lequel un fantassin, se saisissant du drapeau, semble diriger sa lance.

294. Le second.

Un cheval est tombé mort au milieu du devant, sous son cavalier, qu'un fantassin, assis sur un autre cheval tombé vers la droite, semble vouloir assujettir pour le frapper plus sûrement de son poignard.

§ VI. — **Copies d'estampes de différents graveurs. — Portraits.**

MORCEAUX EN HAUTEUR.

295. *Cupidon et les trois Grâces, d'après Raphaël.*

Copie en contre-partie de l'estampe gravée par *Marc-Antoine*, d'après la fresque du palais de la Farnésine, à Rome, et décrite par Bartsch, t. XIV, p. 257. Morceau sans nom ni marque.

H. 0,118. L. 0,083.

296. *Les trois Grâces, d'après l'antique.*

Copie en contre-partie de l'estampe gravée par *Marc-Antoine*, et décrite par Bartsch, t. XIV, p. 255. On lit dans une tablette, au bas :

S. SIC. ROME. CARITES. NIVEO. EX.
,MARMORE. SCVLP.

Morceau cintré du haut.

H. 0,124. L. 0,080.

297. *Vénus sortie du bain, d'après Raphaël.*

Copie en contre-partie de l'estampe de *Marc-Antoine*, décrite par Bartsch, t. XIV, p. 224. Cette copie a été cotée B par cet auteur, qui ne l'a pas donnée à notre artiste; elle est indubitablement de son exécution. Morceau sans nom ni marque.

H. 0,170. L. 0,135.

MORCEAUX EN LARGEUR.

298. *Didon à table à côté d'Énée, d'après Raphaël.*

Copie en contre-partie d'un des sujets des compartiments de droite de la célèbre estampe de *Marc-Antoine*, représentant le *Quos ego*, décrite par Bartsch, t. XIV, p. 264. Morceau sans nom ni marque.

L. 0,132. H. 0,077.

299. *Le massacre des Innocents, d'après Raphaël.*

Copie en contre-partie de l'estampe de *Marc-Antoine*, décrite par Bartsch, t. XIV, p. 19. Elle est sans nom ni marque.

L. 0,157. H. 0,095.

300—307. Suite de huit estampes chiffrées de 1 à 8.

L. 0,126 à 0,130. H. 0,079 à 0,083.

300. *Trajan entre la ville de Rome et la Victoire, d'après l'antique.*

(1) Copie en contre-partie de l'estampe de *Marc-Antoine*, décrite par Bartsch, t. XIV, p. 275. Le chiffre 1 est dans l'angle supérieur du côté gauche. On lit du même côté, vers le bas : STEPH | ANVS | FECIT.

301. *Alexandre faisant serrer les œuvres d'Homère dans la cassette de Darius, d'après un bas-relief.*

(2) Copie en contre-partie de l'estampe gravée par *Marc-Antoine*, et décrite par Bartsch, t. XIV, p. 168. On remarque au haut, à gauche, le nombre romain II, et à l'opposite le chiffre arabe 2. L'initiale de Stephanus se voit à la droite du bas.

302. *David coupant la tête du géant Goliath, d'après Raphaël.*

(3) Copie en contre-partie de l'estampe de *Marc-Antoine*, décrite par Bartsch, t. XIV, p. 12. Le chiffre 3 se voit au milieu du haut, et la lettre S dans l'angle bas de la droite.

303. *Le combat des Centaures et des Lapithes aux noces de Pyrithoüs, d'après le Rosso.*

(4) Copie en contre-partie de l'estampe gravée par *Énéas Vico*, décrite par Bartsch, t. XV, p. 296. La lettre S est au milieu du bas. Au haut, à gauche, se trouve le chiffre 4.

304. *Chasse aux lions, d'après l'antique.*

(5) Copie en contre-partie de l'estampe de *Marc-Antoine*, décrite par Bartsch, t. XIV, p. 317, nº 422. Le chiffre 5 se voit au milieu du haut.

305. *Trajan combattant contre les Daces, d'après un bas-relief.*

(6) Copie en contre-partie de l'estampe gravée par *Marc-Antoine*, et décrite par Bartsch, t. XIV, p. 167, nº 206. Le chiffre 6 se trouve dans l'angle supérieur, à droite, et l'initiale de notre artiste vers le milieu du bas.

306. *Le martyre de sainte Félicité, d'après Raphaël.*

(7) Copie en contre-partie de l'estampe de *Marc-Antoine*,

décrite par Bartsch, t. XIV, p. 104, nº 117. Au milieu du haut est le chiffre 7, et dans l'angle inférieur de la droite la lettre S.

307. *Les amours de Léda et de Jupiter, d'après Michel-Ange.*

(8) Copie en contre-partie de l'estampe d'*Énéas Vico*, décrite par Bartsch, t. XV, p. 294. Dans les angles inférieurs, on voit, à droite, l'initiale de notre artiste, et à l'opposite, le chiffre 8.

308. *L'enlèvement d'Hélène, d'après Raphaël.*

Copie en contre-partie de l'estampe de *Marc-Antoine*, décrite par Bartsch, t. XIV, p. 170, nº 209. L'initiale de notre artiste se voit sur la face du soubassement de la niche pratiquée à la partie latérale d'une palais occupant la gauche du haut.

L. 0,174. H. 0,114.

On connaît deux états de cette planche :

I. L'état décrit.

II. Dans l'angle bas de la gauche on a gravé ce monogramme qui appartient à *Jean de Gourmont*. Les épreuves de cet état sont très-mauvaises.

309. *Apollon sur le Parnasse, au milieu des Muses, d'après Lucas Penni.*

Copie, dans le sens de l'original, de l'estampe gravée par *Georges Ghisi*, dit *le Mantouan*, et décrite par Bartsch, t. XV, p. 406. La seule tablette qui s'y trouve est celle du côté droit; elle renferme l'inscription : L. PENNIS. R. IN. L'initiale de Stéphanus est à la gauche du bas, et on lit au bas, du côté opposé : CVM PRIVILEGIO REGIS.

L. 0,275. H. 0,220.

PORTRAITS.

310. *Henri II, roi de France.*

Vêtu de son armure et décoré du collier de l'ordre de

Saint-Michel, il est vu jusqu'à la ceinture ; il est tête nue, tourné vers la droite et regarde de face ; le bras droit appuyé sur son casque, il tient de la main gauche le bâton de commandement. Il est dans un cadre d'ornements, avec un cartouche au haut, surmonté de la couronne royale, dans le champ duquel se voit la lettre H; une espèce de cartouche se trouve de chaque côté, orné d'un croissant dans lequel passe un arc, et on lit au bas, sur une tablette surmontée d'un croissant :

HENRICVS II. GALLIARVM REX.

H. 0,245. L. 0,165 (1).

Ce portrait, qui a été copié en contre-partie par *René Boyvin* (voir le Catalogue de l'œuvre de cet artiste, dans le tome VII du *Peintre-graveur français*, n° 107), l'a été également par un anonyme qui a substitué à la tête du Roi celle de François de Lorraine, duc de Guise. Ce graveur inconnu nous paraît être encore l'auteur d'un autre portrait,— CAROLVS CARDINALIS A LOTHARINGIA ANDNI 1575. ÆTAT.50— que quelques auteurs ont, à tort, selon nous, attribué à Étienne Delaune (2).

311. *Le même roi.*

Réduction du portrait qui précède. Il est en buste, couvert de son armure et tourné vers la gauche. Il est exécuté dans le goût de la planche précédente. Dans un ovale, en hauteur, bordé de deux traits circulaires, entre lesquels on

---

(1) Ce portrait se trouve en tête de l'*Éloge de Henri II*, dont nous avons parlé plus haut, p. 5 et 18.

(2) Le portrait du cardinal de Lorraine fut gravé pour l'ouvrage suivant : « La conjonction des lettres et des armes des deux très-illustres princes lorrains Charles, duc de Lorraine, archevêque et duc de Rheims, et François, duc de Guyse, frères, tirée du latin de M. Nicolas Boucher, docteur en théologie, et traduite en français par M. Iaques Tigéou, angevin. Rheims, 1579, in-4°. »

lit : HENRICVS II. GALLIARVM REX. — La seule épreuve que nous ayons vue de ce portrait était privée de marge.

H. 0,090. L. 0,068.

312. *Étienne Jodelle, poëte français.*

Ce personnage, qui eut du goût pour les beaux-arts et entendait bien l'architecture, la peinture et la sculpture, est représenté en demi-corps, vu de trois quarts, légèrement tourné à droite et regardant de face, tête nue, le cou garni d'une fraise et vêtu d'un pourpoint. Il est dans un cartouche d'ornements dans lequel s'emmanchent, de chaque côté, deux rameaux de lauriers. Morceau anonyme.

H. 0,110. L. 0,087.

313. *Ambroise Paré, premier chirurgien du Roi.*

En demi-corps et tourné à droite, il regarde de face ; il est tête nue. Il porte barbe et moustaches, et son cou est garni d'une fraise. Sa robe, fermée par six boutons au-dessus de la ceinture, est en partie cachée par un pan de manteau jeté sur l'épaule gauche. Le fond est teinté de tailles horizontales. On lit dans une tablette blanche, à la gauche du haut : ANNO | ÆTATIS. 72 | 1582 et au-dessous : .S. F.

H. 0,178. L. 0,138.

On connaît trois états de cette planche :

I. L'état décrit (1).

II. On lit sur le ciel, à droite, vers le haut : *I. L. R. Excudit.* Les deux dernières initiales sont liées en forme de monogramme.

III. Retouché. Dans une autre tablette placée à la droite du haut, On lit : *Humanam* AMBROSII *vere hæc pictura* PARÆI

Effigiem sed Opus continet αμϐροσιην.

Hic fuit Consiliarius et chirur. Primar. 4 Regum Galliæ.

---

(1) En cet état, ce portrait décore l'ouvrage intitulé : *Discours d'Ambroise Paré, conseiller et premier chirurgien du Roi, sur la Mumie* (sic), *les Venins, la Licorne et la Peste. Paris, Gabriel Buon,* 1582, in-4°.

Ce portrait a été copié dans le même sens par *Giullis Horbeck* dont le nom se lit au-dessous de la tablette qui se trouve à la gauche du haut, laquelle contient ces mots : ANNO | ÆTATIS 75 | 1584. On lit dans une marge ménagée au bas :

Humanam AMBROSII *vere hæc pictura* PARÆI
Effigiem sed opus continet αμϐροσιην.

H. 0,192, dont 0,017 de marge. L. 0,130.

§ VII. — Dessins d'ornements.

314-315. — 1° ÉCRANS OU MIROIRS A MAIN.

Suite de deux estampes au bas desquelles on lit à gauche : *Stephanus. F.* et à droite : *Cum. pri. Regis.*

H. 0,218. L. 0,105.

314. *Le premier.*

La partie supérieure de ce morceau est formée d'un cartouche ovale, au centre duquel est représenté le sujet de Médée rajeunissant Æson. On lit au bas : MEDEA et sur la bordure le millésime 1561. Ce cartouche est entouré de sept figures allégoriques de femmes, dont une est assise au sommet, de quelques enfants, de quadrupèdes, de poissons, de fruits, de pierres précieuses et de perles. La partie inférieure, formant la poignée, se termine par un anneau ; elle est enrichie de rinceaux, de mascarons et de pierres précieuses.

315. *Le second.*

Celui-ci est pareillement formé au haut d'un cartouche ovale dans le champ duquel est représenté le sujet de la mort de Julie, fille de Titus, succombant, entre les bras de deux de ses suivantes, à l'action d'un breuvage empoisonné. On lit au bas, à gauche, IVLIA, et au milieu, dans une tablette, le millésime 1561. Ce cartouche est entouré de cinq figures allégoriques de femmes, dont une est assise de profil au sommet, de festons, de fleurs, de fruits et de pierres précieuses. Une perle pend à un mufle de lion de chaque côté.

La partie inférieure, formant le manche, se termine aussi par un anneau ; elle est enrichie de deux dauphins, de mascarons et de pierres précieuses.

316-321. — Description de six autres miroirs.

Les champs sont deux en rond, deux en ovale, un en carré et un autre en octogone. Ils ont des manches ou poignées qui occupent le bas de chaque planche, et sont ornés d'un anneau. Les fonds sont entièrement blancs, sans nom ni marque, ni ligne d'encadrement.

H. 0,206 à 0,209. L. 0,116 à 0,118.

LES DEUX MIROIRS RONDS.

316.

(1) Le manche épouse la forme d'une colonne cannelée, dont le chapiteau supporte une espèce de cartouche, dans lequel sont enchevêtrées deux figures de femmes chimériques, séparées dans le milieu par un masque de jeune femme. Ce cartouche est surmonté d'un miroir richement bordé.

317.

(2) Pendant du morceau précédent et à peu près de même forme. Le cadre du miroir est garni, au bas, des figures ailées de deux sirènes, tenant, d'une main, des festons de fruits et supportant, de l'autre, sur leur tête, des corbeilles de fruits. Ces figures sont séparées par une tête ailée de Méduse. Un chérubin couronne ce miroir.

LES DEUX MIROIRS OVALES.

318.

(3) Le cadre de celui-ci est entouré, aux trois quarts de sa hauteur, de divers ornements de cartouches enchevêtrés, de chaque côté, de poissons et de têtes chimériques, de festons de fruits et de draperies, et, au milieu, d'une tête de jeune

fille laurée et dont la draperie pose sur le chapiteau du manche.

319.

(4) Pendant du morceau précédent. Il est entouré, aux trois quarts de sa hauteur, de divers ornements de cartouches enchevêtrés de deux figures de femmes finissant en gaîne et supportant des corbeilles de feuillages, de festons de fruits et d'une tête de vieux satyre formant le haut du manche.

MIROIR CARRÉ.

320.

(5) Le cadre de ce miroir est formé d'un cartouche élégant orné, au haut, d'un cartouche accessoire offrant une tablette vide et une enchâssure de pierres précieuses; à gauche, d'une figure de femme finissant en gaîne avec festons de fruits ; à droite, d'une autre figure semblable; et, au bas, d'un autre cartouche où l'on remarque une tête de satyre et des pierreries enchâssées. Ce dernier cartouche donne naissance à la poignée de ce meuble. Deux perles descendent des angles inférieurs de ce miroir.

MIROIR OCTOGONE.

321.

(6) Le manche de ce miroir est formé d'une figure de femme finissant en gaîne, vue de face et soutenant de ses deux mains un cartouche d'ornements, dont le champ est richement bordé. Ce cartouche est orné d'un enfant assis de chaque côté, tenant des draperies ; et, au bas, de deux chiens et de festons de fruits, et de deux mascarons à la bouche desquels sont appendues deux perles pendant de chaque côté.

322-323. — 2° SIFFLETS.

Suite de six pièces terminées par un anneau qui semble indiquer que ces objets étaient suspendus à une chaîne quelconque. Quoiqu'il ne soit pas bien certain que ces six estampes soient gravées par Étienne Delaune, nous croyons devoir les comprendre dans le Catalogue de cet artiste auquel elles sont généralement attribuées. Ces pièces sont anonymes.

322.

(1) Le tuyau du sifflet est formé par le corps de deux gros serpents sur lequel sont étendus des satyres ; dans le haut, aux côtés d'une grosse pierre précieuse taillée à facette, deux enfants nus et au-dessus une tête de jeune femme. Au bas un satyre vu de face, les bras et les jambes écartées. Trois grosses perles terminent ce bijou.

H. 0,126. L. 0,124.

323.

(2) Au centre, à la hauteur du tuyau du sifflet, se voit une tête de cerf contre laquelle aboient deux chiens ; dans le haut une tête de vieille femme surmonte un cartouche entouré de deux enfants donnant de la trompe. Trois grosses perles terminent également ce bijou.

H. 0,127. L. 0,124.

Ces deux planches sont les deux seules de cette suite que nous croyons pouvoir attribuer avec certitude à Delaune.

324.

(3) Deux vieillards sont assis dos à dos sur le tuyau du sifflet, au-dessous d'un trophée d'armes. Ce sifflet est terminé par une grosse perle.

H. 0,115. L. 0,130.

325.

(4) Deux Génies ailés sont assis dos à dos aux côtés d'une pierre précieuse taillée à facettes; au-dessous une autre pierre précieuse également taillée et au-dessous une grosse perle.

H. 0,123. L. 0,120.

326.

(5) Deux satyres assis dos à dos jouent d'une sorte de trompe; le bas du bijou est formé par deux sirènes qui se terminent en queues de serpents.

L. 0,120. H. 0,105.

327.

(6) Un faune et une faunesse occupent les deux côtés d'une pierre exagone; le tuyau du sifflet est entouré de serpents. Une grosse perle termine ce bijou.

L. 0,130. H. 0,120.

328-333. — 3° ANSES DE VASES.

Suite de six pièces. — Ces objets, qui passent également pour être des heurtoirs de portes et que mentionne comme tels M. Reynard dans le Catalogue de sa vente (2e partie, p. 75, n° 341), sont absolument privés de signature. On les attribue généralement à Étienne Delaune. Quoique nous ne soyons pas bien convaincu de la justesse de cette attribution, elle ne nous paraît pas assez invraisemblable pour ne pas la consigner ici. Nous décrirons les cinq pièces de cette suite que nous avons rencontrées.

328.

(1) Quatre serpents monstrueux, en s'enroulant avec des escargots, viennent enlacer dans leurs nœuds deux hommes nus qui se trouvent séparés par un masque dans les moustaches duquel ils ont l'un et l'autre un bras passé.

329.

(2) Le centre est occupé par une tête d'homme aux côtés de laquelle sont deux dauphins enroulés sur des guirlandes garnies d'ornements.

330.

(3) Au milieu d'un cartouche duquel sortent deux serpents, on voit une tête de lion ; les deux côtés de l'anse sont formés par des guirlandes couvertes d'ornements se détachant en noir sur un fond clair.

331.

(4) L'anse a la forme d'une guirlande de fruits et de feuilles enlacés ensemble par de longs serpents. Le centre est occupé par une tête de Méduse.

332.

(5) Le centre est formé par une tête de lion au-dessous de laquelle est suspendue une grosse perle ; les deux guirlandes qui l'accompagnent sont terminées par deux têtes de moutons.

333.

(6) . . . .

334-339. — 4° FONDS DE COUPES A L'USAGE DES CISELEURS, ET PROPRES D'AILLEURS A TOUS AUTRES METTEURS EN OEUVRE.

Suite de six estampes de forme hémisphérique qui peuvent se doubler pour former un cercle entier. Elles sont sans nom ni marque, et nous paraissent indubitablement du maître. On les rencontre ordinairement tirées deux par deux, axe contre axe, de façon qu'elles semblent former un rond : cependant chacune est d'un dessin différent.

On connaît deux états de ces planches :

I. Le cercle est entier. Les épreuves de cet état sont si rares, que nous n'en avons rencontré qu'une seule, c'est celle de notre n° (4), dont voici les dimensions.

H. 0,207. L. 0,193.

Dimensions de la composition bordée d'un filet simple et dont les angles sont blancs.

Diam. 0,191.

II. Séparé en deux pour la convenance de deux éditeurs ; c'est l'état que nous allons détailler.

334.

(1) On remarque dans ce dessin trois têtes de chiens ailés, quatre cerfs et deux Renommées.

D. 0,198.

335.

(2) Ce dessin offre quatre chimères et deux satyres monstrueux, mâle et femelle.

Même dimension.

336.

(3) Celui-ci présente notamment trois masques de satyres, quatre autres satyres accroupis, mâles et femelles, quatre oiseaux chimériques et deux crabes.

Même dimension.

337.

(4) Ce dessin offre trois cartouches vides, trois figures d'hommes et de femmes terminées en rinceaux, trois masques de jeunes filles et quatre boucs.

D. 0,191.

338.

(5) On remarque dans celui-ci trois vases garnis de fleurs, trois têtes de jeunes filles ayant un croissant sur le front, deux figures de satyres finissant en gaîne et dont la tête est garnie de longues cornes qui s'emmanchent dans des cartouches à tablette blanche placés au-dessus de leurs têtes.

D. 0,198.

339.

(6) Ce dessin présente deux satyres à longues barbes, tenant des cartouches au-dessus de leurs têtes, quatre cygnes, trois têtes de jeunes filles et cinq croissants.

D. 0,200.

5° GROTESQUES A FOND BLANC.

340 — 345. Quelques-unes des sciences, figurées par des femmes occupant le centre des compositions, avec les attributs qui leur conviennent.

Suite de six estampes bordées, intérieurement, d'un double trait qui est rempli au haut et à gauche, et, extérieurement, d'un filet simple, et au bas desquelles on lit : CVM PRIVILEGIO REGIS STEPHANVS F.

H. 0,072, y compris l'emplacement de l'inscription rapportée. L. 0,052.

340. *La Rhétorique.*

(1) Cette science est sur un autel à fronton triangulaire ; elle tourne la tête à droite en tenant une palme à la main. On lit sur la face de l'autel : RETORIQVE.

341. *La Dialectique.*

(2) Celle-ci, posée sur une tablette, tient de la main droite un caducée et un trousseau de clefs. On lit dans la tablette : DIALECTIQVE.

342. *La Physique.*

(3) Debout entre deux vases de fleurs et tournée à droite, la Physique tient, de la main gauche, une fiole et, de l'autre, un rameau. On lit dans une tablette, au-dessous de ses pieds : PHISIQVE.

343. *La Jurisprudence.*

(4) La Jurisprudence debout sur une tablette est tournée

de profil à gauche; elle tient, d'une main, un glaive et, de l'autre, des balances. On lit dans la tablette : IVRISPRVDENCE.

344. *L'Astronomie.*

(5) Cette figure est aussi debout sur une tablette; elle tient, de la main gauche élevée, un instrument de précision, qu'elle regarde en montrant, de l'autre main, une sphère placée à son côté. On lit dans la tablette ; ASTRONOMIE.

345. *La Théologie.*

(6) Debout, sous une arcade au fronton circulaire, cette figure tient, de la main droite élevée, une épée flamboyante et porte, de l'autre, une espèce de tabernacle. On lit dans une tablette, sous ses pieds : THEOLOGIE.

346 — 351. Répétition, par notre maître, de la suite qui précède, dans le même sens et dans des proportions semblables.

En nommant les pièces, nous dirons en quoi elles diffèrent des précédentes, en abrégeant nos remarques autant que possible. Cependant nous devons dire, tout d'abord, que les figures sont généralement touchées avec moins de finesse, que le dessin des extrémités est plus négligé, et que les inscriptions sont d'un corps d'écriture plus fort.

346. *La Rhétorique.*

Le rinceau de la droite du bas touche au trait non rempli servant de bordure, et les I de l'inscription du bas n'ont pas de point.

347. *La Dialectique.*

La feuille du milieu du cintre en feuillage d'ornement étant au haut touche à la bordure, et les I de l'inscription du bas n'ont pas de point.

348. *La Physique.*

La partie, en forme d'I, d'un montant sur lequel on voit un aigle perché à la gauche du haut touche, pour ainsi dire, à la bordure, tandis que dans le nº 342 il en est assez éloigné.

349. *La Jurisprudence.*

La fleur appendue au rinceau de la droite du haut touche à la bordure, au lieu d'en être isolée comme dans le nº 343.

350. *L'Astronomie.*

Les rinceaux des deux côtés du bas touchent à la bordure, au lieu d'en être isolés comme dans le nº 344.

351. *La Théologie.*

Le rinceau d'ornement de la gauche du bas touche à la bordure, tandis que dans le nº 345 il en est isolé. D'ailleurs les I de l'inscription du bas n'ont pas de point.

On rencontre des copies de quelques-unes de ces pièces dues à un graveur de quelque talent. Elles sont dans le même sens et entourées d'une bordure formée, intérieurement, d'un trait simple et, extérieurement, de deux traits qui se confondent plus ou moins. L'écriture des inscriptions est d'un mauvais choix, et chacun des mots des inscriptions est suivi d'une grande et mauvaise virgule.

6º GROTESQUES A FOND NOIR.

MORCEAUX DANS DES RONDS.

352—358. Suite de sept estampes, y compris le titre, bordées d'un filet simple.

Diamètre des compositions : 0,043.
Dimension des planches : H. 0,062. L. 0,050.

352. *Titre.*

(1) Des mascarons se voient au haut et au bas de ce morceau, où de chaque côté on remarque des figures finissant en

rinceaux qui supportent une forme circulaire contenant ces mots :

. STEPHA
NVS. DE
. LAVNE INVE
NTOR. EXCIDE
BAT. AÑO. D, 1573
ÆTATIS SVÆ
. 54. IN. ARGEN
TINA.

353.

(2) Au bas de ce morceau est une figure grotesque d'homme dont les bras forment des rinceaux et dont les jambes se terminent en serpents; cet homme est entre deux sirènes portant des pots à feu et soutenant des vases sur leurs têtes. Les lettres F (retournée) et S se remarquent l'une à gauche, l'autre à droite vers le haut, sur l'ornement d'une espèce de traverse.

354.

(3) Au centre de celui-ci est une figure de femme tournée à gauche, tenant, de la main droite élevée, une couronne et portant, de l'autre, une corne d'abondance. Les lettres F (retournée) et S sont sur une espèce de baldaquin au-dessus de la figure.

355.

(4) On remarque au haut deux satyresses assises aux côtés d'un terme de femme vu de face, ayant des ailes au lieu de bras. Au centre sont des chiens, des cerfs et des volatiles. Les lettres S. F. (cette dernière retournée) sont gravées sur la gaîne du terme.

On connaît deux états de la planche.

I. Elle ne porte aucun numéro.

II. On lit le chiffre 9 au-dessous de la composition, à droite.

356.

(5) Au centre de ce morceau est un terme ailé de femme, vu de face, tenant dans chaque main deux branches de feuillages d'ornement. Deux sirènes ailées occupent le bas. Les lettres F (retournée) et S se voient au haut sur une partie d'ornement.

357.

(6) Figure de femme terminée en gaîne et vue de face. Elle occupe le centre de ce morceau et tient, de ses deux mains élevées, des draperies. Les lettres F (retournée) et S se voient sur deux montants, aux côtés de la figure.

358.

(7) Au centre est la figure de la Paix tenant, de la main droite élevée, une couronne, et de l'autre une palme. Deux sirènes ailées sont accroupies aux côtés, vers le haut; les traverses qui les supportent sont marquées des lettres F (retournée) et S.

On connaît deux états de cette planche.

I. Elle ne porte aucun numéro.

II. On lit le nombre 10 au-dessous de la composition, à droite.

359 — 364. Compositions enrichies des divinités de la Fable dans des ovales, sauf une seule, notre nº (6), qui est dans un rond. Aucune n'a de bordure.

SUITE DE SIX ESTAMPES.

On lit au bas, en dehors des compositions, aux trois premières : CVM. PRIVILEGIO. REGIS. STEPHANVS. FECIT. et aux trois dernières : CVM. PRIVILEGIO. REGIS. S. F.

Dimension des planches : H. 0,079 à 0,082. L. 0,064 à 0,066.

Quant à la dimension des compositions, nous la donnerons après la description de chacune des pièces.

359. *Jupiter.*

(1) Au centre de la composition on voit ce dieu debout, tournant la tête à droite. Son aigle, tenant le foudre, est à ses pieds.

H. 0,072. L. 0,056.

360. *Junon.*

(2) Le milieu de ce morceau présente la déesse Junon debout, en avant de son paon, la tête tournée de profil à gauche. Elle s'appuie, de la main droite, sur un bâton autour duquel un serpent est entortillé.

H. 0,071. L. 0,055.

361. *Bellone.*

(3) La déesse Bellone se voit debout au milieu de celui-ci, tournant la tête à droite. Elle s'appuie, d'une main, sur un bouclier et, de l'autre, sur sa lance.

Même dimension.

362. *Apollon.*

(4) Ce dieu, vu au haut de la composition, est sur un quadrige. Sur la traverse, on remarque Daphné opérant sa métamorphose; elle tourne la tête à gauche.

H. 0,040. L. 0,029.

363. *Diane.*

(5) Au centre de la composition, Diane est debout entre deux lévriers, tournant la tête à gauche. Elle porte, de la main droite, un croissant et s'appuie, de l'autre, sur une pique. La lettre S se voit sur la panse d'un vase garnissant le milieu du bas.

Même dimension.

364. *Léda.*

(6) Le milieu de ce morceau présente Léda couchée, re-

cevant les embrassements de Jupiter transformé en cygne. A ses pieds, vers la droite, on remarque l'éclosion de Castor et de Pollux. Pièce ronde.

D. 0,035.

365 — 370. Répétition, par notre maître, de la suite précédente, dans le même sens et dans des dimensions semblables.

Toutesles figures de cette répétition ont moins de finesse; quelques parties laissent à désirer : il faut beaucoup d'attention pour le reconnaître, et il faudrait entrer dans des détails infinis pour constater les différences. Nous nous bornerons à dire que les inscriptions des pièces de la reproduction, bien que de l'écriture du maître, ne sont pas, quant aux caractères ni à la longueur de chaque inscription, en parfaite identité avec ceux de la suite décrite sous les nos 359-364.

371 — 376. Compositions ornées de divinités de la Fable ou de sujets variés, dans des ovales bordés extérieurement d'un filet, sauf notre no 5, qui en a deux.

SUITE DE SIX ESTAMPES.

On lit au bas, en dehors de la bordure :

CVM. PRI. REGIS. STEPHANVS. F.

Dimension des planches : H. 0,081 à 0,083. L. 0,063 à 0,065.
Quant à la dimension des compositions, nous la donnerons en décrivant chaque planche.

371. *Apollon.*

(1) Sous une espèce de pavillon occupant le milieu du haut, on voit Apollon debout, tourné vers la droite, qui tient un rinceau de chaque main. Aux côtés, vers le bas, sont deux Amours tenant chacun une lyre.

H. 0,049. L. 0,035.

372. *Mars.*

(2) Au centre de cette composition est représenté le dieu Mars, ou du moins un guerrier casqué, vu de dos et dirigé vers la droite, tenant, de chacune de ses mains élevées, un rameau de laurier. Il est debout sur deux cornes d'abondance.

H. 0,048. L. 0,036.

373. *Hercule.*

(3) Au centre de celle-ci on voit Hercule debout, ayant à ses pieds son arc et sa massue. Il soutient de ses deux mains sur sa tête le globe du monde. De chaque côté, vers le bas, sont deux figures d'esclaves, à gauche un homme et à droite une femme.

H. 0,053. L. 0,038.

374. *Les deux femmes assises.*

(4) Le haut de ce morceau présente une femme finissant en gaîne et ayant des ailes au lieu de bras. Au centre sont deux femmes assises l'une vis-à-vis de l'autre, tenant chacune un dard et un rameau d'olivier.

Même dimension.

375. *L'autel de sacrifice.*

(5) Le centre de cette estampe offre un autel de sacrifice allumé, vers lequel s'avancent deux femmes portant des rameaux, précédées chacune d'un bouc, franchissant les degrés de cet autel.

H. 0,069. L. 0,052.

Il existe de cette estampe une copie par Abraham de Bruyn, graveur allemand, qui a gravé quelques autres pièces d'après les dessins de Delaune : l'histoire de la *Chaste Suzanne*, en sept pièces, et la parabole de l'*Enfant prodigue*, en quatre petits ovales.

376. *Les deux femmes aux Palmes.*

(6) Un trophée composé de deux sabres et d'un bouclier garnit le milieu vers le haut de ce morceau. Sous ce trophée sont deux femmes portant chacune une palme en soutenant ensemble une couronne d'olivier.

Même dimension.

377 — 382. Répétition, par notre artiste, de la suite précédente, dans le même sens et dans des dimensions semblables.

Les morceaux de cette répétition sont parfaits en tout point : on ne les peut distinguer des nos 271-276 qu'en comparant leurs inscriptions ; celles des répétitions sont généralement ou moins soignées et plus longues que les autres, ou plus ou moins distantes des bordures.

383 — 389. Sujets variés ornant des compositions de cette forme :

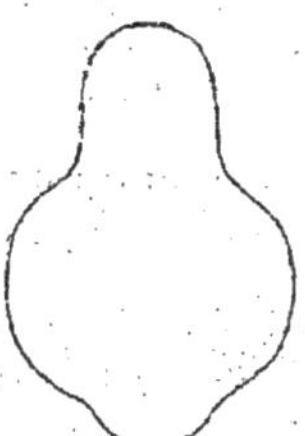

Suite de sept estampes, y compris le titre.

Dimension des compositions : H. 0,052. L. 0,040.
Dimension des planches : H. 0,060. L. 0,050.

383. *Titre.*

(1) Deux femmes ailées sonnant de la trompe sur des rinceaux qui posent sur des trophées d'armes et supportant un médaillon sur lequel on lit :

STEP
HANVS
DE. LAVNE
INVENTOR
EXCIDEBAT
ANNO. DO.
1573.
ARGENTI
NA

On connaît deux états de cette planche :
I. Elle ne porte aucun numéro.
II. On voit le chiffre 1 au-dessous de la composition, à droite.

384.

(2) Au centre est une figure de femme ailée vue de face et finissant en gaîne. Elle est placée sous un baldaquin d'où partent des rinceaux se terminant de chaque côté, vers le bas, en têtes de poissons. Les lettres F (retournée) et S sont sur deux traverses, vers le centre.

385.

(3) On remarque, au centre de ce morceau, Persée debout entre un casque et une armure, tenant, de la main droite élevée, la tête de la Gorgone et s'appuyant, de l'autre, sur son épée. Les lettres S et F (celle-ci retournée) sont sur le socle qui supporte le héros.

On connaît deux états de cette planche :
I. Elle ne porte aucun numéro.
II. On voit le chiffre 3 au-dessous de la composition, à droite.

386.

(4) Vers le milieu de l'estampe on remarque une satyresse debout, les jambes croisées, tenant un rinceau de chaque main. Les lettres F (retournée) et S sont dans deux espèces

de petits cartouches en tailles d'épargne aux côtés de la figure.

On connait deux états de cette planche :

I. Elle ne porte aucun numéro.

II. On voit le chiffre 4 au-dessous de la composition, à droite.

387.

(5) Une figure de femme ailée finissant en gaîne se voit au centre de ce morceau. Elle tient, de chaque main, des guirlandes de fruits. Les lettres F (retournée) et S sont gravées sur une traverse vers le bas de la composition.

On connait deux états de cette planche :

I. Elle ne porte aucun numéro.

II. On voit le chiffre 5 au-dessous de la composition, à droite.

388.

(6) On remarque dans ce morceau Diane debout vue de face dans un petit temple. Appuyée sur sa lance, elle tient un chien en laisse de la main gauche. Deux satyres ailés jouent de la trompette à ses côtés. Les lettres F (retournée) et S sont gravées sur les socles des deux premières colonnes du temple.

389.

(7) Mercure tient d'une main deux branches d'olivier et de l'autre soutient une trompette dont il joue. Il pose un pied sur un mascaron. Un berger et une bergère sont assis de chaque côté. Le haut est animé d'une femme ailée finissant en gaîne, entre deux coqs.

390 — 396. Autres sujets variés ornant des compositions en formes de croix de Lorraine dont le montant est arrondi dans le haut et dans le bas, et dont les croisillons ou sont pareillement arrondis à leurs extrémités ou finissent carrément.

Suite de sept estampes, y compris le titre.

Dimension des compositions : H. 0,052. L. 0,040.
Dimension des planches : H. 0,060. L. 0,050.

Compositions dans cette forme :

390. *Titre.*

(1) Deux femmes ailées tenant des rinceaux soutiennent un médaillon sur lequel on lit :

STEPH
ANVS.
DE LAVNE
INVENTOR
ET. EXCID
EBAT ANÕ
. D. 1573 IN
ARGẼTĨA

On connaît deux états de cette planche :
I. Elle ne porte aucun numéro.
II. On voit le chiffre 6 au-dessous de la composition, à droite.

391.

(2) Judith debout dirigée à gauche et retournant la tête du côté opposé. Elle tient son coutelas de la main droite et de l'autre la tête d'Holopherne. Les lettres F (retournée) et S se voient aux extrémités d'une traverse dans la direction des pieds de Judith.

392.

(3) Mercure debout tient, de la main gauche, la tête d'Ar-

gus et s'appuie, de l'autre, sur son caducée. Le socle sur lequel le dieu est placé présente sur sa face la lettre S.

393.

(4) Diane debout sur un socle s'appuie le bras droit sur son carquois et tient son arc de la main droite. Deux satyres sont à ses côtés. Le socle est marqué de la lettre S.

On connaît deux états de cette planche :

I. Elle ne porte aucun numéro.

II. On voit le chiffre 8 au-dessous de la composition, à droite.

Compositions dans cette forme :

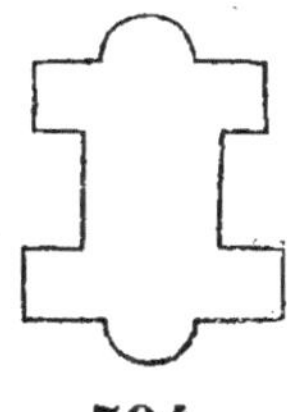

394.

(5) Hercule tient sa massue de la main gauche et pose l'autre sur sa hanche. Les lettres F (retournée) et S se voient sur une traverse au bas.

395.

(6) Mars tient, de la main droite, son glaive marqué des lettres S F et, de l'autre, élève son bouclier au-dessus de sa tête où l'on remarque un aigle après lequel aboient deux chiens.

396.

(7) Minerve, debout sur un socle, s'appuie, de la main gauche, sur sa lance et, de l'autre, sur son bouclier. Au milieu du haut est la chouette. La lettre S est gravée sur le socle.

On connaît deux états de cette planche .

I. Elle ne porte aucun numéro.

II. On voit le chiffre 7 au-dessous de la composition, à droite.

397 — 403. Autres sujets variés dans des compositions ayant la forme que voici :

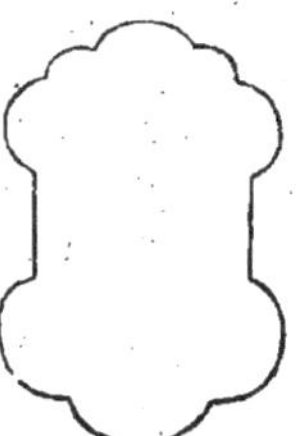

Suite de sept estampes, y compris le titre.

Dimension des compositions : H. 0,052 à 0,056. L. 0,037 à 0,040.
Dimension des planches : H. 0,060. L. 0,050.

397. *Titre.*

(1) Deux femmes au-dessus de deux figures enchaînées soutiennent des feuillages d'ornements au delà d'un médaillon contenant ces mots :

STEP
HANVS.
DE LAVNE
INVENTOR
EXCIDEBAT
ANNO. D. 1573
IN. ARGE
NTINA.

398.

(2) Le centre de ce morceau est occupé par Neptune appuyé, d'une main, sur son trident et posant l'autre sur sa hanche. Dirigé à gauche, il retourne la tête du côté opposé. Des poissons sont appendus de chaque côté. Les lettres F (retournée) et S sont sur la partie d'un montant à droite, vers le milieu.

On connaît deux états de cette planche :

I. Elle ne porte aucun numéro.
II. On voit le chiffre 2 au-dessous de la composition, à droite.

399.

(3) Au centre de celui-ci le dieu Mars se voit debout sur un socle. Il tient, de la main droite, sa lance et s'appuie, de l'autre, sur son bouclier. La lettre S est marquée sur le socle.

400.

(4) La tête de Méduse occupe le centre de l'estampe. Elle est surmontée d'un vase entre deux figures ailées finissant en gaîne. Les lettres F (retournée) et S sont sur une partie cintrée au-dessus de la tête de la Gorgone.

401.

(5) Au haut de ce morceau se voit un chérubin. Le surplus de la composition est garni de montants d'ornements, sur l'un desquels, vers le bas, sont gravées les lettres F (retournée) et S.

402.

(6) Deux aigles sont perchés sur des rinceaux, aux côtés de la composition, vers le haut. Sur un dessin d'arabesques ménagé au centre et exécuté en tailles d'épargne on remarque les lettres F (retournée) et S.

403.

(7) Du sein de deux trophées garnissant le bas de cette estampe, s'élève une figure ailée vue de face et finissant en gaîne. Elle est surmontée de deux chevaux ailés finissant en rinceaux. Un vase de fleurs orne le haut, au-dessous duquel est une partie cintrée marquée des lettres F (retournée) et S.

MORCEAUX DANS DES FORMES CARRÉES.

En hauteur.

404 — 409. Quelques-unes des sciences, figurées par des femmes debout au centre des compositions.

Suite de six estampes bordées de deux filets très-rapprochés et, extérieurement, d'un troisième à 0^{m},001 à peu près de distance.

On lit au bas, en dehors de la bordure :

CVM. PRIVILEGIO. REGIS. STEPHANVS. F.

Dimension des planches : H. 0,083 à 0,085. L. 0,065 à 0,067, y compris les marges.

Dimension des compositions : H. 0,069 à 0,070. L. 0,051, sans les bordures.

404. *La Géométrie.*

(1) Tournée de profil à droite, elle s'appuie, d'une main, sur une règle et tient, de l'autre, un compas. Elle pose sur une tablette sur laquelle on lit : GÉOMÉTRIE.

405. *L'Arithmétique.*

(2) Tournée de profil à gauche, elle tient un sablier de la main gauche élevée et s'appuie, de l'autre, sur une règle. Dans la partie droite et blanche d'un ornement sur lequel marche cette science et finissant aux côtés du bas par des rinceaux on lit : ARITMETIQVE.

406. *La Musique.*

(3) Debout et tournée de profil à droite en pinçant du cistre, sur une tablette contenant ce mot : MVSIQVE.

407. *La Perspective.*

(4) Vue de face, elle retourne la tête à gauche en fixant la vue sur une espèce de niveau. Elle tient, de la main gauche, pendante, une règle et un compas. On lit sur une forme circulaire où elle pose les pieds : PERSPECTIVA.

408. *L'Architecture.*

(5) Tournée de profil à droite, elle tient dans une main une équerre et, de l'autre, un compas. On lit dans une tablette, au-dessous : ARQVITRAICTVRE.

409. *L'Astrologie.*

(6) Tournée de profil à gauche, elle élève une main et montre, de l'autre, une sphère étant à ses pieds qui posent sur une tablette où est écrit : ASTROLOGIA.

410 — 415. Répétition, par notre artiste, de la suite qui précède, dans le même sens et dans des dimensions semblables.

410. *La Géométrie.*

(1) Les rinceaux des deux côtés du bas sont plus près des bords de ce morceau que dans le n° 404. La ligne de l'inscription du bas est un peu plus longue que dans le même numéro, où le filet extérieur de la bordure est de niveau avec l'extrémité de la barre supérieure de l'F finale, tandis que dans le n° 410 ce filet finit immédiatement au-dessus du jambage de cette lettre.

411. *L'Arithmétique.*

(2) Les rinceaux du haut de ce morceau sont isolés de la partie supérieure de l'estampe et des côtés et laissent voir le fond, tandis que dans le n° 405 le fond se laisse plutôt deviner qu'il ne s'aperçoit. D'ailleurs l'inscription de la marge est plus courte que dans le n° 406, où le filet extérieur du côté droit de la bordure se confondrait avec le point qui suit l'F finale de l'inscription si on le prolongeait, tandis que dans le n° 411 ce filet tomberait à environ 0m,002 au delà de ce point.

412. *La Musique.*

(3) Le sommet de l'espèce de fronton triangulaire qu'on remarque au haut de l'estampe est éloigné du bord supérieur d'environ 0m,001, tandis que dans le nº 406 il y touche immédiatement. L'inscription de la marge est moins longue, puisque le jambage de l'F finale est de niveau avec le filet extérieur, tandis que dans le nº 406 ce filet tombe sur le premier jambage de l'v de STEPHANVS.

413. *La Perspective.*

(4) L'inscription de la marge est moins longue, le filet extérieur du côté droit de la bordure se trouvant dans la perpendiculaire du jambage de l'F finale, tandis que dans le nº 407 il tomberait perpendiculairement sur l'S finale de STEPHANVS.

414. *L'Architecture.*

(5) L'inscription de la marge est moins longue, le filet extérieur du côté droit de la bordure se trouvant dans l'axe du point final de cette inscription, au lieu que dans le nº 408 il se trouve dans l'axe du point final du nom de STEPHANVS.

415. *L'Astrologie.*

(6) L'espèce de colonnade d'ornement régnant vers le haut n'est pas parallèle avec le côté gauche de l'estampe, irrégularité qui ne se rencontre pas dans le nº 409; d'ailleurs l'I du nom ASTROLOGIA n'est pas surmonté d'un point qui se voit dans le nº 411.

416 — 421. Différentes divinités du paganisme debout au centre des compositions.

Suite des six estampes bordées de deux filets simples, l'un tout près de la composition et l'autre à 0m,001 ou 0m,002 de distance du premier.

On lit au bas, en dehors de la bordure :

CVM. PRIVILEGIO. REGIS. STEPHANVS. FECIT.

Dimension des planches : H. 0,082. L. 0,066 à 0,068.
Dimension des compositions : H. 0,065 à 0,067. L. 0,050 à 0,051.

416. *Mars.*

(1) Tourné de profil à droite et le bouclier passé au bras gauche, il tient son épée de la main droite.

417. *Bellone.*

(2) Elle est vue de face, appuyée de la main gauche sur sa lance.

418. *Diane.*

(3) Vue de profil à droite, où elle marche précédée de deux chiens. Elle porte dans une main un croissant, et tient de l'autre sa pique.

419. *Apollon.*

(4) Il est vu de trois quarts, légèrement tourné à gauche, s'appuyant, de la main gauche, sur son arc, et tenant, de l'autre, élevée, une flèche.

420. *Vénus.*

(5) L'Amour est à son côté. Vue de face, elle penche la tête à gauche, en tenant à la main une torche flamboyante.

421. *Mercure.*

(6) Tourné de profil à gauche, où il dirige ses pas, précédé d'un coq. Il tient de la main droite le caducée.

422—427. Répétition, par notre artiste, de la suite qui précède, dans le même sens et dans des dimensions semblables.

422. *Mars.*

(1) Les nœuds des draperies tendues au haut descendent

plus bas et laissent voir le fond entre eux et le bord de l'estampe; le chérubin occupant le milieu du bas a les ailes limitées de tailles horizontales, et la partie au-dessus de la tête de ce chérubin, vers la droite d'une espèce d'ornement sur lequel une satyresse est assise de chaque côté, est ombrée de tailles perpendiculaires, travaux qui ne se voient pas dans le n° 416.

423. *Bellone.*

(2) Toutes les parties de la composition à gauche de l'estampe sont plus éloignées du bord que dans le n° 417; les draperies jetées sur les deux cerfs qui courent de chaque côté, vers le bas, sont ornées de deux lignes longitudinales simulant des broderies qui ne sont pas parallèles comme dans le n° 417; le vase sur lequel pose la déesse n'a pas d'ornement sur sa panse, et il en a dans le numéro cité.

424. *Diane.*

(3) La jambe la plus apparente d'un cerf finissant au nœud qui orne la droite du haut de cette estampe se voit en totalité, tandis qu'elle est coupée par le bord droit de la planche dans le n° 418.

425. *Apollon.*

(4) La patte gauche de devant du lion animant la droite du bas de la composition est tout à fait dégagée du bord, tandis que dans le n° 419 elle est coupée par le bord de la composition.

426. *Vénus.*

(5) Les nœuds des draperies tendues au haut descendent plus bas que dans le n° 420 et laissent voir le fond entre eux et le bord de l'estampe; on ne saurait le distinguer dans le numéro cité.

427. *Mercure.*

(6) Les parties du rinceau de la gauche du bas sont parfaitement dégagées de ce côté et du bas, tandis que dans le nº 401 elles y touchent.

MORCEAUX EN LARGEUR.

428 — 433. Différents sujets de l'Ancien Testament.

Suite de six estampes.

On lit dans la marge, à gauche :

CVM. PRIVILEGIO. REGIS., et à droite : STEPHANVS. F.

Dimension des planches : L. 0,082 à 0,083. H. 0,061 à 0,062, y compris les marges.

Dimension des compositions : L. 0,072 à 0,073. H. 0,047 à 0,048.

428. *Le péché du premier homme.*

(1) L'arbre de vie s'élève au milieu du sujet, entre deux têtes de mort. Adam et Eve s'en approchent de chaque côté en tenant de la main gauche une bannière.

429. *La mort d'Abel.*

(2) Ce sujet occupe le centre de la composition au bas de laquelle on voit à gauche Adam et à l'opposite Ève assis, chacun, sur un globe.

430. *Le déluge universel.*

(3) Ce sujet occupe le bas de la composition où vers le centre est représentée l'arche, au-dessus d'un banquet fantastique.

431. *L'inceste de Loth.*

(4) Ce sujet est représenté dans une grotte au milieu du bas, surmontée de la tour de Babel.

432. *Le sacrifice d'Abraham.*

(5) Au milieu du bas on voit le serviteur d'Abraham

debout entre les montures du père et du fils. Vers le milieu, Abraham et Isaac s'avancent, le premier de la gauche et l'autre du côté opposé vers l'autel allumé au centre de l'estampe.

On connaît deux états de cette planche :
I. L'état décrit; elle ne porte aucun numéro.
II. On lit le chiffre 3 dans la marge, à droite.

433. *Esaü vendant son droit d'aînesse.*

(6) Ce sujet occupe le centre de la composition au bas de laquelle on remarque à gauche une chasse au cerf et à l'opposite un cultivateur conduisant sa charrue.

434 — 439. Répétition, par notre artiste, de la suite qui précède, dans le même sens et dans des dimensions semblables.

434. *Le péché du premier homme.*

(1) Les feuilles des rameaux s'élevant à gauche sont moins près du bord que dans le nº 428, et l'oiseau qui voltige au haut de ce côté avance la tête entre deux feuilles au lieu que dans le nº 428 il becquète la feuille dont il est le plus rapproché. D'ailleurs les lettres de l'inscription sont en caractères plus forts que dans la suite précédente. Ici l'S finale du nom du maître est penchée vers la droite, et là elle est parfaitement verticale.

435. *La mort d'Abel.*

(2) La draperie d'Adam et le globe sur lequel il est assis sont moins éloignés du bord gauche de l'estampe que dans le nº 429. D'ailleurs l'aile gauche de l'oiseau descendant de la droite du haut touche presque au bord droit de l'estampe, tandis que dans le nº 429 elle en est assez distante.

436. *Le déluge universel.*

(3) La main gauche de la femme étant à la droite du bas touche au bord de l'estampe de ce côté, tandis que dans le n° 430 elle en est isolée. D'ailleurs, l'S finale du nom du maître penche vers la droite, tandis qu'elle est verticale dans le n° 430.

437. *L'inceste de Loth.*

(4) Le nuage de fumée qui s'élève à gauche touche presque au bord supérieur de la composition, tandis que dans le n° 431 il en est assez éloigné. D'ailleurs l'S du mot REGIS est penchée à droite, tandis qu'elle est verticale dans le n° 431.

438. *Le sacrifice d'Abraham.*

(5) Le dernier I du mot PRIVILEGIO est sans point, et l'S du mot REGIS est renversée, tandis que dans le n° 432 les trois I du mot cité sont surmontés d'un point et que l'S du mot REGIS est à l'endroit.

439. *Esaü vendant son droit d'aînesse.*

(6) Le mufle du bœuf le plus près du spectateur, qui se remarque à la droite du bas, est très-distinct, tandis que dans le n° 433 une partie se perd dans le bord de la composition.

Frontispices de quelques suites que nous n'avons pas rencontrées.

Peut-être dépendent-ils de quelques-unes des suites ci-devant décrites.

1° A FOND BLANC.

440.

Cartouche rempli d'ornements ou grotesques dans la composition desquels sont placés deux Amours aux côtés du haut, dont l'un, à gauche, tenant une faucille, est assis sur l'aigle de Jupiter, et l'autre, à l'opposite, coiffé du bonnet de Mercure, tient le trident de Neptune. De chaque côté tombe un trophée. On lit au centre, dans un encadrement rond :

IOHANI
FILIO. INVEN.
STEPHANVS
PATER. ÆT. 60.
FOELICITER
SCVLPSIT
. 1579.

L. 0,068?. H. 0,051?.

2° A FOND NOIR.

441.

Cartouche ovale, sauf que le haut se termine en pointe ; le bas du dessin laisse voir des banderoles légères sortant de la composition. On lit dans un encadrement ovale ménagé en blanc au centre de ce morceau :

IOHA
NI. FILIO
INVEN
STEPHAN
VS. PATER
ÆTATIS. 60
FOELICITER.
SCVLPSIT
1579

H. 0,050. L. 0,034.

442.

Autre cartouche garni de rinceaux animés, de chaque côté, d'un Génie agenouillé qui tient un rameau d'olivier. Sa forme est chantournée, arrondie de chaque côté, avec demi-cintre en haut et en bas. On lit au centre, dans un encadrement ovale ménagé en blanc :

. STEPH
ANVS. F.
ÆTA. SVÆ
60. SCVLP
IOHANNE
FILIO. IN
. 1578.

Dimension de la composition : H. 0,012. L. 0,039.

443.

Cartouche dont le haut est chantourné et se termine en pointe. Il est rempli d'ornements à fond noir, parmi lesquels on remarque Ganymède et Mercure. Extérieurement se voient, aux côtés du haut, un aigle et un coq, et au bas, des banderoles avec trophées pendant de chaque côté. On lit au centre, dans un médaillon ménagé en blanc :

IOHANI
FILIO INVEN
STEPHANVS
PATER. ÆT. 60
FOELICITER
SCVLPSIT
. 1579.

L. 0,068. H. 0,056.

TABLE DES DIVISIONS

DU

CATALOGUE DE L'OEUVRE D'ÉTIENNE DELAUNE.

APPENDICE

AU

CATALOGUE DE L'ŒUVRE D'ÉTIENNE DELAUNE.

Grâce à l'obligeance de M. A. Bérard, architecte, qui a réuni un fort bel œuvre d'Ét. Delaune, il nous est possible de cataloguer quelques pièces de cet artiste qui avaient échappé aux recherches de M. Robert-Dumesnil et aux nôtres. Nos lecteurs se joindront à nous pour remercier M. Bérard de son aimable communication.

23. *Le retour de l'Enfant prodigue.*

La lettre S se voit à la gauche du bas.

157 a — 157 f. — Les Vertus (1).

H. 0,073. L. 0,057.

Suite de six pièces.

157 a. *L'Espérance,* représentée sous les traits d'une femme debout et levant les yeux au ciel; dans le fond l'entrée d'une ville. On lit au haut, à gauche : SPES, et au-dessous : STEPHANVS | IN. F., et au bas du même côté : S. F.

---

(1) Nous plaçons ici ces estampes sous les numéros qu'elles auraient dû occuper dans la description générale de l'œuvre d'Étienne Delaune.

157 b. *La Charité*, représentée sous les traits d'une femme debout, tenant un enfant sur son bras gauche, et offrant une pomme à un autre placé à ses côtés. On lit au haut, à gauche : CHARITAS, et au-dessous : STEPHANVS | IN F

157 c. *La Justice*, représentée sous les traits d'une femme debout, les yeux bandés, tenant de la main gauche une balance et de la main droite une épée. On lit au haut, à gauche : IVSTITIA, et au-dessous : STEPHANVS | IN. F.

157 d. *La Force*, représentée sous les traits d'une femme debout, appuyée sur une colonne. On voit dans le fond Hercule tuant le lion de Némée. On lit au haut, à droite : FORTITVDO, et à gauche : STEPHANVS | IN. F.

157 e. *La Prudence*, représentée sous les traits d'une femme debout, tenant un serpent dans sa main gauche et se regardant dans un miroir. On lit au haut, à gauche : PRVDENTIA ; au-dessous, du même côté : STEPHANVS. | IN. F., et au bas, vers le milieu : S. F.

157 f. *La Tempérance*, représentée sous les traits d'une femme debout, versant de l'eau dans une coupe. On lit au haut, à gauche : TEMPERETIA ; à droite : STEPHANVS | IN., puis au bas, à gauche, gravé à rebours : S. F.

160. *La Prudence.*

L'éditeur anonyme de la *Vie de Jules Agricola, descripte à la vérité par Cornelius Tacitus, son gendre* (traduction d'Ange Cappel), possédait cette planche d'Étienne Delaune, et la plaça à la fin de cette traduction, qu'il publia sans lieu ni date. In-4°.

NICOLAS BEATRIZET.

Nicolas Beatrizet ou Beautrizet (c'est ainsi qu'il signe l'estampe décrite sous le n° 110 de notre catalogue) naquit, selon toute probabilité, à Lunéville (1). Les historiens qui lui assignent, comme lieu de naissance, Thionville n'ont pas fait attention que l'épithète de *Lotharingus* qui accompagne presque toujours le nom de cet artiste ne pouvait s'appliquer à un graveur né à Thionville, puisque, pendant les XVIe et XVIIe siècles, cette ville était espagnole, ou mieux luxembourgeoise. L'époque de la naissance de Beatrizet est également incertaine (2). La

(1) Il existe encore à Lunéville plusieurs familles portant le nom de Beautrizet.

(2) Nous espérions trouver quelques indications précises sur l'existence de Beatrizet dans une biographie spéciale à la Lorraine; nous avons eu recours à un petit ouvrage de Michel, qui, nous en avons l'espoir, ne contient pas toujours des renseignements aussi peu exacts. Voici l'article consacré au peintre lorrain : « Beatricetti ou Beatrici, graveur au burin, né à Lunéville en 1570, mort à Rome en 1651. Il avait acquis un talent distingué dans le dessin. » Il est difficile d'être moins bien renseigné. La moindre pièce datée de Beatrizet aurait prouvé à l'auteur de la biographie lorraine qu'un artiste né en 1570 ne pouvait avoir gravé en 1540 et en 1560. Les éditeurs de la nouvelle et excellente édition de Vasari, publiée à Florence par Lemonnier, disent que Béatrizet naquit vers 1507. Vasari ne donne sur cet artiste aucun détail biographique, et se contente de citer quelques œuvres dont il semble faire grand cas : *l'Annonciation* et *la Résurrection de la fille de Jaïr* entre autres.

première estampe, accompagnée d'une date (*Caïn et Abel*, n° 1), fut exécutée en 1540; la dernière (*l'Océan*, n° 101) vit le jour en 1560. On peut donc, approximativement, regarder 1515 comme étant l'année probable de la naissance de notre artiste et 1560 comme étant l'année de sa mort. Ces suppositions ont, toutefois, besoin d'être contrôlées, et des actes authentiques, encore à trouver, pourraient seuls fixer, d'une manière irrécusable, les biographes.

La plus grande partie de l'existence de Beatrizet se passa en Italie; il travailla presque toujours d'après des œuvres ou des monuments conservés à Rome, et la plupart de ses estampes portent l'adresse des éditeurs romains Salamanca ou Lafreri. Son genre de gravure se rapproche de la manière des artistes italiens, successeurs attardés de Marc-Antoine Raimondi; il semble avoir étudié sous les yeux des Ghisi, d'Énéas Vico ou d'Augustin Vénitien, plutôt que dans l'atelier du maître lui-même; ses estampes témoignent une certaine lourdeur et une entente quelquefois imparfaite des beautés renfermées dans les œuvres qu'il copie. Malgré ces imperfections, les estampes de Nicolas Beatrizet dénotent une main exercée et un savoir réel; elles reproduisent, d'ailleurs, le plus souvent, des œuvres d'un goût fort relevé, et donnent fidèlement l'aspect des originaux. Les peintures ou les sculptures de Michel-Ange inspirèrent fréquemment le burin du graveur lorrain, et l'antiquité elle-même, cette mère féconde que tout artiste consulte avec fruit, fournit à Nicolas Beatrizet plusieurs planches gravées avec une louable fermeté.

Pendant de longues années, les ouvrages de Nicolas Beatrizet furent confondus avec les œuvres d'un graveur anonyme, que l'on est aujourd'hui convenu de désigner sous le nom de *maître au Dé*. Celui-ci, qui a pris soin de placer au bas de presque toutes les productions de son burin un petit dé, sur une face duquel on lit la lettre B, est l'auteur d'une *Histoire de Psyché*, que Michel Cocxie avait composée peut-être bien avec l'aide de quelques dessins de Raphaël (voir Passavant, *Histoire de Raphaël*, t. II, p. 582, et Bartsch, *Peintre-graveur*, t. XV, p. 211), et de quelques autres planches gravées avec une science peu commune. Grâce au catalogue d'Adam Bartsch (1), qui nous paraît, en cette occasion comme en beaucoup d'autres, avoir largement profité de l'érudition de P. J. Mariette, il n'est plus permis de confondre ces deux artistes, qui ont une manière bien distincte : l'un, puisant ses inspirations, le plus souvent, dans les œuvres de Michel-Ange, montre une certaine aisance à exprimer la force et l'énergique beauté à l'aide d'un burin puissant et consciencieux; l'autre, au contraire, s'adressant à des ouvrages plus calmes, assujettit son outil à l'expression qu'il veut rendre, et a le bon esprit de sacrifier

(1) Le catalogue de l'œuvre de Nicolas Beatrizet, par Adam Bartsch, occupe les pages 235-272 du tome XV du *Peintre-graveur*.

souvent l'habileté de la pratique à la justesse du sentiment.

Les iconographes ont attribué à Nicolas Beatrizet un grand nombre de planches qui ne nous paraissent pas rappeler la manière de l'artiste lorrain. Quoique les estampes décrites dans le catalogue ci-joint ne portent pas toutes la signature de Beatrizet et quoiqu'elles présentent quelquefois entre elles des différences assez notables dans le procédé en lui-même, nous n'avons pas hésité à les classer au nombre des productions authentiques du graveur. Il n'en est pas de même des pièces suivantes, que nous trouvons mentionnées dans le *Dictionnaire des Artistes*, du baron de Heineken, dans le *Peintre-Graveur* de Passavant, ou dans la huitième partie du *Catalogue* de la vente de M. Benjamin Petzold :

Don Juan d'Autriche;

L'Arbre généalogique des douze premiers empereurs et impératrices romains;

Suite des rois de Pologne en médaillons;

Jésus-Christ crucifié et deux anges dans les airs;

Descente de croix, d'après Nic. Circignani;

Ganymède enlevé par l'aigle de Jupiter;

Le Songe de la vie humaine;

Les Tireurs d'Arc, d'après Michel-Ange. Le dessin original est conservé au musée Bréra, à Milan, et une peinture à la détrempe se voit à Rome dans la galerie Borghèse;

La Louve romaine allaitant Romulus et Rémus;

L'empereur Commode, représenté sous la figure de l'Hercule du Belvédère;

L'Arc de Constantin.

Ces estampes, qui nous sont connues pour la plupart, furent, sans aucun doute, exécutées à Rome du vivant de Beatrizet, et peut-être bien à côté de l'artiste qui nous occupe. Conclure de là qu'elles sont gravées par lui nous paraît imprudent, et par cela même inopportun à consigner.

Nous serions ingrat de ne pas remercier publiquement le biographe des artistes lorrains, M. Édouard Meaume, lequel, désireux de nous faciliter la besogne que nous avait confiée M. Robert-Dumesnil, a bien voulu mettre à notre disposition, non-seulement les notes qu'il avait recueillies en vue d'un travail sur Nicolas Beatrizet, mais encore les estampes mêmes de ce graveur, que de patientes recherches lui ont permis de rassembler. Qu'il veuille bien ici-même agréer l'expression de notre entière gratitude.

ŒUVRE

DE

NICOLAS BEATRIZET.

§ I. — Sujets pieux.

1. *Caïn tuant son frère Abel, d'après Raphaël.*

Caïn debout frappe avec une massue son frère déjà terrassé. On voit dans le fond, à droite, un autel d'holocauste. Dans un cartouche, au bas, est écrit : ▲ FRATRICIDIVM ▲ ABEL-LIS ▲ PER ▲ CAYM ▲ INVIDVM ▲ PRIMA ▲ | EFFVSIO ▲ SANGVINIS ▲ SV-PER ▲ TERRAM ▲ < A > ▲ S ▲ < EXCVDEBAT ▲ 1540 ▲ N ▲ B ▲ F. [8] *.

H. 0,230. L. 0,155.

On connaît deux états de cette planche :

I. L'état décrit.

II. Avec cette adresse au bas : *Ant. Sal. exc.* Le graveur en lettres n'avait pas fait attention que cette adresse était déjà contenue dans l'inscription du 1er état (A. S. EXCVDEBAT).

2. *Joseph expliquant ses songes, d'après Raphaël.*

Joseph est au milieu de l'estampe, en avant d'un palmier ; il est tourné vers la droite ; de ce côté on voit huit de ses frères assis à terre ; trois autres sont debout à gauche. On lit, au milieu du bas : RA . VR . IN., et au-dessous : TOMASIVS. BARL. EXCVDEBAT. 1 5 4 1. | 1) N B. F. [9].

L. 0,380. H. 0,235.

On connaît trois états de cette planche :

---

* Les numéros entre parenthèses correspondent à ceux du *Peintre-Graveur* d'Adam Bartsch.

(1) L'éditeur qui signe ici et presque toujours en abrégé se nommait Thomasius Barlachio.

I. L'état décrit.

II. Au-dessous des mots : RA. VR. IN. on lit : *Ant. Lafrerij.*

III. Indépendamment des adresses indiquées ci-dessus, on lit vers la gauche du bas : *Nico. Van Aelst for.*

Il existe de cette estampe une copie en contre-partie, sur laquelle on lit pour toute inscription : RAPH. VR. IN.

L. 0,370. H. 0,245.

On connaît deux états de cette copie :

I. Le fond est clair et l'inscription se lit sur un fond pareillement clair.

II. Retouché sur le fond et sur la terrasse. En cet état, l'inscription rapportée est couverte de tailles horizontales.

Il existe encore une autre copie en contre-partie avec la même inscription que la précédente.

L. 0,363. H. 0,243.

3. *Le Prophète Jérémie, d'après Michel-Ange.*

Le prophète est assis. Il a la tête appuyée sur sa main droite. On voit derrière lui deux femmes à mi-corps et sur des consoles, à droite et à gauche, deux enfants nus. On lit au milieu du bas, sur une tablette : HIEREMIAS | MICH ▲ ANG ▼ PINXIT ▲ IN ▲ VATICANO ▲ | ; à droite, vers le bas : ▲ NB ▲ LOTARINGVS ▲ F ▲ | et au-dessous : ANT. LAFRERI. | SEQVANVS ▲ EXCVD. ROMAE. | 1. 5. 4. 7. [10].

H. 0,430. L. 0,293.

On connaît deux états de cette planche :

I. On lit seulement au bas le mot : HIEREMIAS.

II. L'état décrit.

La fresque originale de Michel-Ange existe à Rome dans la chapelle Sixtine.

4. *La naissance de la Sainte Vierge, d'après Buccio Bandinelli.*

Composition de beaucoup de figures. On remarque sur le premier plan, à droite, quatre femmes et un enfant montant un escalier, et à gauche une vieille portant sur la tête un panier avec deux poules. A l'exception de l'enfant, ces figures sont en demi-corps. Plusieurs femmes donnent leurs soins à Sainte Anne, à demi couchée sur un lit dont les rideaux sont soutenus par deux anges. Un autre ange agenouillé sur un nuage apparaît au milieu de la composition; à gauche une servante lave la Sainte Vierge dans un bassin. On lit, à droite, vers le bas : *Bacius Florentinus Inuentor.* NATIVITAS, GLORIOSE VIRGINIS, MARIE. *Nicolaus Beatricius Lotharingus Restituit et formis suis exc.* [11].

L. 0,430. H. 0,370.

Cette composition avait été précédemment gravée par un anonyme assez inexpérimenté. On lit au bas de cette estampe, qui est en contre-partie : NATIVITAS GLORIOSE VIRGINIS MARIE EXCVDEB. ANT. SALAMANCA. 1540.

L. 0,435. H. 0,380.

On connaît quatre états de cette planche :

I. L'état décrit.

II. On lit à droite : *Nic. Van Aelst for. Romæ.*

III. Indépendamment des adresses indiquées dans les deux *états* qui précèdent, on lit sur la tranche du plancher : *Apresso Gio Balta de Rossi milanese in piazza nauona Roma.*

IV. Au lieu de l'inscription rapportée plus haut, on lit à la gauche du bas : NATIVITAS GLORIOSE VIRGINIS MARIE : *Romæ apud Carolum Losi anno* 1773.

5. *L'Annonciation, d'après Michel-Ange.*

L'ange arrive du côté gauche; et la vierge debout, à droite, auprès d'un prie-dieu, se retourne pour écouter la nouvelle que lui apporte l'envoyé céleste. On voit au fond à droite un lit au-dessus duquel apparaît le Saint-Esprit. On lit à la droite du bas : M ^ ANGELVS ^ INVENT ^ N. BEATRICIVS ^ LOTARINGVS ^ INCIDIT ^ ET ^ FORMIS ^ EXC ^ [12].

L. 0,425. H. 0,305.

On connaît trois états de cette planche :

I. La planche n'est pas terminée; l'auréole de la Vierge est blanche.

II. L'état décrit.

III. On lit vers le milieu du bas : *Rome Ant°. Lafrerij.*

Le tableau qui servit de modèle au graveur et qui passe pour être une œuvre originale de Michel-Ange se trouve aujourd'hui encore à Rome, dans la sacristie de Saint-Jean-de-Latran.

6. *L'Adoration des mages.*

Les mages agenouillés adorent l'enfant Jésus et lui apportent des présents. L'enfant divin est sur sa sainte mère, assise à la droite du bas, devant l'entrée de la crèche. Les lettres N. B | L F se voient sur une pierre, à la gauche du bas; on lit au milieu cette adresse : *Romæ Ant° Lafrery.* Cette composition est attribuée à *Jules Romain* [13].

H. 0,348 sans la marge. L. 0,248.

On connaît deux états de cette planche.

I. Avant l'adresse de Lafrery.

II. L'état décrit.

7. *Le Massacre des innocents, d'après Baccio Bandinelli* (1).

Hérode, accompagné de quelques-uns de ses officiers, est debout au milieu de l'estampe, sur une estrade de plusieurs marches. Il tient une masse de la main droite et commande le meurtre. On remarque à droite, sur une des marches de l'estrade, un enfant tué, ainsi qu'une feuille de papier sur laquelle est gravé *bacius florentinus* et le chiffre de *Marc de Ravenne*. De tous côtés on ne voit que femmes éplorées, soldats nus accomplissant l'ordre du roi et enfants égorgés. La marque de *Beatrizet* est tracée à rebours à droite, presque à mi-hauteur de la planche tout près du bord, sur la seconde marche, dans un petit coin formé par la marche et la draperie d'une femme. Cette planche est la copie A de l'estampe de *Marc de Ravenne* décrite par Bartsch, n° 21, p. 25 du 14e vol. de son *Peintre-graveur* [14].

L. 0,555. H. 0,407.

---

(1) La planche fait partie de la chalcographie romaine. (Voir le *Catalogue* de 1823, p. 27.)

On connaît trois états de cette planche :

I. L'état décrit.

II. Cette planche a été retouchée par *Philippe Thomassin*, qui n'a conservé que les contours ; tout le reste de la gravure est son propre ouvrage et très-différent de la taille de la planche primitive, de manière que ce second état est plutôt une copie qu'une retouche. Dans ce second état l'épaule de la femme qui, dans le fond à droite, emporte son enfant est entièrement couverte de tailles. Généralement la planche a moins de lumières, et il y règne, en quelque sorte, un effet plus harmonieux que dans le premier état. La feuille de papier avec le nom de Bandinelli et le chiffre de Marc de Ravenne, blanche dans le premier état, est couverte de traits horizontaux. Enfin tous les endroits blancs de l'escalier du milieu sont couverts de traits. Le chiffre de *Beatrizet* n'y est plus visible. Au milieu du bas on lit cette adresse : *Ant. Lafrerij.*

III. Outre l'adresse de *Lafrery*, on lit encore celle-ci : *Gio Giacomo | Rossi Formi | Roma alla Pace.*

8. *Jésus-Christ ressuscitant la fille de Jaïr, d'après Girolamo Muciano.*

Composition de sept personnages. Jésus-Christ à gauche de l'estampe tient par la main la fille de Jaïr couchée sur un lit ; on voit aux côtés de la jeune fille son père et sa mère suppliant. On lit au milieu du bas : ARCHISVNAGOGI FILIAM IAM MORTVAM | IESVS CHRISTVS A MORTVIS. SVCITAT. | MARCVS. CAP. V. | , à gauche : HIERONVMO | MVCIANO | BRIXIANO | INVENT. | et à droite : NICOLAVS. BEATRICIVS | LOTARINGVS. INCIDIT | ET. FORMIS. EXC | SVIS. [15].

H. 0,515. L. 0,374.

On connaît deux états de cette planche :

I. L'état décrit.

II. On lit à la gauche du bas : *Romæ Ant°. Lafrerij.*

Il existe de cette estampe une copie en contre-partie par *Philippe Thomassin*. On lit au bas, savoir, au milieu : ARCHISYNAGOGI FILIAM MORTVAM IESVS CHRISTVS A MORTVIS SVSCITAT. MARCVS. CAP. V., à gauche : HIERONYMO MVCIANO BRIXIANO INVENT? Il n'y a rien d'écrit à droite, mais dans le milieu, vers le bas, on lit sous des travaux : *Philippo Thom. fec.*

H. 0,510. L. 0,365.

9. *Saint Pierre marchant sur les eaux, d'après Giotto.*

Saint-Pierre vient de quitter la barque pour aller au-devant de Jésus-Christ que l'on voit à la gauche de l'estampe. Les onze apôtres sont demeurés. Sur le devant on voit à gauche un évêque agenouillé et à droite un pêcheur à la ligne. Morceau gravé d'après une mosaïque attribuée à Giotto placée dans le péristyle de l'église Saint-Pierre, à Rome, au-dessus de la porte principale. La marge contient cette inscription : AMICE. QVISQVIS. ES. EN. TIBI. ATRII. VATICANI PISCATORVM NAVICVLAM. OPERE. MVSIVO. OLIM. A. IOTTO. PICTORE FLORENTINO. ANNO ∞ CCCXXXV. CVM SVIS PISCATORIBVS CETERIS. Q. ALIIS ORNAMENTIS. EFFIGIATAM. PERELEGANTER. NVNC. AVTEM. EAM. ITA. VT. VIDES. NICOLAVS. BEATRIZIVS LOTHARINGVS. AHENEIS. TABELLIS. INCISAM. NON. MINORI. ARTIFICIO. ET. ELEGANTIA REPRÆSENTAVIT. ROMÆ ∞ . D. L. I. X : [16].

L. 0,475. H. 0,340, dont 0,015 de marge.
On connaît deux états de cette planche :
I. L'état décrit.
II. On lit dans la marge : *Romæ Ant°. Lafrerii.*

10. *Jésus-Christ et la Samaritaine, d'après Michel-Ange* (1).

Jésus-Christ assis sur le bord du puits s'entretient avec la femme samaritaine, que l'on voit debout à gauche. A côté du puits se trouve un arbre à une branche duquel est attachée une poulie. Le fond à gauche représente une ville fortifiée. On lit au bas, au milieu : MICH ^ ANG. ^ INV ^ et à gauche : N ^ B ^ L [17].

H. 0,390. L. 0,288.

(1) La planche existe à la chalcographie romaine. (Voir le *Catalogue* de 1823, p. 56.)

On connaît six états de cette planche :

I. L'état décrit.

II. On lit au bas, à droite : *Romæ Antº. Lafrerij.*

III. Avec l'adresse de *Nelli*, au-dessus de celle de Lafreri.

IV. Les adresses de *Nelli* et de *Lafreri* sont effacées assez maladroitement, et aucune autre adresse n'a encore été gravée.

V. L'adresse de Nelli est remplacée par celle-ci : *A Paulo Gratiano quesita.*

VI. Toutes ces adresses plus ou moins bien effacées. On lit à la suite du nom du peintre : *Gio. Iacomo Rossi le stampa in Roma alla Pace.*

Il existe de cette estampe plusieurs copies : la première en contre-partie est gravée dans la manière de *Beatrizet*. On lit, à gauche : A. L. F., c'est-à-dire : *Antoine Lafrery formis*, au lieu des lettres N. B. L. (*Nicolaus Beatricius Lotharingus*). Les mots : MICH. ANG. INV. se voient au milieu du bas.

H. 0,398. L. 0,292.

On connaît trois états de cette copie :

I. Avant toutes lettres.

II. L'état décrit.

III. On lit à droite sur la marche du puits : *Horatius Pacificus Formis.*

La seconde est gravée dans le sens de l'original par un artiste qui ne s'est pas fait connaître. Au lieu des mots : MICH. ANG. INV on lit : DIXIT IESVS MVLIERI SAMARITANÆ. *Qui bibit ex aqua hac sitiet iterum, qui autem biberit ex aqua quem ego dabo ei non sitiet in æternum. Ioann. cap. iiij.* Cette copie se distingue aussi en ce que les trois branches principales, au haut du tronc de l'arbre, sont dégagées de feuilles, tandis que dans l'original elles sont tellement feuillues qu'on ne peut voir le jour au travers.

H. 0, . L. 0, .

On connaît deux états de cette copie :

I. Avant l'adresse ci-après.

II. On lit à la droite du bas : *Ant. Lafrery formis.*

11. *Jésus célébrant la Cène avec ses disciples, d'après Raphaël.*

Cette estampe est une copie grossière en contre-partie de la planche gravée par *Marc-Antoine*, et décrite nº 26, p. 33 du tome XV du *Peintre-graveur* de Bartsch. Au-dessous du pied droit du disciple qui est à gauche on lit : *Nicolaus beatricius Lotharingus incidit et formis suis. exc.* [18].

L. 0,435. H. 0,282.
On connaît trois états de cette planche :
I. L'état décrit.
II. On lit au milieu du bas : *Romæ Ant. Lafrery.*
III. Indépendamment de cette adresse, on lit cette autre vers la droite du bas : *Joannes Orlandi formis romæ* 1602.

12. *Jésus-Christ attaché à la croix, d'après Girolamo Muciano.*

La Vierge est debout à gauche de la croix sur laquelle est crucifié son divin fils ; à droite se voient la Madeleine agenouillée et saint Jean debout. On lit à la gauche du bas : HIERONVMO MVCIANO | BRIXIANO INVENT., et à droite : NICOLAVS. BEATRICIVS | LOTARINGVS. INCIDIT | ET. FORMIS. SVIS. EXC. [20].

H. 0,500. L. 0,358.
On connaît deux états de cette planche :
I. L'état décrit.
II. Elle porte l'adresse de *Lafrery*.

13. *Adoration de l'Arbre de la Croix.*

L'Arbre de la Croix est adoré à gauche par la Sainte Vierge, accompagnée de plusieurs saintes, dont les noms sont gravés au-dessus de leurs têtes, et à droite par un pape, un empereur, un évêque, un roi, un cardinal, et par saint Paul. La marque du graveur, NB F, est à la gauche du bas. On lit dans la marge, à gauche : CARTVSIEN. STVDIO. Au milieu : CRVX ILLVSTRIS AVE

CHRISTI, CRVX INCLYTA SALVE | CRVX INSIGNIS AVE, CRVX BONA SEMPER AVE, et à droite : ROMÆ. AN. M A D A LVII [35].

H. 0,495. La marge, 0,009. L. 0,365.

Il existe de cette estampe une copie anonyme gravée dans le même sens.

Même dimension.

14. *L'Ascension de Notre-Seigneur, d'après Raphaël.*

Jésus-Christ les bras levés monte au ciel entouré de deux anges et suivi des yeux par ses onze apôtres agenouillés et priant. Cette estampe est gravée d'après une des tapisseries du Vatican exécutées sur les peintures de *Raphaël.* On lit au bas, à gauche : RA. VB. | INVENT | NB. F, et à droite : TOMASIVS. BARLACHIS—. EXCVDEBAT. 1541. [21].

L. 0,317. H. 0,281.
On connaît deux états de cette planche :
I. L'état décrit.
II. Avec l'adresse d'*Ant. Lafrery.*

15. *Jésus-Christ délivrant les ancêtres des limbes, d'après Raphaël.*

Jésus-Christ debout à gauche de l'estampe prend par la main un vieillard et l'attire à lui ; à ses pieds se voient un homme et une femme nus agenouillés. On lit au milieu du bas : RA. | VR. | IN. THOMASIVS. BARL. EXCVDEB. 1.5.4.1. | NB. F. [22].

H. 0,282. L. 0,173.
On connaît trois états de cette planche :
I. L'état décrit.
II. Elle est retouchée dans toutes ses parties ou plutôt entièrement regravée avec d'autres hachures. L'inscription n'a pas encore été augmentée.
III. On lit à la suite de NB. F. : ANT. LAFRERY RESTITVIT. ∞. D. LXXI.

16. *Jésus-Christ debout tenant sa croix, d'après Michel-Ange.*

Morceau gravé d'après la statue de *Michel-Ange*, qui se

trouve à l'entrée du chœur de l'église Santa-Maria Sopra Minerva, à Rome. On lit à gauche du bas : HIC ▲ DE ▲ MARMOREA ▲ CHRISTI ▲ STATVA ▲ MICHAELIS ▲ ANGELI ▲ BONAROTI ▲ MANV SCVLPTA, etc., et au milieu : NICOLAVS BEATRICIVS LOTARINGVS INCIDIT ET FORMIS SVIS EXC . ROMÆ [23].

H. 0,440. L. 0,212.

On connaît trois états de cette planche :

I. L'état décrit.

II. On lit à la droite, sur le socle : *Petri de Nobilibus formis.*

III. L'adresse de *P. de Nobilibus* a été effacée et remplacée par celle-ci : *Marcelli Clodij Formis Romæ.*

17. *La Vierge assise au pied de la croix, d'après Michel-Ange.*

La Vierge assise aux pieds de la croix, les bras étendus, soutient sur ses genoux, avec l'aide de deux anges, le corps mort de son divin fils. Cette composition est dans un cadre formé de deux colonnes reliées entre elles par des cartouches très-ornementés. On lit vers le haut : NO VI SI PENSA QVANTO SANGVE COSTA. Au bas est écrit, au milieu : M. ANGELVS INVE. ROMÆ. 1.5.4.7. NB et à droite : ANT. LAFRERI. SEQVANI. FORMIS. [25].

H. 0,366. L. 0,258.

On connaît deux états de cette planche :

I. Avant l'adresse d'*Ant. Lafreri.*

II. L'état décrit.

18. *La Vierge de Pitié, d'après Michel-Ange.*

La Vierge est assise dans le sépulcre, tenant sur ses genoux le corps mort du Rédempteur. On lit dans une tablette au bas : MICHAEL ANGELVS BONAROTVS FLORENT DIVI PETRI IN VATICANO EX VNO LAPIDE MATREM AC FILIVM DIVINE FECIT ANTONIVS SALAMACA QVOD POTVIT IMITATVS EXCVLPSIT. 1.5.4.7. Les initiales de *Beatrizet*, N et B, se voient de chaque côté de cette tablette sur un rond teinté.

H. 0,370. L. 0,265.

On connaît deux états de cette planche :

I. L'état décrit.

II. On lit vers le milieu du bas, au-dessous de la tablette : *Nicolo uan ælst formis.*

19. *La Vierge assise dans la campagne, d'après Girolamo Muciano.*

La Vierge tient sur ses genoux l'enfant Jésus ; celui-ci embrasse le petit saint Jean appuyé sur saint Joseph qui se trouve à la gauche de l'estampe. On lit à la droite du bas : *Nicolaus Beatricius Lotharingus incidit et formis suis. exc.* [24].

H. 0,397. L. 0,284.

On connaît deux états de cette planche :

I. L'état décrit.

II. On lit au milieu du bas : *Romæ Antº. Lafrerij.*

20. *La Vierge sur les nues.*

Elle pose la main gauche sur sa poitrine et donne la bénédiction de l'autre. Elle est sous un dais dont deux grands anges relèvent les rideaux. Deux petits anges soutiennent en l'air une couronne au-dessus de sa tête. Dans la marge est écrit : *Devota hoc Imago Immaculatæ conceptionis, etc.* Cette estampe ne porte point de nom, mais nous ne doutons pas qu'elle ne soit gravée par *Nicolas Beatrizet* [27].

H. 0,315. La marge, 0,020. L. 0,270.

21. *Notre-Dame de Lorette.*

Représentation de l'image miraculeuse de Notre-Dame de Lorette placée dans une niche ornée de colonnes torses. La Vierge porte sur ses bras l'enfant Jésus, qui tient le globe de la terre de la main gauche, en donnant la bénédiction de l'autre. On lit au bas : VERO RETRATTO DI SANCTA MARIA DI LORETO. Sans nom de graveur [26].

H. 0,296. L. 0,216.

22. *La Vierge distribuant des rosaires au peuple chrétien.*

La Vierge tenant l'enfant Jésus sur ses genoux est assise à droite sur un trône surmonté d'un dais; elle distribue des rosaires à des papes, rois, empereurs, cardinaux, évêques et moines agenouillés devant elle. Composition dans un ovale entouré d'un grand rosaire. On voit dans chacun des angles du haut un ange distribuant des fleurs ou portant des rosaires, et dans les angles inférieurs deux hommes agenouillés et priant. Sur la terrasse, à gauche de la composition, est écrit : *Nicolaus Beatrizius formis. suis. exc.* Et au-dessous, dans un cartouche :

PVRPVREAS ▲ PREBETE ▲ ROSAS
FLORESQ. MARIE
VT VOBIS FRVCTVM PREBEAT
ILLA ▲ SVVM.

H. 0,500. L. 0,410.

23. *Sujet semblable.*

La sainte Vierge assise sur un trône, tient l'enfant Jésus debout sur ses genoux. Ils donnent l'un et l'autre des rosaires à des religieux et religieuses de l'ordre de Saint-Dominique agenouillés, ceux-là à gauche et celles-ci à la droite de l'estampe; deux enfants se voient à genoux au pied de la Vierge. Cette composition est renfermée dans un ovale entouré d'un grand rosaire. La partie supérieure de la planche offre un chœur d'anges qui chantent et jouent de divers instruments. Au bas, on voit à gauche la Foi, à droite la Charité chrétienne, représentées par des figures de femmes. On lit dans un cartouche au bas : PVRPVREAS PRÆBETE RO- SAS | FLORESQ ▲ MARIE | VT VOBIS FRVCTVM PREBEAT | ILLA ▼ SVVM, etc. Tout au bas de l'estampe, vers le milieu, est le chiffre du graveur, ainsi formé : ▲NB▲ .

H. 0,530. L. 0,368.

On connaît deux copies de cette estampe :

1. Copie dans le même sens, gravée par un anonyme très-médiocre. Elle renferme la même inscription ; mais on lit au-dessous : *Ad signum Bibliothecæ Diui Marci Donatus Bertellus exc.*

H. 0,500. L. 0,356.

2. Autre copie dans le même sens, pareillement gravée par un anonyme, mais avec quelques changements, dont les plus essentiels se remarquent dans les deux figures du bas, qui représentent la Foi et la Charité. Ces deux figures sont d'un dessin entièrement différent. Dans un cartouche, au bas de l'ovale, on lit : HIC CVM PROLEPIA CASTAM, etc. Plus bas, au milieu de l'estampe, est écrit : *Romæ Antoni Lafrery sequani formis.* La marge contient quatre distiques latins, dont le premier commence ainsi : *Arca salutis Aue fabro*, etc.

H. 0,550. La marge, 0,015. L. 0,412.

24. *Le Jugement universel, d'après Michel-Ange.*

Vaste composition gravée sur onze planches de différentes formes et grandeurs, d'après la célèbre peinture exécutée par *Michel-Ange* dans la chapelle Sixtine du Vatican. Sur une de ces planches, celle où l'on voit le Sauveur entouré de saints, parmi lesquels on remarque saint Barthélemi et saint Laurent, on lit au bas, à droite : MICHAEL ANGELVS INVENTOR, et vers le milieu : *Nicolaus Beatrizius lotaringus Incidit : et formis.* Sur une autre, celle représentant des corps sortant de terre, on lit à la droite du bas : ANT : LAFRERII FORMIS. Enfin, sur une troisième, celle où est représentée la barque de Caron, est écrit à la gauche du bas : IVCVNDISSIME LECTOR, AC, BONARVM | ARTIVM CVPIDISSIME | ACCIPE, DIVINI, IVDICII. DIEM. ARTE. ET INGENIO | MICHAELIS. ANGELI. BONARROTÆ. MIRIFICE. PENICILLO. | REPRÆSENTATAM. EADEMQ. POSTEA. VT VIDES. NICOLAI. | BEATRICII LOTHARINGI. LABORE. ET. INGENIO. TABELLIS. AENEIS. INCISAM. ELEGANTISSIME. EFFIGIATAM | ∞ D. LXII. ROMÆ. PII. IIII. P. M. A. III. [37].

H. 0, . L. 0, .

On connaît trois états de cette estampe :

I. Avant l'adresse d'*Ant. Lafreri*.

II. L'état décrit.

III. Au-dessous de l'adresse de Lafreri on lit : ET NVNC PHILIPPI THOMASSINI FORMIS MDCXX. Chaque morceau est marqué de capitales romaines pour en faciliter l'assemblage. Le nom de *Michel-Ange* a été enlevé sur la pièce qui le contenait dans les deux premiers états.

25. *Six sujets sur la même planche.*

Ils représentent le martyre de dix-huit religieux de l'ordre des Chartreux, sous le règne de Henri VIII, en Angleterre. On attribue le dessin de cette planche à *Nicolas Circignani.* Au bas est une ample description latine de ces martyres, en vingt lignes, accompagnée, à gauche, des armoiries de *Jean*, évêque d'Albano, et, à droite, de celles du cardinal de *Compostella.* Au-dessous des premières est écrit : *Romæ* 1555. Cette inscription, qui est gravée sur une planche particulière, commence et finit ainsi : PIO AC CATHOLICO LECTORI S. *Anno post Christum natum... semper gloriosus in secula. Amen.* Pièce anonyme [34].

L. 0,514. H. 0,295, non compris la planche accessoire qui en porte 0,115.

§ II. — Saints et saintes.

26. *Sainte Élisabeth de Hongrie, d'après Girolamo Muciano.*

Sainte Élisabeth, accompagnée de deux suivantes, visite les malades. Une femme agenouillée semble, les mains jointes, implorer sa protection ; à droite, au premier plan, se voit une femme assise, pressant sur son sein un enfant. On lit vers le haut, du côté gauche : SANCTA. ELISABETH. REGIS. VNGARIE. FILIA, etc. Au bas est écrit, à gauche : HIERONVMO MVCIANO BRIXIANO INVENT, et à droite : NICOLAVS BEATRICIVS LOTHARINGVS INCIDIT ET FORMIS SVIS EXC. [31].

H. 0,443. L. 0,352.

On connaît cinq états de cette planche :

I. L'état décrit.
II. On lit à la gauche du bas : *Romæ Ant°. Lafrery.*
III. L'adresse de *Nobilibus* se trouve dans la marge à droite.
IV. L'adresse de *Paul Gratiano* remplace celle de *Nobilibus.*
V. Toutes les adresses ont été enlevées, mais assez maladroitement.

27. *Saint Jérôme, d'après Titien.*

Le saint est à la gauche de l'estampe; il est agenouillé devant un crucifix fixé par une branche à un tronc d'arbre; à droite on voit un lion se mirant dans l'eau. A la gauche du bas sont les lettres N. B. L. F. [32].

L. 0,440. H. 0,320.
On connaît deux états de cette planche :
I. L'état décrit.
II. On lit vers le milieu du bas : *Romæ Ant°. Lafrery.*

Il existe de cette estampe une copie en contre-partie, gravée à l'eau-forte, par un anonyme qui pourrait bien être *Jean-Baptiste Fontana.*

Dim. de la copie. L. 0,430. H. 0,334.

28. *Saint Michel, d'après Raphaël.*

Saint Michel, tenant une lance de ses deux mains, terrasse le démon, armé d'une fourche, et le précipite dans les enfers. Cette estampe a été gravée, suivant toute apparence, d'après un dessin, car elle diffère, en plusieurs endroits, du tableau exposé au musée du Louvre sous le n° 380. On lit à la gauche du bas : RAP. VR. INV. N.B.L. [30].

H. 0,460. L. 0,315.
Le cabinet des estampes de Paris possède de cette gravure une épreuve à l'état d'ébauche. La silhouette des figures est simplement indiquée par un trait, et la jambe gauche du démon et une partie du terrain à droite sont seules un peu plus avancées.

Saint Paul.

Voyez le IIe état du n° 35 ci-après.

29. *La Conversion de saint Paul, d'après Michel-Ange.*

Saint Paul, frappé, est couché au premier plan vers le milieu ; son cheval, maintenu par un soldat, est vu de dos, s'enfuyant. Dans le ciel apparaît Dieu le Père, entouré d'une légion d'anges. La peinture d'après laquelle cette estampe a été gravée existe encore aujourd'hui à Rome, dans la chapelle Pauline, au Vatican. On lit au bas, au milieu : MICH ▲ ANG ▲ PINXIT IN ▲ VATICANO; à droite est le monogramme du graveur (▲ NB ▲), et à gauche : EX TYPIS ANT ▲ SALAMANCÆ [33].

L. 0,540. H. 0,435.
On connaît deux états de cette planche :
I. L'état décrit.
II. On lit à la droite du bas : *Guil. Rub. form.*

30. *Sainte Véronique tenant le Suaire, d'après Girolamo Muciano.*

La sainte est debout; elle tient de ses deux mains le suaire sur lequel est empreint le visage de Jésus-Christ. Pièce cintrée du haut. On lit à la droite du bas : *Nicolaus beatricius incidit. et. formis. suis. exc.* [36].

H. 0,373. L. 0,280.
On connaît deux états de cette planche :
I. L'état décrit.
II. On lit au-dessous du pied droit de la sainte : ROMÆ ANT° LAFRERIJ.

§ III. — Mythologie.

31. *La chute de Phaéton, d'après Michel-Ange.*

Jupiter, le foudre à la main et assis sur son aigle, précipite du haut du ciel Phaéton et son char attelé de quatre chevaux. Trois nymphes, debout auprès d'un fleuve, se voient au bas. On lit au milieu du bas : MICH. ANG. INV. | N. BEATRIZET. LOTAR. RESTITVIT, et, à gauche : A. L. F. [38].

H. 0,410. L. 0,282.

On connaît deux états de cette planche :

I. L'état décrit.

II. On lit à la droite du bas : *Apud Carolum Losi Anno* 1773.

On connaît deux copies de cette estampe :

1. Copie dans le même sens, très-bien gravée par un anonyme, avec quelques changements dans le paysage du fond. On lit au milieu du bas : MICH. ANG. FLOR. INV.

H. 0,413. L. 0,282.

On connaît trois états de cette copie :

I. L'état décrit.

II. Retouché par *Philippe Thomassin*, dont l'adresse : *Romæ his Thomassinus formis,* se voit à la droite du bas.

III. Retouché de nouveau. On lit à la gauche du bas : *Gio Iacomo de Rossi formis Rome alla Pace* 1649.

2. Copie en contre-partie, gravée par un anonyme. Le fond du paysage diffère de celui de l'original et de la copie précédente.

H. 0,446. L. 0,296.

32. *La mort de Méléagre*

Méléagre, absolument nu et couché au premier plan, est entouré d'hommes et de femmes désolés qui semblent chercher à le rappeler à la vie ; à gauche, sur le devant, on voit un chien qui hurle, et dans le ciel, au milieu des nuages, apparaissent Diane et Apollon. On lit dans la marge :

PIANGESI QVI DI MELEAGRO IL FATO
DIE DE LO STIZZO CH' ALVI FATATO A
PER VN ATTO CH' AL GIOVIN FV VSATO
TVRBATA ALLA SVA MADRE PEI FRATELLI.
PERCHE LA MADRE EL FVOCO RIO VORACE
CH' AL' AMOR D'ATHALANTA COSI PIACE
DA GLIZII QVELLI VOCISE ONDE LA PACE
MORTI TAL MALE AGGIVNZE AI DOLLOR FELLI.
EXCVDEBAT. ANT. S. 1.5.4.3.

Le dessin de cette estampe, qui est anonyme, est attribué à *Jules Romain* [41].

L. 0,420. H. 0,308, dont 0,022 de marge.
On connaît trois états de cette planche :
I. L'état décrit.
II. On lit sur la terrasse à droite : *Horatius Pacificus Formis.*
III. On lit de plus à droite au bas de la marge : *Appresso Gio battista de Rossi in P. Nauona.*

33. *Titius, d'après Michel-Ange* (1).

Le géant Titius, lié par les quatre membres, est déchiré par un vautour. On voit dans le fond, à gauche, les ruines de temples antiques. Cette estampe est sans marque, mais elle est généralement attribuée à *Nicolas Beatrizet.* On lit au bas, à gauche : MICH. A. B. INVENT ; à droite : AnT SALAMANC EXCVDEBAT, et dans la marge : TITIVS ▲ GIGAS ▲ WLTVRE DIVERSISQ ▲ PENIS ▲ LACERATVS [39].

L. 0,370. H. 0,284, dont 0,013 de marge.
On connaît deux états de cette planche :
I. L'état décrit.
II. Avec l'adresse de *Van Aelst.* Celle-ci, placée sur la terrasse à droite laisse voir les fragments d'une autre adresse effacée.
III. On lit à droite dans le bas de la marge : *Gio Iacomo Rossi formis Roma* 1649 *alla Pace.*

Copie en contre-partie, c'est-à-dire que la tête de Titius est à la gauche de l'estampe. On lit à la droite du bas : M ▲ ANG ▲ INVENT ▲ ANT. LAFRERI FORMIS. L'inscription de la marge est la même que dans l'original, 1er état.

L. 0,418. H. 0,292, dont 0,014 de marge.
On connaît deux états de cette planche :
I. Avant l'adresse rapportée d'ANT. LAFRERI, etc.
II. Avec cette adresse.

NOTA. Ce sujet a été gravé en contre-partie de celui-ci en 1546, par Enéas Vico.

34. *Bacchanale d'enfants, d'après Michel-Ange.*

Plusieurs enfants portent avec peine l'âne de Silène ; d'au-

---

(1) La planche existe à la chalcographie romaine. (Voir *Catalogue* de 1823, p. 56.)

tres mettent un morceau de chair dans une chaudière pour le faire cuire; d'autres boivent autour d'une cuve. Au premier plan, à gauche, une vieille femme allaite un enfant, et à gauche un jeune homme paraît anéanti par l'ivresse. On lit au bas, à gauche, sur une pierre : INV ▿ MICH ▵ ANG ▵ BONAROTI ^ et à droite, sur une autre : ▵ NB ▵ LOTAR. F ▵ [40].

L. 0,395. H. 0,282.

On connaît trois états de cette planche :

I. L'état décrit.

II. On lit à la gauche du bas : *Gio Batt^{a} de Rossi in Nauona formis.*

III. On lit sur la terrasse à gauche : *In Roma presso Carlo Losi l'anno* 1773. Cette adresse remplace l'adresse précédente.

Copie dans le même sens, gravée par un anonyme. On lit à la gauche du bas : MICH. ANG. BONAROTI INV. *Ant. Lafrery formis Romæ* 1553.

L. 0,402. H. 0,295.

§ IV. — Sujets historiques et de fantaisie.

35. *Le Vieillard.*

Un vieillard, debout, lit dans un livre qu'il tient de la main droite, et soutient un glaive de la main gauche. On lit au bas, au milieu : S. PAVLVS, et, à droite : *Nicolaus Beatrizius lotaringus Incidit : et formis suis* [42].

H. 0,385. L. 0,300.

On connaît deux états de cette planche :

I. Le vieillard n'a pas de glaive et au lieu du nom de S. PAVLVS on lit à droite : ANAXIMENES. ALEXANDRI. MAGNI. PRAECEPTOR. Enfin le mot *suis* ne se trouve pas après le mot *formis.*

II. L'état décrit.

36. *Combat de la raison contre les passions, d'après Baccio Bandinelli.*

Composition de beaucoup de figures. A gauche, la Raison, personnifiée par une figure d'homme tenant à la main un arc débandé, est placée devant Jupiter, Mars, Hercule, Mercure et Vénus ; à gauche un homme nu ayant derrière lui des hommes et des femmes s'apprête à lancer une flèche à la Raison, qui se trouve en face de lui. On voit en haut la Discorde à genoux sur des nuages et tenant dans la main droite un cœur enflammé. On lit au bas de la planche :

EN RATIO DIA, EN HOMINVM ÆRVMNOSA CVPIDO
ARBITRIO PVGNANT MENS GENEROSA TVO.
TV VERO HINC LVCEM FACTIS PRETENDIS HONESTIS
ILLINC OBSCVRA NVBE PROFANA TEGIS
SI VINCAT RATIO CVM SOLE MICABIT IN ASTRIS
SI VENVS IN TERRIS, GLORIA FVMVS ERIT
DISCITE MORTALES TAM PRESTANT NVBIBVS ASTRA
QVAM RATIO IGNAVIS SANCTA CVPIDINIBVS.

Au-dessus de ces distiques on lit, au milieu : BAECIVS BRANDIN INVEN, et, à droite : ANT. SALAMNC. EXCVDEB. ROMA. 1.5.4.5. NB. F. Vasari (*Vie de Marc-Antoine,* Ed. Lemonnier, t. IX, p. 286) a, par erreur, attribué cette estampe à *Enéas Vico* [44].

L. 0,570. H. 0,420.

37. *Un sacrifice* (1).

Un prêtre, accompagné de nombreux personnages des deux sexes, verse de l'huile dans le feu allumé sur un autel de sacrifice, tandis qu'il indique avec un doigt le passage d'un livre ouvert que soutient un enfant nu placé à ses côtés. A la gauche de l'estampe se voient une femme accroupie et un homme qui semble avec sa main montrer

(1) Cette pièce, qui passe pour représenter le sacrifice d'Iphigénie, et qui est indiquée comme telle par A. Bartsch, aurait, si l'on en croit Mariette, une autre signification. « N'est-ce pas un aigle qui enlève le coutelas? » dit le savant iconographe. « En ce cas, le sujet représente le sacrifice d'une jeune fille nommée Hélène, fait à Lacédémone pour apaiser les dieux à l'occasion d'une peste. Ce fait est rapporté par Plutarque. Voyez les *Mémoires de l'Académie des belles-lettres*, t. I, tout au commencement, dans la dissertation sur les sacrifices. C'est donc, ajoute-t-il, bien mal à propos que le graveur a établi sur le devant de l'autel le nom d'Iphigénie. »

le ciel. Au-dessus de cet homme apparaît un aigle tenant un couteau dans ses serres. Sur la face de l'autel on lit : IPHIGENIA, et au-dessous : ROMÆ. MICHAELIS ▲ TRAMEZINI ▲ FORMIS | CVM ▲ PRIVILEGIO ▲ SVMMI ▲ PONT. | M.D.LIII. A la gauche du bas se trouve la signature du graveur : N. BEATRIZET LOTARINGVS. F. [43].

L. 0,455. H. 0,327.

On connaît trois états de cette planche :

I. L'état décrit.

II. Au-dessous de la date M.D.LIII on lit : *Io. Iacobus de Rubeis formis Romæ ad Templ. S. Mariæ de Pace.* 1681.

III. Entièrement retouché. L'inscription qui se lisait au milieu du bas a été enlevée, et on voit à sa place un écusson d'armes. Un second écusson est à la gauche du bas, près du nom du graveur. Les lettres P. F. se trouvent l'une à gauche, l'autre à droite dans la marge.

§ V. — Portraits.

38. *Camille Agrippa.*

Buste tourné à droite, et regardant du côté opposé, dans une bordure ovale, sur laquelle on lit : CAMILLO ▲ AGRIPPA ▲. Pièce anonyme.

H. 0,172. L. 0,132.

Ce portrait décore le livre d'escrime du personnage, intitulé : *Trattato di scientia d'Arme, con un dialogo di Filosofia, di Camillo Aggrippa milanese. In Roma per Antonio Blado, stampadore apostolico.* M. D. LIII. Con priuilegio della Santita di nostro Signore Papa Giulio III per anni dieci. In-4°. Outre ce portrait, ce volume contient encore cinquante-six planches qui ne nous paraissent pas gravées par Nicolas Beatrizet.

Anaximènes, précepteur d'Alexandre le Grand.

Voyez le n° 35, 1er état.

39. *Hippolyte de Gonzague, fille de Ferdinand.*

Elle est vue de profil en buste et tournée à droite, dans une bordure ovale sur laquelle on lit : HIPPOLYTA GONZAGA.

FERDINANDI FIL ^ AN ^ XVII ^. Morceau ovale, sans le nom du graveur [4].

H. 0,510. L. 0,370.

On connaît deux états de cette planche :

I. L'état décrit.

II. On lit au milieu du bas, sur la bordure : *Lucæ bertelli exc.*

40. *Henri II, roi de France.*

Il est en buste, tourné de profil à gauche, dans un ovale, au milieu d'un encadrement qui est orné, au haut, de deux Génies ailés portant un écusson sur lequel on voit les armes de France, à gauche et à droite de Bellone et de la Victoire, et au bas de deux femmes esclaves. Dans la bordure de l'ovale on lit : HENRICVS ^ II GALLORVM ^ REX ^ CHRISTIANISSIMVS ^, et au bas, à gauche : ^ NB ^ LOT ^ F ^ 1556, et à droite : ^ P ^ R ^ INV ^. On ignore la signification des lettres P. R., qui se trouvent à la droite du bas.

H. 0,477. L. 0,321.

On connaît deux états de cette planche :

I. L'état décrit.

II. La figure du roi a été totalement changée. Celui-ci est vu de trois quarts et tourné un peu vers la droite, la lettre S du nom HENRICVS a été remise à l'endroit, de retournée qu'elle était ; l'année 1556 a été changée en celle de 1558 ; les lettres ^ P ^ R ^ INV ^ ont été enlevées et la place qu'elles occupaient recouverte de travaux.

41. *Le pape Paul IV* (1).

En buste, vu presque de face et tourné un peu vers la droite, la tête couverte de la barrette. Il est dans un ovale au milieu d'un encadrement au haut duquel se trouvent ses armoiries. Dans un cartouche, au milieu du bas, on lit : PAVLO IIII | ^ P ^ O ^ M | ^ ÆT ^ ANNO LXXXI | PONTIFICATVS |

---

(1) Passavant, *Peintre-Graveur*, t. VI, p. 118, attribue à Beatrizet un portrait du pape Paul III, qui serait à Berlin. Ce portrait, qui ne porte ni la marque ni le nom du graveur, contiendrait cette inscription : PAVLVS III. PONT. OPT. MAX. AN XVI. — ANT. LAFRERIJ.

AVTEM | ANNO III. Tout au bas est écrit, à gauche : ROMÆ, et à droite : ∞. D. LVIII; après quoi se voit le monogramme du maître (ANBA) [2].

H. 0,312. L. 0,228.

On connaît deux états de cette planche :

I. L'état décrit.

II. Au-dessus du cartouche sur lequel se trouve l'inscription rapportée ci-dessus, on lit : DOMINVS MIHI ADVITOR.

42. *Le pape Pie IV.*

En buste, tête nue; il est vu de profil, tourné à droite. On lit au haut, à droite : PIVS IIII PONT MAX et à gauche, au-dessous des armoiries de Sa Sainteté : *Nicolaus Beatricius lotaringus incidit. et formis. suis exc.* [1].

H. 0,326. L. 0,255.

43. *Le pape Pie V.*

En buste, orné de la thiare; il est de profil tourné à droite. On lit au haut, à droite : PIVS IIII PONT MAX, et à gauche, au-dessous des armoiries de Sa Sainteté : *Nicolaus Beatricius lotaringus Incidit. et. formis. suis. exc.*

H. 0,325. L. 0,255.

44. *Antoine Salamanque.*

Graveur et célèbre marchand d'estampes à Rome. Il est en buste, vu presque de face et tourné un peu vers la gauche, dans une bordure ornée, au haut, d'un médaillon sur lequel est représentée l'ancienne ville de Rome. On lit au bas, dans un cartouche : ANTONIVS SALAMANCA, ORBIS | ET VRBIS ANTIQVITATVM | IMITATOR. Pièce anonyme [6].

H. 0,189. L. 0,136.

45. *Tite-Live.*

Buste vu de profil et tourné vers la droite. On lit au bas, à droite : TITVS LIVIVS PATAVINVS CVIVS INVICTO CALAMO | IN-

VICTA ROMANORVM FACTA SCRIPTA SVNT et à gauche : ANTONIVS SALAMANCA | EXCVDEBAT. Pièce anonyme [7].

H. 0,318. L. 0,236.

46. *Jean de Valverda.*

Célèbre médecin espagnol, surnommé *Amusco* ou *Hamusco*, auteur d'un ouvrage intitulé *Historia de la composicion del cuerpo humano*. Il est représenté en buste, vu presque de face et tourné un peu vers la gauche, dans un ovale, aux côtés duquel se voient à droite et à gauche deux squelettes, et au haut, sur un fronton, deux enfants posant leurs mains sur une tête de mort. Dans un cartouche, au bas, est écrit : IOANNES VALVERDVS HISPANVS. On lit à la droite du bas le monogramme du graveur [5] (1).

H. 0,285. L. 0,143.

§ VI.

47 — 89. Description des quarante-trois estampes décorant l'Anatomie du corps humain de Jean Valverde.

47.

Titre.

Cet ouvrage eut plusieurs éditions, fut traduit en plusieurs langues. De là viennent les états différents des planches qui le décorent.

On connaît trois états de ces planches :

I. Avant le texte au dos des planches. Dans cet état de même que dans l'état suivant l'inscription que nous allons rapporter se trouve dans un cartouche ovale placé vers le bas, au-dessous d'un écusson armorié supporté par deux hommes nus. Voici cette inscription : COMPENDIO DE LA | *Anatomia hecho por Ioan de Val* | *uerde dirigido al illmo S. don frai* | *Ioan de Toledo. C. de Santiago.*

Dimension de ce frontispice : H. 0,223. L. 0,157.

(1) Bartsch avance que ce portrait se trouve en tête de quelques éditions du *Traité d'Anatomie* de Valverde. Nous n'avons rencontré aucune de ces éditions.

II. On lit au dos des planches un texte espagnol. La planche qui sert de titre est encore la même que dans l'état précédent ; seulement l'inscription qui se lit dans le cartouche ovale est celle-ci : HISTORIA | *de la compocicion del cuerpo humano* | *escrita por Joan de Valuerde* | | *de Hamusco*. Au bas de la planche, le graveur a ajouté une petite plinthe sur laquelle il a placé quatre consoles et au milieu de laquelle, sur un espace laissé sans travaux, il a gravé : *Impressa por Antonio Salamança, y Antonio Lafrerij.* | *En Roma. Ãno de M.D.LVI.*

Dim. de ce frontispice : H. 0,237. L. 0,157.

III. Un texte italien se lit au dos des planches. Le frontispice a été complétement changé et remplacé par un autre, qui ne nous paraît pas être de Beatrizet, et dont voici la description : Décoration d'architecture. Le centre est formé d'un cartouche soutenu de chaque côté par un squelette, et surmonté d'une tête de mort contre laquelle sont appuyés deux tibias que tiennent à gauche un singe et à droite un porc. Le soubassement représente trois scènes de dissection. On lit au milieu de ce cartouche : ANATOMIA | *del corpo humano composta* | *per M. Giouan Valuerde di Hamusco,* | *e da luy con molte figure di rame,* | *et eruditi discorsi in luce* | *mandata.* | *In Roma per Ant. Salamanca,* | *et Antonio Lafreri* | *M.D.LVIIII.* On lit à la fin du volume : *In vinegia, appresso Nicolò Beuilacqua Trentino.* Il existe une autre édition de ce même ouvrage ; il ne diffère que par la date inscrite au bas du frontispice : l'année M.D.LVIIII a été remplacée par M.D.LX.

A. Bartsch nous apprend qu'il parut de cet ouvrage une troisième édition sous ce titre : *La Anatomia del corpo umano. Venetia.* 1586. *Nella stamperia de Giunti...* « C'est, dit Bartsch, une traduction faite par Jean Valverda lui-même, avec l'aide d'*Antoine Tabo da Albenga.* »

Ces planches ont été copiées en contre-partie par un mauvais graveur pour servir d'illustrations à une traduction latine de l'ouvrage de Valverde, publiée sous ce titre : *Anatome corporis humani avctore Joanne Valverdo, nunc primum a Michaele Colūbo latine reddita, et additis nouis aliquot tabulis exornata. Venetiis, studio et Industria Ivntarum.* M.DC.VII. *Cum licentia et priuilegiis.*

Pièce anonyme.

48.

(2) Squelette vu de face, le bras droit pendant, et s'appuyant sur un bâton qu'il tient de la main gauche.

H. 0,237. L. 0,151.

49.

(3) Squelette vu de profil, s'accoudant sur un socle s'élevant à gauche, sur lequel est posée une tête de mort qu'il touche de la main gauche.

H. 0,232. L. 0,144.

50.

(4) Squelette marchant à la droite du fond, en penchant la tête sur ses deux mains élevées, qu'il croise.

H. 0,231. L. 0,145.

51.

(5) Six têtes de mort sur deux rangs perpendiculaires. Les deux premières de la rangée de gauche sont tournées de profil, à gauche. Intermédiairement, se voient deux mâchoires.

H. 0,230. L. 0,152.

52.

(6) Parties de têtes, de mâchoires et du col. Deux rangées de dents superposées occupent la gauche de l'estampe, à mi-hauteur.

H. 0,226. L. 0,154.

53.

(7) Parties du squelette. A la droite de l'estampe se développe l'échine.

H. 0,230. L. 0,152.

54.

(8) Le larynx et la gorge, et les parties osseuses et cartilagineuses en dépendant. Le larynx, avec les conduits aérifères, occupe la gauche du haut.

H. 0,232. L. 0,145.

55.

(9) Écorché d'homme tenant sa peau de la main droite élevée, et de l'autre un glaive.

H. 0,215. L. 0,152.

56.

(10) Autre écorché d'homme marchant à droite. Il porte ses regards à la droite du haut, en élevant le bras droit et baissant l'autre.

H. 0,229. L. 0,145.

57.

(11) Écorché d'homme vu de face, portant ses regards au ciel; il étend le bras gauche, et lève la peau de sa cuisse droite de la main de ce côté.

H. 0,230. L. 0,144.

58.

(12) Écorché d'homme dont les peaux des avant-bras recouvrent les deux mains, qui sont en pente, et dont la peau de la cuisse gauche retombe sur le sol. Le chiffre ▲ NB ▲ est gravé à la droite du bas.

H. 0,229. L. 0,145.

59.

(13) Autre écorché agenouillé à gauche, sur une souche. Le chiffre ▲ NB ▲ se voit sur une pierre, à la gauche du bas.

H. 0,232. L. 0,149.

60.

(14) Écorché d'homme dirigé à droite, élevant le bras droit et baissant l'autre. Plusieurs parties de sa peau pendent de différentes parties de son corps.

H. 0,230. L. 0,148.

61.

(15) Écorché adossé à une muraille qui s'élève à la gauche du fond. Il est vu de face, les jambes écartées et les bras pendants.

H. 0,227. L, 0,144.

62.

(16) Écorché presque squelette tourné à gauche, appuyé sur un bâton qu'il tient de la main gauche.

H. 0,234. L. 0,148.

63.

(17) Écorché vu par le dos, dirigé à la gauche du fond, où il paraît faire une indication de la main gauche.

H. 0,228. L. 0,145.

64.

(18) Écorché vu par le dos et tournant la tête à droite. Sa main gauche est en pente et il élève l'autre.

H. 0,235. L. 0,148.

65.

(19) Autre écorché dans l'attitude du précédent, mais dont l'opération est plus avancée. Une partie de sa peau, marquée des lettres A B C D, est tendue à gauche, vers le bas de l'estampe.

H. 0,230. L. 0,145.

66.

(20) Écorché vu par le dos, les deux bras pendant. Une touffe d'herbes s'élève à la droite du bas.

H. 0,230. L. 0,145.

67.

(21) Écorché vu par le dos, élevant le bras droit et bais-

sant l'autre. Une jambe tronquée est appuyée sur une pierre, à la gauche du bas.

H. 0,230. L. 0,145.

68.

(22) Écorché presque squelette dirigé à droite. Une tête de mort se remarque à la droite du bas.

H. 0,230. L. 0,145.

69.

(23) Différentes parties du corps. A gauche, vers le haut, est l'écorché d'une hanche, cuisse et jambe du côté gauche.

H. 0,232. L. 0,152.

70.

(24) Différentes autres parties du corps. On remarque à la gauche du bas l'intestin rectum et ses muscles.

H. 0,235. L. 0,152.

71.

(25) Quatre sujets sur la même planche. Celui à la gauche du haut présente une figure humaine vue de face, presque à mi-cuisse, relevant de ses deux mains la peau de son ventre. Celui à droite du haut offre un homme relevant de la main droite la peau de son ventre, dont on aperçoit les intestins. Le sujet de la gauche du bas présente un homme soulevant avec la bouche la peau de son ventre. Celui de la droite du bas offre la poche de l'estomac tronquée.

Dimensions de chaque sujet : H. 0,105. L. 0,075.
Et de la planche entière : H. 0,220. L. 0,147.

72.

(26) Diverses parties de l'intérieur du corps humain. On remarque particulièrement à la gauche deux intérieurs du ventre, que laissent entrevoir deux cuirasses superposées.

H. 0,218. L. 0,145.

73.

(27) On remarque notamment à la gauche du haut une figure humaine à mi-corps, tournée à droite, laissant voir plusieurs viscères et les intestins.

H. 0,222. L. 0,147.

74.

(28) Le haut de ce morceau est occupé par deux troncs de corps humains, laissant voir partie de leur intérieur.

H. 0,220. L. 0,148.

75.

(29) La droite du bas de ce morceau offre le corps tronqué d'une femme, laissant voir l'intérieur de son ventre et son sein droit écorché.

H. 0,232. L. 0,150.

76.

(30) Figure en pied de femme, vue de face et dans l'attitude de la Vénus pudique. Elle tourne la tête à droite, où elle regarde. Son ventre entr'ouvert laisse voir ses intestins et d'autres parties.

H. 0,240. L. 0,155.

77.

(31) On remarque particulièrement au milieu du haut une figure en partie disséquée, et regardant à droite, qui paraît en disséquer une autre couchée devant elle.

H. 0,235. L. 0,152.

78.

(32) Segments de sept têtes humaines, laissant voir, les deux du haut, leurs profils tournés à gauche.

H. 0,228. L. 0,150.

79.

(33) Segments de six autres têtes et de plusieurs de leurs parties. On remarque particulièrement la tête occupant le milieu de la droite, dont le profil est tourné de ce dernier côté.

H. 0,230. L. 0,150.

80.

(34) Le haut de ce morceau présente l'anatomie de l'œil en dix-neuf figures; vient ensuite un porc lié sur une table, la tête à gauche. Au bas est une grande table chargée de tous les outils nécessaires à la dissection.

H. 0,228. L. 0,148.

81.

(35) Deux hommes écorchés, l'un à gauche, vu de face, et l'autre à droite, vu par le dos. On distingue leurs muscles, leurs veines et leurs artères.

H. 0,240. L. 0,155.

82.

(36) L'homme veineux, musculeux et artériel. Il n'y a rien de charnu ni d'osseux, et il est vu de face, étendant les bras.

H. 0,235. L. 0,150.

83.

(37) Représentation en cinq figures de la veine-porte, des veines et artères de la tête, etc.

H. 0,230. L. 0,148.

84.

(38) Homme artériel vu de face, accompagné, aux côtés du bas, de deux fragments de grandes artères.

H. 0,240. L. 0,155.

85.

(39) Représentation en dix figures de différentes parties de l'intérieur du corps humain.

H. 0,230. L. 0,150.

86.

(40) Représentation de la cervelle et du cervelet, etc. Celui-ci occupe la droite.

H. 0,227. L. 0,145.

87.

(41) L'homme veineux, musculeux et artériel, laissant apercevoir les nœuds de l'échine. Il est vu de face, et le bras gauche est tronqué.

H. 0,227. L. 0,145.

88.

(42) Corps d'homme vu par l'échine, laquelle est garnie des côtes.

H. 0,227. L. 0,148.

89.

(43) Autre corps d'homme vu de face, dont le bras et la cuisse du côté droit sont tronqués. Il présente l'échine et laisse voir sa cervelle. A la gauche du bas se voit une seconde figure de démonstration.

H. 0,427. L. 0,150.

§ VII. — Statues et bas-reliefs antiques (1).

90. *La statue équestre de Marc-Aurèle.*

L'empereur est vu de profil; il se dirige vers la gauche de

(1) Plusieurs morceaux décrits dans ce paragraphe et dans les suivants font partie du SPECVLVM ROMANÆ MAGNIFICENTIÆ, publié par A. Lafreri. Nous y avons reconnu les nos 91, 92, 93, IIe état; 95, 96, IIe état; 97, IIe état; 98, IIe état; 99, 100, 101, IIe état; 102, 106, 107 et 110.

l'estampe. On lit sur le piédestal : IMP. CAES. DIVI ANTONINI. F. DIVI. HADRIANI. | NEPOTI DIVI. TRAIANI. PARTHICI. PRONEPOTI. DM. NERVÆ. AB. NEPOTI. M. AVRELIO-ANTONINO. PIO. | AVG. GERM. SARM. PONT. MAX. TRIB. POT. XXVII. | IMP. VI. COS. S. P. Q. R. La marque NB ^ F ^ se voit à gauche, au-dessous du piédestal. On lit au milieu du bas : M. AVRELII. ANTONINI. PII. EQVESTRIS STATVA. ÆNEA. IN. AREA. CAPITOLINA. ANTONII. LAFRERII. SEQVANI. FORMIS. ∞ D. XLVIII. R. [87].

H. 0,358. L. 0,242.

On connaît trois états de cette planche :

I. L'état décrit.

II. La planche a été un peu endommagée ; on voit une grande raie qui, partant du pied droit de derrière du cheval, se prolonge jusqu'à la queue.

III. On lit à la gauche du bas, au-dessous de la marque du graveur : *Petri de nobilibus Formis.*

Cette superbe statue occupe aujourd'hui la même place qu'à l'époque où Béatrizet la grava. Elle était dorée et quelques traces de dorure subsistent encore.

91. *Marc-Aurèle entrant en triomphe au Capitole, d'après un bas-relief antique.*

Les chevaux attelés au char qui porte l'empereur se dirigent vers la droite de l'estampe. On lit dans la marge : *M. Aur. Imp. Triumphi imago ad hæc usq. tempora Romæ in Capitolio, pulcherrimo marmore inter tot urbis ruinas posteritati seruata, et Ant. Lafr. Sequan. typis.* M.D.LX. *express.* Pièce anonyme [88].

H. 0,433, dont 0,015 de marge. L. 0,283.

On connaît deux états de cette planche :

I. Avant l'inscription dans la marge.

II. L'état décrit.

Il existe de cette estampe une mauvaise copie dans le même sens, avec les adresses de *Claudij Ducheti*, 1583, et de *Joannes Orlandi*, 1602.

92. *Rome triomphante.*

Rome est représentée sous les traits d'une femme casquée assise sur un trône, tenant d'une main une couronne de laurier et de l'autre un stylet. A ses côtés se voient deux rois barbares, ses esclaves. On lit vers le bas, au milieu : ROMA VICTRIX. DE DACIA PROVINCIA SVBACTA TRIVMPHANS | VVLTV ACHABITV. BARBARORVMQ. SPOLIS. ILLVSTRIS. A droite et à gauche : REX BARBARVS NVMIDA CAPTIVVS POPVLI ROMANI. Puis au-dessous : *Hæ statuæ, in antiquissimo marmore, erudita manu sculptæ; maiestate, uetustatisque ueneratione conspicuæ, ac celebres; Romæ, in hortis Fœderici Cardinalis Cæsii, | omnis generis signorum plenis; unà ampliore loco, honoris caussa, collocatæ.* — ANT. LAFRERI R. ∞ D.XLVIIII. Planche anonyme [89].

H. 0,495. L. 0,385.

Ces statues se trouvent actuellement à Rome, dans le musée du Capitole.

93. *Le Laocoon.*

Représentation de la célèbre statue de Laocoon qui se voit à Rome au Belvédère. Elle est placée dans une niche. On lit au bas : LAOCHOON, et au-dessous : ROMÆ ^ IN ^ PALATIO ^ PONT ^ IN ^ LOCO ^ QVI ^ VVLGO ^ DICITVR ^ BELVEDERE ^ ANT. LAFRERI. Planche anonyme [90].

H. 0,446. L. 0,308.

On connaît deux états de cette planche :

I. Avant les mots : ANT. LAFRERI.

II. L'état décrit.

94. *Le Laocoon.*

La même statue, gravée une seconde fois, de plus grande forme et sans la niche, mais avec les mêmes inscriptions. Cette pièce est pareillement sans la marque du graveur [91].

H. 0,486. L. 0,326.

95. *Dessin d'une table de marbre.*

On a sculpté dans le marbre de cette table deux enseignes de cohortes romaines, l'aigle légionnaire, et plusieurs autres insignes militaires ; le centre est occupé par une inscription commençant par ces mots : M. POMPEIO M. F. ANI. ASPRO... Dans la marge inférieure on lit : IN ÆDIB. FEDERICI CARD. DE. CÆSIS. SVB. VATICANO. | TABVLA. MARM. COHORTIVM. SIGNIS. DVOBVS. AQVILAQ. LEGIONARIA. ATQVE ALIIS CVM. INSTRVMENTIS. BELLICIS. CVM. CAVEA. PVLLAR. | INSCRIPTIONIBVSQ. PERELEGANTIBVS INSIGNIS. ANT. LAFRERI. FORMIS EXACTISSIME. DELINEATA. ROMÆ. CIO. D.LI. Sans la marque du graveur, qui, suivant l'opinion générale, est *Beatrizet* [92].

L. 0,262. H. 0,225, dont 0,017 de marge.

96. *Quatre frises superposées sur la même planche.*

Ces frises sont ornées de différents instruments propres aux sacrifices des Romains, dessinés et gravés d'après l'antique. A côté de la plupart des objets se trouve une lettre qui renvoie à l'explication que nous transcrivons ici et qui se lit au bas dans la marge : *Lector Iucundissime, ac veterum rerum studiosiss. Si nescis, instrumentor, quæ in hæc tabella graphice excusa uidentur, rationem, his pauculis verbis facillime te intellecturum spero. Non ex his characteribus, quæ infra notati sunt, nullo omnia labore percipies. Igitur que A, litera adscripta hic subnotantur simpulum, siue simpinium aut simpiuium est quo è cratere aquam sacrificulus hauriebat. B vero sacerdotis pileum tibi demonstrat. C. Lituum. D. Aspergillum. E. Securim qua Hostia mactatur a Popa. F. Secespita, qua exta sacrificiorum ministri partiebantur. G arcula laureata est : ubi Ihus asseruabatur. H candelabrum. I pateram indicat. K viceolum cū ramo laureo qui pacis symbolum est. L, ubi pugio sit, indicat, quo hostia ingulabatur. M demū velū, quo Pont. Maximus caput inter sacrificandum contegebat ex veteri Romanæ religionis instituto : — quæ omnia hodie in*

Capitolio intra conseruator palatium, visuntur. Pièce anonyme [93].

L. 0,402. H. 0,305, dont 0,034 de marge.
On connaît deux états de cette planche :
I. Avant l'explication contenue dans la marge, et avant les lettres auxquelles cette explication se rapporte.
II. L'état décrit.

97. *Les soldats romains combattant contre les Daces.*

Composition de beaucoup de figures. Au premier plan se voient quatre soldats morts ou blessés que foulent aux pieds des hommes armés. Le cavalier qui est au centre de la composition tient un bouclier hexagone orné d'un foudre. Morceau gravé d'après un bas-relief de l'arc de Constantin. La marque NB. est au milieu du bas. On lit dans la marge : *Tabula marmorea, pugnæ Dacicæ ex diruto Traiani ut putatur, arcu; in Constantini cognomento Magni; qua spectat Auentinum; ornatus caussa; Romæ, translata. Antonij Lafrerij Sequani formis Romæ* 1553. [94].

L. 0,454. H. 0,299, dont 0,021 de marge.
On connaît deux états de cette planche :
I. Le foudre sur le bouclier hexagone dont est armé le cavalier est seulement au trait, et le fond est blanc.
II. L'état décrit.

98. *Combat des Amazones.*

Grande pièce de deux morceaux joints en largeur, gravée d'après le bas-relief d'un sarcophage antique du Capitole. Le premier plan est ici, comme dans la planche précédente, occupé par des morts et des blessés. Aux deux extrémités se voient deux jeunes gens portant des trophées. On lit dans la marge : AMAZONVM PVGNA AD FABRE EFFICTA DE SARCOPHAGO VETVSTISSIMO. QVOD IN CAPITOLIO VISITVR EAMQVE ÆNEIS FORMIS INCIDIT ATQVE IN EDIBVS SVIS SVAQVE IMPENSA NICOLAVS BEATRICIVS LOTHARINGVS... IN LVCEM AD

COMMVNEM OMNIVM QVI REBVS ANTIQVIS OBLECTANTVR VTILITATEM EMISIT. K. IAN. ∞.D.LIX. [98].

L. 0,830. H. 0,302, dont 0,013 de marge.

On connaît quatre états de cette planche :

I. Le mot LOTHARINGVS a été écrit LOTHORINGVS.

II. L'état décrit.

III. Avec une adresse autre que celle que nous allons citer.

IV. En remplacement de l'adresse du 3e état, on lit à la suite du millésime : ∞.D.LIX : *Henricus Van Schoel excudit.*

99. *Le fleuve du Nil.*

Représenté sous la figure d'un homme nu entouré d'un grand nombre d'enfants. Il est appuyé sur un sphinx. Cette planche est gravée d'après la statue qui se voit au musée du Vatican. La bordure est formée d'enfants nus dans des barques et d'animaux divers. A la gauche du haut se trouve une inscription qui commence et finit ainsi : VETERVM. MONVMENTORVM. STVDIOSE LECTOR..... ADHVC. CONSPICITVR. EXACTE EFFIGIATA. Pièce anonyme [95].

L. 0,550. H. 0,330.

On connaît trois états de cette planche :

I. L'état décrit.

II. On lit à gauche de l'estampe sur l'eau : *Ioanes Orlandi formis Romæ*, 1602.

III. Cette estampe a été entièrement retouchée par un artiste malhabile, et l'adresse d'*Orlandi* a été effacée et remplacée par celle-ci : *Henricus van Schoel excudit.*

100. *Le fleuve du Tibre.*

Il est représenté sous la forme d'un homme assis dans l'eau, tenant dans la main droite une corne d'abondance. On voit à son côté la louve avec Romulus et Remus. La bordure est formée d'enfants dans des bateaux, d'hommes et d'animaux. A la droite du haut est une inscription qui commence et finit ainsi : ECCE TIBI CANDIDE. LECTOR..... ANT.

LAFRERI. ÆNEIS. FORMIS AD. AMVSSIM EXCVSVM. Pièce anonyme [96].

L. 0,550. H. 0,331.

On connait deux états de cette planche :

I. L'état décrit.

II. La planche étant absolument usée a été reprise partout au burin. On lit à droite au-dessous de l'inscription : *Henricus van Schoel excudit.*

101. *L'Océan.*

L'Océan est représenté par une figure d'homme drapée, tenant une rame d'une main et appuyant son bras droit sur la tête d'un dauphin. A la gauche du haut est une inscription qui commence et finit ainsi : AMICE QVAM TV HIC EFFIGIEM..... QVOD HVNC IN MODVM TIBI REPRHESENTATVR. OCEANVS : NICOLAIO BEATRICIO LOTHARINGO GRATIAS HABE VALE ROMÆ ∞ D.LX. [97].

L. 0,352. H. 0,300, dont 0,030 de marge.

On connait trois états de cette planche :

I. Le premier mot de l'inscription est AMICI.

II. L'état décrit.

III. On lit vers le milieu de la marge : *Romæ Claudij Duchetti formis.*

§ VIII. — Pièces d'architecture et plans de villes.

102. *Le Temple de la Fortune, à Rome.*

Ce charmant petit temple est devenu depuis l'église de Sainte-Marie Égyptienne. On lit vers le bas de la gauche : TEMPLVM. FORTVNÆ VIRILIS. AD. RIPAS. TIBERIS IN FORO PISCARIO NVNC MARIÆ ÆGIPTIACÆ SACRATVM ROMÆ, et à droite : THOMASIVS BARL ▲ EXC ▲ M ▲ D ▲ L ▲ Les lettres N. B. F. sont sur la plinthe du soubassement de la première colonne, au fond de la gauche. [99].

L. 0,334. H. 0,266.

On connait deux états de cette planche :

I. L'état décrit.

II. L'adresse de Thomasius Barlachio a été effacée et remplacée par celle-ci : *Henricus Van Schoel excudit.*

103. *Le Panthéon de Marcus Agrippa.*

Aujourd'hui l'église de la Rotonde. On lit au bas, au milieu : *Pantheum Romanum, nunc Mariæ cognomento Rotundæ*, etc. ; à gauche : N. B. LOTHARINGVS. F. et à droite : ANT. LAFRERI. SEQVANI. FORMIS. ROMÆ. 1548. [100].

L. 0,465. H. 0,332.

On connaît deux états de cette planche :

I. L'état décrit.

II. La planche a été augmentée au bas par une lame soudée au-dessous de la première marche du vestibule du temple. Cette lame a permis à l'artiste de graver une baignoire antique et deux lions de l'Égypte. Sur la coupe d'un vase étant à droite, on lit : *Labrum ex porphyrite, et duos ex ophite Leones*, etc. Au milieu du bas est écrit : ANT. LAFRERI ROMÆ 1549. Tout au haut de l'estampe on lit cette inscription : PANTHEVM ROMANVM NVNC MARIÆ COGNOMENTO ROTVNDÆ, NOTVM AD ANTIQVAM SVAM EFFIGIEM ET FORMAM EXPRESSVM. Le nom de *Beatrizet* ne s'y trouve pas.

L. 0,465. H. 0,390.

Copie en contre-partie du IIe état de cette planche, gravée par un anonyme, qui a mis à la droite du bas ce nom : NB. LOTARINGVS F. Cette copie est éclairée du côté gauche. La baignoire, au lieu d'être vue de face, apparaît de trois quarts, et les deux lions sont vus de face l'un et l'autre, au lieu que, dans l'estampe originale, l'un d'eux est vu par le dos. On lit, en outre, à la gauche du bas : PANTHEVM ▲ ROMANVM ▲ etc., et à la droite : ANT. SALAMANCA EXCVDEBAT.

L. 0,453. H. 0,351.

On connaît trois états de cette copie :

I. L'état décrit.

II. L'adresse de Salamanque est effacée et celle-ci lui est substituée : *Nicolo Van Aelst Bruxellensis formis Romæ.*

III. L'adresse rapportée ci-dessus a été remplacée par celle-ci : *Si Stampano in Roma da Gio Iacomo de Rossi alla Pace.*

104. *Le château Saint-Ange.*

On remarque au-dessus du château le drapeau avec les armes des Médicis. Le pont qui traverse le Tibre est seulement orné des statues de saint Pierre et de saint Paul. On lit au haut, à droite : CASTELLO. S. ANGELO. DI. ROMA. et à gauche : EN TIBI QVISQVIS ES, LECTOR IVCVNDISSIME QVEM ÆNEIS NICOLAI BEATRICII LOTHARINGI, etc. [101].

L. 0,465. H. 0,351.

On connait trois états de cette planche :

I. L'état décrit.

II. Retouché d'une manière grossière. On y a changé le bastion à droite. Il porte cette adresse à la droite du bas : *Apud Eredes Claudij Ducheti.*

III. Il porte, de plus, cette adresse au milieu du bas : *Joannis Orlandij, formis Romæ* 1602.

105. *La Façade du palais Farnèse.*

Les armoiries de Paul III se voient au-dessus de la fenêtre centrale du premier étage. On lit au haut :

TERTIVS HAS PAVLVS STRVXIT FARNESIVS ÆDES
QVARVM FORMA OCVLOS PONITVR ANTE TVOS
ASPICIS IMMENSOS HOSPES QVI FRONTIS HONORES
HIS SIMILES DICES ROMÆ NEC ORBIS HABET.

Au bas, à gauche : PAVLVS III. FARNESIVS PONTIFEX MAXIMVS FECIT ROME. ; à droite : ANT. SALAMANCA EXCVDEBAT, et au milieu : MENSVRA. PALMORVM XL. Le chiffre NB. F. est vers le bas, du côté gauche [102].

L. 0,525. H. 0,330.

On connait deux états de cette planche :

I. L'état décrit.

II. Les mots PAVLVS III, etc., et l'adresse de Salamanque ont été supprimés, et on lit au bas, vers la gauche : *Apud Carolum Losi Romæ*, 1773.

Cette planche et la suivante portent toutes deux la marque de Nicolas Béatrizet. On ne peut expliquer, ce nous semble, cette répétition qu'en admettant que, une première planche perdue, le graveur n'aura pas reculé devant une copie identique de son œuvre disparue.

106. *La même Façade.*

On lit au haut : *Exterior orthographiæ frontis Farnesianæ domus : quam Romæ, et magnis impensis, et seruatis architecturæ præceptis* PAVLVS *Tertius Pontifex Maximus, à fundamentis memoriæ caussa, sibi Posterisque suis erexit.* Au milieu du bas, au-dessus d'une échelle géométrique : *Mensura Palmorum* XL, et dans la marge, à droite : *Antonij Laferij Sequani formis* ꟾↃDXLVIII. Le chiffre NB A F A est vers le bas, à gauche, près du palais [102].

L. 0,540. H. 0,338, dont 0,022 de marge au haut et 0,008 au bas.

On connaît deux états de cette planche :

I. L'état décrit.

II. On lit au milieu, vers le bas : *Ioanes Orlandi formis Romæ.* 1602.

107. *La Coupe du Lateran.*

Ce monument est aujourd'hui connu sous le nom de *Baptistère de Constantin.* On lit au bas de la planche : *Balnei Laterani, et in eo, ad curandam Constant. Cæs. Elephantiasim, innoxio infantium sanguini suscipiendo primum parati Labri, ac mox conuersa in pietatem crudelitate, eiusdem baptismo destinati, simulacrum Romæ.* ANT. LAFRERI EX. Pièce anonyme [103].

L. 0,500. H. 0,410.

108. *Le Théâtre de Marcellus.*

La porte d'entrée que l'on voit à gauche est surmontée d'un quadrige. On lit au haut, vers le milieu : THEATRVM MARCELLI, et à droite : I. SCÆNA. II. PROSCÆNIVM. III. PVLPITVM. IIII. ORCHESTRA. V. CORVS. VI. CAVEA. VII. PODIA SIVE CVNEI. Ces indications se réfèrent aux numéros placés sur les différentes parties du monument. La marque du graveur NB ▲ F. se voit à la gauche du bas.

L. 0,536. H. 0,365.

Il existe de cette estampe une copie en contre-partie. Elle est anonyme. Les mots THEATRVM MARCELLI se trouvent au haut, au centre.

109. *Vue du Cirque flaminien.*

Dans cette planche est représentée une course de chars attelés de deux chevaux. Le centre est occupé par un obélisque sur lequel on lit : OBELISCVS SOLI SACER, et par deux petits temples, l'un à Apollon, l'autre à Neptune, et une représentation de la déesse Isis, etc. Gravé sur le dessin de *Pierre Ligorio*. On lit à la droite du bas : NB. LOTARINGVS. Au haut est écrit, à gauche : IVLII ▲ III ▲ PONT ▲ MAX ▲ ET ▲ SENAT ▲ VENET ▲ PRIVILEGIO, etc., et à droite : CIRCI ▲ FLAMINII ▲ SPECIMEN, etc. [104].

L. 0,562. H. 0,388.

On connaît deux états de cette planche :

I. Avec l'année M.D.LII. à la fin de la dédicace à Jules III.

II. Avec l'année M.D.LIII.

110. *Le même Cirque.*

Dans cette planche, dessinée par le même Ligorio, le centre de l'arène est occupé par un obélisque chargé d'hiéroglyphes et par un nombre bien plus considérable d'autels, de temples et de statues. La course qui y est représentée est formée de chars attelés de quatre chevaux. On lit à la droite du bas : ▲ N ▲ BEAVTRIZET ▲ LOTARRINGIÆ ▲ Au haut est écrit, à gauche : ANTIQVITATVM ▲ STVDIOSIS. EN ▲ VOBIS ▲ CANDIDISSIMI, etc., et à droite : LEX IVLI ▲ TERTII ▲ PONTIFICIS, etc. [105].

L. 0,560. H. 0,384.

On connaît trois états de cette planche :

I. L'état décrit.

II. Avec cette adresse : *Petri de Nobilibus Formis*, à la droite du bas.

III. Avec ces mots : *Pauli Gratiani Formis Romæ*. 1582, à la gauche du bas. L'adresse de *Petri de Nobilibus* subsiste.

111. *Plan de Rome à vol d'oiseau.*

On remarque dans ce plan que Saint-Pierre n'était pas encore construit, et que les murailles de Rome subsistaient presque toutes à cette époque. On lit dans un cartouche, à la droite du bas : RECENS RVRSVS POST OMNES, — FORMIS ANTON. LAFRERII SEQVAN, DILIGENTISS EXPRESS. AN. ∞ .D.LVII, CON GRA ET PREVILEGIO. A la gauche du bas, le monogramme NB A se voit sur une pierre [107].

L. 0,480. H. 0,353.

112. *Plan de Rome et des environs.*

Ce plan, comme le précédent, est à vol d'oiseau. A la gauche du haut, dans une tablette, se lit une dédicace adressée par Antoine Lafreri à Octave Farnèse, duc de Plaisance et de Parme. Cette dédicace se termine ainsi : EX TYPIS ET DILIGENTIA ANT. LAFRERII SEQVANI AN ∞ D.LVII. CVM GRATIA ET PRIVILEGIO SVMMI PONT. La marque du graveur, NB, est sur une pierre à la droite du bas [108].

L. 0,540. H. 0,476.

113. *Plan de la ville de Thionville.*

Dans un cartouche, à la gauche du bas, on lit : *Veræ Thiumvillæ effigies sum..... Anno Domini* M.D.LVIIJ. Près de ce cartouche est écrit : *Nicolaus Beatrizet Lotaringus Incidit et formis*. Ce morceau est très-mal gravé [106].

L. 0,420. H. 0,309.

On connaît deux états de cette planche :

I. L'état décrit.

II. Il porte cette adresse : *Joannes Orlandi formis*. 1602.

114. *Colonne.*

Représentation d'une colonne torse d'ordre ionique, ornée de feuillages de vigne et d'acanthe au haut, et cannelée vers le bas. On lit au-dessous : *Ant. Lafrerij Romæ.* Pièce anonyme.

H. 0,458. L. 0,285.

M. J. Renouvier (*Types et manières des maîtres graveurs*, 2e partie, p. 54) décrit une estampe que nous n'avons pas rencontrée et que nous ne trouvons mentionnée nulle part ailleurs :

Le Christ debout, tenant le globe, dans un portique d'architecture flamande, signé du chiffre de Beatrizet, et portant l'adresse de Lafreri. 1577.

NICCOLO DELLA CASA.

Quoique M. Robert-Dumesnil n'ait laissé aucune note sur cet artiste, il nous a semblé bon de consigner ici, à côté du catalogue de l'œuvre de Nicolas Beatrizet, les quelques estampes portant le nom ou les initiales de ce graveur. Contemporain de Beatrizet, imitateur de la manière de cet artiste, — s'il est permis de supposer qu'un artiste assez médiocre puisse avoir des imitateurs, — Niccolò della Casa, dont le nom français doit être *De la maison*, semble avoir exécuté, sous les yeux de son compatriote, les cinq estampes que nous décrivons ci-dessous. Aucun document biographique sur cet artiste n'est venu jusqu'à nous ; les auteurs qui ont fait mention de ce graveur le classent parmi les artistes italiens et prouvent ainsi le peu de scrupule qu'ils ont mis dans leurs recherches, puisque l'épithète de Lotharingue accompagne le nom du graveur au bas du portrait de Charles V. Ces estampes péniblement gravées peuvent être rangées, comme celles de Beatrizet, parmi les gravures de l'école de Marc-Antoine, mais elles doivent, encore plus que celles de cet artiste, être comprises parmi les planches de commerce dans lesquelles l'art ne joue plus qu'un rôle secondaire.

ŒUVRE

DE

NICCOLO DELLA CASA.

---

1. *Le Jugement dernier, d'après Michel-Ange.*

Cette estampe, qui se compose de onze morceaux, est la copie exacte de la planche décrite précédemment sous le nº 24 du catalogue de l'œuvre de Nicolas Beatrizet plutôt qu'une reproduction fidèle de la splendide fresque de la chapelle Sixtine. Les inscriptions suivantes se lisent au-dessous de différents morceaux. Au bas de Saint-Laurent portant son gril, on lit : MICHAEL ANGELVS. B. PINXIT IN VATICANO | EXCVDEBAT ANT. SALAMANCA. 1545. Au bas du groupe des trompettes : MICHAEL ANGELVS BONAROTVS FLORENTINVS PINXIT. IN VATICANO, et au-dessous de la barque qui porte les réprouvés : ROMAE IN VATICANO M. BO. RO. PINXERAT. ANT. SALAMANCA. EXC. 1543. | N. D. LA CASA. F.

Il faudrait avoir rencontré une épreuve assemblée des différents morceaux qui composent cette estampe pour pouvoir en donner les dimensions exactes. Faute d'avoir eu cette occasion, nous serons contraint de nous abstenir, comme nous l'avons déjà été précédemment pour l'estampe analogue de Beatrizet.

On connait deux états de cette planche :
I. L'état décrit.
II. Au-dessus de l'adresse de Salamanca on lit : *Andreas Vaccarius formis* 1548. Et au-dessous du nom du graveur : *Romæ apud Carolum Losi* 1773.

2. *Baccio Bandinelli.*

Le célèbre sculpteur florentin est vu à mi-corps, il est debout ; la jambe gauche semble porter sur une marche ; il tient de ses deux mains une statuette sur la base de laquelle on lit : N. D. LA | CASA F. Une statuette et deux fragments de statuettes se voient sur la droite du haut placés sur le rebord d'une fenêtre sur laquelle on lit : BACCIO BANDINEL | FLOS.

H. 0,289. L. 0,217.

On connaît deux états de cette planche :

I. L'état décrit.

II. L'adresse ANT. LAFRERI. R se lit à la gauche du bas.

On connaît deux copies de cette estampe :

La première est anonyme et fut gravée au XVIe siècle. Elle est en contre-partie et a les mêmes dimensions que l'original. A la place du nom de *Della Casa*, sur le support de la statue ébauchée, on lit : B. BA. F. Le nom de Baccio Bandinelli, que l'on voit dans l'original, dans le vide de la croisée, ne se lit pas sur la copie.

La seconde fut gravée au XVIIe siècle par Edme de Boulonois, et se trouve à la page 400 du tome Ier de l'*Académie des Sciences et des Arts*, par Isaac Bullart. Bruxelles, 1682. In-f°.

3. *Charles V.*

Il est vu de trois quarts dirigé vers la droite dans une bordure ovale placée entre deux colonnes auxquelles sont adossées des figures de femmes ; au milieu du fronton se voit une femme posée sur un aigle, tenant d'une main une couronne et de l'autre une épée. Dans un cartouche au haut on lit : DIVO CAROLO V IMP. TRIVM. | ORBIS PARTIVM TRIVMPH | IS GLORIOSISSIMO. Au bas, au-dessous de l'ovale, se voient deux figures de femmes assises, AFRICA et GERMANIA. On lit à la gauche du bas sur un fragment de corniche : N. D. LA. CASA. | LOTARINGVS. F. | ANT. SALAMANCA | EXCVDEBAT.

H. 0,508. L. 0,366.

Cette pièce est une copie en contre-partie de portrait de Charles V, gravé par Eneas Vico.

4. *Cosme de Médicis.*

Il est vu jusqu'aux genoux, vêtu d'une cuirasse très-ornementée ; sa tête, tournée de 3/4, est dirigée vers la droite. On voit en haut, derrière lui à gauche, un faisceau d'armes, à côté duquel se trouve une feuille contenant cette inscription : BACIVS BANDINEL FLOS.' 1544; et à droite une peau de lion sur laquelle on lit : COSMVS | MEDICES | FLORENT. | IAE. DVX | II ; au bas, à gauche, un bouclier ; à droite un casque et au milieu, sur une sorte de coquille : N. D. LA | CASA. F.

H. 0,426. L. 0,293.
On connaît deux états de cette planche :
I. L'état décrit.
II. A la gauche du nom de La-Casa, on lit : ANT. LAFRERII ROMÆ.

5. *Henri II, roi de France.*

Il est représenté debout, jusqu'à mi-cuisse, vêtu d'une cuirasse très-ornementée ; la tête est de profil, dirigée vers la gauche. Il tient de sa main droite appuyée sur son casque le sceptre et la main gauche repose sur un bouclier. On lit au bas : HENRICVS II FRANCOR. | REX ETA XXVIII. 1547. Pièce anonyme qui est gravée tout à fait dans le goût du portrait de Cosme de Médicis.

H. 0,416. L. 0,298.

SÉBASTIEN VOUILLEMONT.

Sébastien Vouillemont, que l'on fait naître généralement vers 1622 ou 1623 à Bar-sur-Aube, dut certainement venir au monde beaucoup plus tôt. Il n'est pas possible d'admettre qu'à 18 ans (1636) il eût acquis une main assez sûre pour graver *Jésus-Christ et les douze Apôtres* (nos 25-37), planches d'un mauvais dessin, il est vrai, assez habilement gravées cependant pour témoigner une expérience qui ne peut s'acquérir qu'avec le temps. Il est encore moins admissible que le *Portrait de Victoire de la Rovère* (n° 62), une des meilleures estampes de Vouillemont, gravée à Florence en 1637, soit l'œuvre d'un jeune homme de moins de 20 ans. Il est plus sage, en attendant qu'un document émané des archives de l'état civil vienne éclairer la discussion, de faire remonter, avec le *Dictionnaire des Artistes* de Nagler, aux environs de l'année 1610, l'époque de la naissance de Vouillemont.

La plus grande partie de la vie de cet artiste se passa en Italie. Avant d'avoir quitté la France, il avait, assure-t-on, fréquenté l'atelier de Daniel Rabel; et c'est sans doute à cette époque qu'il exécuta les quelques facéties que nous décrivons, et c'est peut-être aussi pour s'exercer dans l'art de la gravure qu'il copia deux fois les *Sept Péchés mortels* (nos 71-84), qu'avait gravés avant lui, et avec plus de talent, Lucas Vorsterman. Le court séjour que Vouillemont avait fait chez D. Rabel n'avait pu suffire à compléter son instruction; et il est permis de supposer qu'à son arrivée en Italie il se mit sous la discipline de Corneille Bloemaert, qui était à Rome, au XVIIe siècle, le graveur le plus renommé. Les rapports de C. Bloemaert et de S. Vouillemont sont d'ailleurs, pour ainsi dire, officiellement consignés dans certains ouvrages qui renferment des estampes de ces deux artistes. La manière de tailler le cuivre offre, d'ailleurs, une analogie certaine, qu'un œil exercé constatera aisément; et les estampes que gravaient ces deux artistes étaient souvent empruntées aux œuvres des mêmes peintres.

Le silence que plusieurs historiens de la gravure ont gardé sur Sébastien Vouillemont est injuste (1);

Sans aller jusqu'à prétendre que cet artiste doive être rangé parmi les graveurs habiles de l'école française, il est incontestable que sa place se trouve à côté des maîtres de second ordre qui passèrent leur vie à reproduire les œuvres d'autrui. Son grand tort,

(1) L'abbé de Marolles fait à Séb. Vouillemont l'honneur de lui consacrer un quatrain dans son *Livre des Peintres et Graveurs* (page 48 de notre réimpression) :

Vouillemont chez Rabel fit son apprentissage ;
Il fit après le Guide, Albane, Raphaël.
Ses portraits d'Italie ont un goust de pastel.
Neuf princes Lascaris honorent son ouvrage.

selon nous, est de s'être trop souvent adressé à des modèles peu dignes d'être interprétés par la gravure. S'il avait plus fréquemment copié les peintures ou les dessins des grands maîtres, il se fût accoutumé de bonne heure à dessiner avec plus d'aisance; et son burin, quelquefois assez souple et assez coloré, eût pu, guidé par un dessinateur correct, retracer fidèlement les originaux qu'il se proposait de multiplier. Il ne se serait pas exposé, en tout cas, à défigurer presque complétement certaines œuvres de Raphaël, méconnaissables dans les traductions qu'il signa imprudemment de son nom ou de son monogramme.

ŒUVRE

DE

SÉBASTIEN VOUILLEMONT.

SUJETS DE L'ANCIEN ET DU NOUVEAU TESTAMENT.

1. *Judith, d'après le Guide.*

Judith vient de trancher la tête d'Holopherne ; le corps du général est étendu sur un lit dans sa tente. Judith est debout au milieu de l'estampe, regardant le ciel et rendant grâce au Seigneur. On lit à droite vers le bas, sur une marche : *Guido Ren' In. Seb. Vouillemont scu.*

H. 0,283 dont 0,010 de marge. L. 0,184.

On connait deux états de cette planche :

I. L'état décrit.

II. On lit au milieu du bas : *Cu. pri Regis Chris*mo. D'ailleurs les figures qu'on aperçoit dans le lointain à gauche sont beaucoup plus chargées de travaux que dans le premier état.

2-3. Deux épisodes du massacre des Innocents, d'après Raphael.

2.

(1) Composition de dix figures de soldats, de femmes et d'enfants. On remarque au premier plan un enfant étendu par terre qu'un soldat se dispose à égorger avec un poignard. On voit au bas, à droite, des armoiries (ce sont les armoiries du comte et abbé Castrovillani), et à gauche on lit : *R. Inu ex Auleis. — Seb. Vouillemont sculp. — Romæ* 1641.

H. 0,472. L. 0,319.

3.

(2) Composition formée d'un beaucoup plus grand nombre

de figures ; au fond se trouvent deux temples à colonnes ; et sur le premier plan on remarque une femme renversée cherchant à protéger son enfant qu'un soldat tient déjà par la jambe. On voit à gauche sur un socle les mêmes armoiries que dans la planche précédente et on lit au-dessous : *Illmo et R^{mo} D. Comiti et Abbati Castrouillano obseruantiæ gratia D. D.*

Infantes semel Herodes occidit : at ista
Mentorea æternum fit reus è tabula.
Raph. Inu. Ex Auleis Vaticanis. Seb. Vouillemont sculp.
Romæ. 1641.

H. 0,470. L. 0,319.

4. *Les vendeurs chassés du Temple.*

Grande composition dans laquelle la scène principale se passe au milieu du fond. Une table, un panier et des oiseaux sont tombés au milieu du devant. Pièce anonyme gravée à l'eau-forte.

L. 0,410. H. 0,294.

Mariette, qui possédait une épreuve et une contre-épreuve de cette estampe, dit, dans ses notes manuscrites : « L'épreuve qui estoit icy étoit sans lettres, mais le graveur y avoit écrit luy-mesme son nom et celui du Tintoret ; de sorte que je ne doutte pas que l'on en trouve des épreuves où ces deux noms soient gravés. Ce qui est de vray, c'est que la manière du Tintoret y est bien déguisée. »

5. *Jésus-Christ portant sa croix.*

La tête ceinte de la couronne d'épines, Notre-Seigneur, en demi-corps, marche péniblement à gauche. On lit dans la marge : PECCATA NOSTRA IPSE PERTVLIT IN CORPORE SVO SVPER LIGNVM 1. *Pet.* 2. *Herman Weyen excu cum Priuilegio Regis.*

H. 0,396, dont 0,019 de marge. L. 0,310.

6. *Jésus-Christ sur la croix, d'après le Guide.*

Aux côtés de l'arbre de la croix élevé au milieu de l'estampe, se voient debout à gauche la mère du Rédempteur et du côté opposé saint Jean, en proie à la plus vive douleur. On lit au bas, à gauche : *G. Rene Inu.* et à droite : *S. V. Scul.* et dans la marge : *Clamans voce magna* IESVS *ait Pater in manus tuas Commando Spiritum meum et hæc dicens expirauit. Luca* 23.

H. 0,402, dont 0,018 de marge. L. 0,270.

7. *Jésus-Christ et deux de ses disciples à table dans le château d'Emmaüs, d'après Raphaël.*

Notre-Seigneur occupe le bout de la table au fond de l'estampe et les deux disciples chacun des côtés. Un chien et un chat se remarquent au premier plan. On lit dans la marge, au milieu : EMINENT^{MO} PRINCIPI FRANCISCO BARBERINO S. R. E. CARD. VICE CANCELLARIO.

Discipuli Christum agnórunt in fragmine panis
Non etenim Domino dicta, sed acta litant.

A gauche : *Raph. Vrb. Inu. Ex Auleis Vaticanis* et à droite : *Seb. Vouillemont Gall' sculp. Romæ* 1642.

H. 0,482, dont 0,020 de marge. L. 0,320.

8. *La Vierge et l'enfant Jésus.*

La sainte Vierge, assise au pied d'un gros arbre s'élevant à gauche, tient l'enfant Jésus qui se penche vers elle pour l'embrasser. Un panier se remarque à la gauche du devant. On lit dans la marge :

Virgo cum puero, puer et cum Virgine ludit
Nam Virgo puer est, ipsaq. Virgo puer.
Seb. Vouillemont sculp. *Cum Priuilegio Regis.*

H. 0,390, dont 0,028 de marge. L. 0,272.

9. *La Vierge et l'enfant Jésus, d'après le Parmesan.*

Ce morceau, connu sous le titre de *la Vierge à la Rose*, représente l'enfant Jésus couché sur des coussins en travers de l'estampe; sa sainte mère, en demi-figure, tient une rose à la main et le contemple. On lit dans la marge ces vers en deux colonnes :

Collige virgineum veris nascentis honorem,
Florigeroque lubens oscula fige thoro :
Serta pudicitiæ florentia quisquis anhelas,
Carpe Rosam, hæc roseum est Virginitatis opus.

Puis, à gauche : *F. Parmesiensis pinxit*, au milieu : *Cum Priuilegio Regis.* et à droite : *Seb. Vouillemont sculpsit et excudit.*

H. 0,311, dont 0,028 de marge. L. 0,227.

10. *La Sainte Vierge, d'après le Guide.*

Ce morceau, connu sous le titre de *la Couseuse*, représente la sainte Vierge assise au milieu de l'estampe et tournée à droite, occupée de travaux à l'aiguille. Deux Anges se voient à sa droite : l'un agenouillé sur les nuages semble prier, l'autre tient une draperie. On lit au bas, à gauche : *G. Rene Inu.* et à droite : *Seb. Vouillemont scul.* 1649 (le 4 est retourné), et dans la marge :

Hæc superum Regem sub luminis edidit auras
Hortulus Inclusus deliciæ Domini.

H. 0,265, dont 0,020 de marge. L. 0,195.

11. *Les hommages du jeune saint Jean, d'après le Guide.*

La sainte Vierge, assise devant une muraille et tournée à gauche, tient sur elle l'enfant Jésus à qui le petit saint Jean baise le pied gauche; celui-ci, agenouillé sur le berceau du Sauveur, tient à la main une petite croix et est suivi de l'agneau dont on ne voit qu'une partie. Une draperie se voit à la gauche du fond. On lit sur le terrain à gauche : *Guide Rene Inu.* Du côté opposé : *Seb. Vouillemont scul.*, 1649, et dans la marge :

Hic puer optatum monstrat mortalibus agnum
Qui subito aduentu crimina magna luet

On connaît deux états de cette planche :

I. L'état décrit.

II. On lit au-dessous des vers : *A Paris, chez Pierre Mariette fils, rue Saint-Jacques*, aux Colonnes d'Hercule.

H. 0,305, dont 0,030 de marge. L. 0,212.

12. *La sainte Famille, d'après Nic. Poussin.*

La sainte Vierge, assise à droite, tient dans ses bras l'enfant Jésus que vient visiter et adorer le jeune saint Jean, debout aux pieds de la Mère de Dieu. Saint Joseph apparaît au fond à gauche. On lit au bas de la planche :

Regia progenies Joseph et Virgo beata
Infanti Christo semper eunt comites.
Nicolaus Poussinus Inu. — Seb. Vouillemont scul.

H. 0,273, dont 0,035 de marge. L. 0,210.

On connaît deux états de cette planche :

I. L'état décrit.

II. On lit au-dessous des vers rapportés plus haut : *A Paris, chez Pierre Mariette fils, rue Saint-Jacques, aux Colonnes d'Hercule.*

13. *Sainte Famille, d'après Raphaël.*

L'enfant Jésus, assis sur sa mère, prend des mains du petit saint Jean une banderole qu'il lui présente. Au fond, à gauche, se voit Saint Joseph, dans l'attitude du recueillement. Dans la marge, ornée, au centre, des armoiries de la dédicataire, on lit ces vers en deux colonnes :

Quid rides cum Matre puer ? dum diceris Agnus
An placet hoc nomen, triste quod omen habet?
Sunt Agni duræ partes, quam postulat ara :
Victima ni fueris Christe ; nec Agnus eris

et au-dessous : *Serenissimæ ac Primariæ Regij Sanguinis Principi Annæ Mariæ Ludouicæ d'Orleans Hanc Matris ac*

Virginis Regiæ jmaginem DD CC La Fage. — Cum priuil Regis. — Raphaël Pinxit. — Seb. Vouillemont sculp.

H. 0,391, dont 0,040 de marge. L. 0,280.

AUTRES SUJETS PIEUX.

14. *Le mariage mystique de sainte Catherine, d'après l'Albane.*

La sainte Vierge occupe le centre de la composition; elle est vue de face, la tête entourée d'une auréole. Elle tient debout sur ses genoux l'enfant Jésus, qui semble inviter sainte Catherine agenouillée à se relever. Saint Joseph, appuyé sur un livre, est assis au second plan, derrière sainte Cécile, prosternée, qui semble montrer au spectateur la Mère du Sauveur. On lit dans la marge :

Sic Christus sinceri pignora præbet amoris
Certa, suis sponsis numera grata refert.

puis au-dessous, à gauche : *Franciscus Albanus In.* et à droite : *Seb. Vouillemont scul.* 1649.

H. 0,290, dont 0,021 de marge. L. 0,208.

15. *Ecce Homo, d'après le Guide.*

Sa tête est entourée de rayons. Il est vu en demi-corps, les mains croisées sur la poitrine et tourné à droite. On lit dans la marge : *Corpus meum dedi percutientibus et genas meas Vellentibus : faciam meam non auerti ab Increpantibus, et Conspuentibus in me. Isaiæ Cap.* 50. | *Guide R. In.— Seb. Vouillemont sculpsit.*

H. 0,420, dont 0,040 de marge. L. 0,306.

16. *La Mère de Douleur, d'après le Guide.*

Pendant du numéro précédent. La sainte Vierge, les mains jointes, la tête environnée de rayons, est tournée à gauche. On lit dans la marge : *Ne Vocetis me noemi (id est pulcram) sed vocate me mara (id est amaram) quia amaritudine valde re-*

pleuit me cmnipotens. Lib. Ruth. Cap. 1°—*Guide R. In.* — *Seb. Vouillemont sculpsit.*

H. 0,420, dont 0,040 de marge. L. 0,306.

17. *Ecce Homo.*

Sa tête est couverte de la couronne d'épines. Il est vu de face à mi-corps et porte les yeux à la gauche du haut. Dans un ovale teinté de tailles circulaires à droite et de travaux croisés du côté opposé. Le fond extérieur est teinté. Pièce anonyme. On lit au milieu du bas : *Cum Pri. Regis.*

H. 0,225. L. 0,165.

18. *Mère de Douleur.*

Pendant du numéro précédent. La sainte Vierge, vue à mi-corps et les mains jointes, est tournée à droite et lève les yeux au ciel. Dans un ovale teinté à droite de travaux circulaires et à l'opposite de tailles croisées. Le fond extérieur est teinté. Pièce anonyme au bas de laquelle on lit : *Cum pri. Regis.*

H. 0,225. L. 0,165.

19. *L'Homme de Douleur, d'après le Guide.*

Buste du Rédempteur couronné d'épines, portant les yeux à la gauche du haut. Dans un ovale au-dessus duquel on lit : VIR DOLORVM *Guide Ren. Inu. H Weyen excu Cum Privilegio Regis Seb. Vouillemont sculp.*

Dimensions de l'ovale : H. 0,095. L. 0,075.
Et de la planche : H. 0,133. L. 0,083.

20. *Mater Dolorosa.*

Buste de la sainte Vierge tourné à droite ; la tête est couverte d'un voile, et les yeux sont levés vers le ciel. Dans un ovale teinté de travaux circulaires, au-dessous duquel on lit :

MATER DOLOROSA.

G. R. Inu. — H. Weyen excu. cum Priuilegio Regis. — S. V. scul.

Dim. de l'ovale : H. 0,095. L. 0,082.
Dim. de la planche : H. 0,132. L. 0,082.

21. *Notre-Dame de Lorette.*

La sainte *case* sur laquelle la Vierge est assise se voit au milieu du haut ; à ses côtés sont en adoration, à gauche saint Jérôme qui se mortifie et du côté opposé un prêtre agenouillé. Au bas trois femmes symboliques semblent s'entretenir l'une debout et les autres assises. Aux côtés de celles-ci sont deux enfants tenant chacun une banderole contenant ces mots : EXPERTES THALAMI. — TANTVS AMOR FLORVM. Une ruche de laquelle sort un essaim d'abeilles se voit à côté de la figure qui est debout. Un enfant assis à la gauche du bas semble vouloir attraper l'une de ces mouches ; celles-ci décorent l'écusson des Barberini qu'un génie ailé couronne du chapeau de cardinal. Sur le soubassement de cet écusson est écrit : NATOS ORE LEGVNT. Enfin on lit à la droite du bas : *P. Peregrin. In. S. V. sc.*

L. 0,278. H. 0,200.

22. *Image miraculeuse de la Vierge.*

Représentation de la Madone de Valence, en Espagne, posée sur une table qui porte également deux chandeliers contenant des cierges allumés. On lit dans la marge : *Retrato de la Virḡ de los desaparados de la ciudad de Valencia.* Pièce anonyme.

H. 0,382, dont 0,220 de marge. L. 0,260.

23. *La sainte Vierge.*

La sainte Vierge plane au haut sur des nuages en étendant les bras vers le bas de l'estampe où l'on remarque saint Jérôme et plusieurs saints personnages et religieux qui lui offrent des livres. La scène se passe dans une bibliothèque.

Sur une banderole placée dans le haut on lit : BIBLIOTHECA MARIANA, et au bas, à gauche *Equo* et à droite *Seb. Vouillemont sculp.*

H. 0,152. L. 0,100.

24. *L'archange Gabriel, d'après Romanelli.*

L'archange Gabriel debout à gauche, tenant une flamme de la main droite élevée, s'apprête à foudroyer un dragon placé à la droite du bas, au delà duquel on remarque deux figures. A gauche vers le bas, sur la plinthe d'un pilastre . *I. Fr. Romanelle del.* Un écu d'armes est sur une pierre au bas de ce même côté. On lit à la droite du bas : *Seb. Vouillemont f.*

H. 0,272. L. 0,207.

On connaît deux états de cette planche :

I. Avant toutes lettres et avant beaucoup de travaux. La langue du dragon n'est pas encore gravée ; la pierre qui doit supporter l'écusson est blanche ; enfin les montagnes qui terminent l'horizon ne sont pas surmontées de flammes.

II. L'état décrit.

25—37. Jésus-Christ et les apôtres, d'après Raphael.

Suite de treize estampes non chiffrées.

H. 0,305 à 0,323, dont 0,007 à 0,017 de marge. L. 0,213 à 0,220.

25. *Jésus-Christ.*

(1) Debout et posant le pied droit sur le globe du monde, Jésus-Christ lève la main droite vers le ciel; il tient de la main gauche un livre et une croix garnie d'une oriflamme. On lit sur un écriteau, à la gauche du bas : *R. V. jn. — Seb. Vouillemont Fecit et exc.* 1636., et dans la marge :

Hi gladios, Elementa, cruces, tormenta, catastas,
Omnia passi omnes; ille magister erat.
Cum Priuilegio Regis.

26. *Saint Pierre.*

(2) Saint Pierre semble marcher à droite en lisant dans un

livre qu'il tient de la main droite; il porte de l'autre les clefs du Paradis. Sur la terrasse à gauche, le monogramme du maître S. V. On lit dans la marge :

Per mare, per terras Christum per cuncta sequutus,
Nic sat, ad optata sin detur Ire curce.

27. *Saint André.*

(3) Saint André tient l'instrument de son martyre et retourne sa tête à droite. On lit dans la marge : *Cum pri. Regis.*, puis :

Pro dolor, heu quantos tolerasti, sancte dolores!
Quis fuit Andreas? Vir fuit ecce vides.

28. *Saint Jacques le Majeur.*

(4) Saint Jacques marchant à droite s'appuie sur son bâton de pèlerin. Le chiffre S. V. est sur une pierre à la gauche du bas. On lit dans la marge :

Quid stupes auulsas Judeæ funditus aras,
Desine mirari desine, fulmen adest.
Cum pri. Regis.

29. *Saint Jean.*

(5) Saint Jean, dirigé à droite, pose une main sur son cœur et tient de l'autre un calice duquel sort le serpent. Le monogramme S V se voit sur une pierre à la gauche du bas. On lit dans la marge :

Integer, intacta certat cum Virgine, Virgo
Illa parit Verbum ventre, at hic ore parit.
Cum pri. Regis.

30. *Saint Philippe.*

(6) Saint Philippe tourné à droite joint les mains en tenant une grande croix. Le monogramme du graveur se

voit sur une pierre à droite dans le bas. On lit dans la marge :

Num Phrygia ecclesiam Christi subuertere tentas ?
Stulte, nam lapides dum jacis ædificas.

31. *Saint Barthélemi.*

(7) Saint Barthélemi est dirigé vers la gauche et regarde du même côté; il tient un couteau à la main. Le monogramme S V est sur une pierre à la gauche du bas. On lit dans la marge :

Bartholomæe rubes diri feritate tirannj !
Quam bene, virtutis nam color iste fuit.

32. *Saint Mathieu.*

(8) Dirigé à gauche, saint Mathieu retourne la tête du côté opposé; il tient une bourse à la main. On lit dans la marge :

Quam bene signatum Matthæus perdidit aurum
Nempe hoste fœlix perdidit ille suum
Cum pri. Regis.

33. *Saint Thomas.*

(9) Saint Thomas tient de la main droite une équerre et de l'autre un livre; il regarde de face. Le monogramme S V est sur une pierre à la gauche du bas. On lit dans la marge : *Cum pri. Regis.*, puis :

Ille animam ponit, gladijs hic tradit Jesum,
Tam bonus ille fuit, quam malus alter erat.

34. *Saint Simon.*

(10) Vu de face, saint Simon lit dans un livre qu'il soutient de la main gauche et il s'appuie de l'autre sur une

scie. Le monogramme S V est sur une pierre à la gauche du bas. On lit dans la marge :

Non miru Perijsse Simon vixisse stupendum est
Si causam exposcas ? jpse zelotes erat.
Cum pri Regis.

35. *Saint Judas Thaddée.*

(11) Judas, vu presque de dos, marche à droite en tenant une hallebarde de la main gauche. Pièce anonyme. On lit dans la marge :

Occidis, lapidasq. tuos Judæa prophetas ;
An meruit ? justo, justior jpse, Joseph.

36. *Saint Mathias.*

(12) Saint Mathias, vu de profil, s'avance vers la droite en s'appuyant sur sa lance. Pièce anonyme. On lit dans la marge :

Crede Thoma, non crede tibi ; nam quomodo (fare)
Non posset vitæ, viuere vita tuæ.
Cum pri. Regis.

37. *Saint Paul.*

(13) Saint Paul se dirige vers le spectateur ; il tient un livre sous le bras droit et s'appuie sur son épée. Il retourne la tête du côté gauche d'où jaillit la lumière. Le chiffre S V se voit à gauche au bas de la planche. On lit dans la marge :

Non tibi cœlabat cœli penetralia cœlum,
Nam cœlum, cœlum non tibi Paule fuit.
Cum Pri. Regis.

38. *Saint Jérôme écrivant.*

Saint Jérôme, assis devant une table, écrit sur une feuille de papier posée sur un pupitre ; une chandelle allumée est placée devant lui. On lit dans la marge :

CLARIVS OBSCVROS SCRIPTVRÆ EXPONERE LIBRO
DOCTE, SED HAVD MIRVM NOX TIBI LVMEN ERAT.

S. Vouillemont sculp. et excud. — Cum priuilegio Regis.

L. 0,283. H. 0,193, dont 0,010 de marge.

39. *Saint Jérôme dans le désert.*

Il est assis à droite au pied d'un gros arbre ; il caresse son lion placé devant lui ; un livre, une tête de mort, un encrier et une plume se voient derrière le saint anachorète. La seule épreuve de cette estampe que nous ayons rencontrée était sans marge ; il nous est donc impossible de dire d'une façon positive si la marge contient ou ne contient pas une inscription ou une signature.

L. 0,370. H. 0,290.

40. *Saint Silvestre.*

Le pape saint Silvestre implorant l'assistance de la sainte Vierge, gravé à Rome d'après le tableau de Balthazar de Sienne, qui est dans le jardin du monastère de Saint-Silvestre. Pièce citée par Mariette.

41. *Saint Yves.*

Saint Yves portant le costume de cardinal est debout à gauche dans sa bibliothèque ; il s'est levé de son siége pour recevoir un homme, une femme et des enfants que l'on voit prosternés à la droite du bas. On lit au-dessous : *Romæ superiorum permissu.* Pièce anonyme.

H. 0,173. L. 0,132.

42. *Le Martyre de sainte Agathe.*

La sainte est debout sur une plate-forme au bord de la mer entre deux bourreaux qui consomment le martyre. On lit dans la marge : *B. Agathe Martyrium ex antiquissimo Bi-*

bliothecæ Vaticanæ greco Menologio germana specie expressum. Pièce anonyme.

H. 0,137, dont 0,020 de marge. L. 0,098.

43. *Sainte Catherine de Sienne.*

La sainte est agenouillée devant un autel et reçoit les stigmates des plaies de Jésus-Christ. Dans le fond, à droite, on voit deux religieuses. On lit sur la marche de l'autel : *H. Wyen excu,* et au bas : *La séraphique vierge S. Caterine de Sienne, du tiers-ordre de S. Dominique.*

Ces espris bien heureux n'ont pas asses de flame.
Iesus luy-mesme vient pour embrazer cest ame ;
Et voulant que ce feu puisse mieux s'exhaler
Il veut en imprimant ses precieuses stigmates
Aux pies et au coté, et es mains delicates
Que ces cinc soupiraux le fassent mieux bruler.

Dim. de la planche : H. 0,208. L. 0,124.

SUJETS DE L'HISTOIRE PROFANE ET DE LA MYTHOLOGIE.

44. *Lucrèce, d'après le Guide.*

Lucrèce, à demi agenouillée, se dispose à se frapper avec un poignard qu'elle tient dans la main droite. On voit à la droite de l'estampe une cassolette remplie de bijoux posée sur une table. Une petite tablette, jetée sur le parquet, à gauche, vers le bas, contient le monogramme du peintre G R, au-dessous duquel on lit *Inu Vouillemont.* 1638. Au milieu, vers le bas, on lit : *Cum pri Regis. Chris*^{mo}.

H. 0,283, dont 0,014 de marge blanche. L. 0,188.
On connaît deux états de cette planche :
I. La tablette ne contient pas encore l'abréviation *Inu.*
II. L'état décrit.

45. *Cléopâtre.*

Copie de la planche gravée par Marc-Antoine Raimondi (nº 199 du catalogue de son œuvre par Adam Bartsch) ; elle est en contre-partie. Cette pièce, qui est anonyme, et que l'on est convenu d'attribuer à Séb. Vouillemont, ne nous rappelle pas assez la manière de cet artiste pour que nous osions affirmer qu'elle est certainement de lui.

L. 0,178. H. 0,110.

46. *Le Parnasse, d'après Raphaël.*

Vaste composition cintrée du haut. Ce n'est pas ici le lieu de décrire cette composition admirable que tout le monde connaît; il suffira de dire que cette estampe reproduit non pas un dessin fait en vue de la gravure, mais bien la peinture même du Vatican. On lit au milieu du bas : RAPHAEL PINXIT IN VATICANO. *S. Vouillemont sculp.*

L. 0,523. H. 0,363.

On connaît trois états de cette planche :

I. Moins travaillée et avec le monogramme du graveur seulement, au-dessous des quatre mots en capitales.

II. Avec : *ouillemont sculp.* après le monogramme.

III. On a substitué au nom de S. Vouillemont le monogramme de Marc-Antoine. Dans cet état, cette estampe est dépouillée et sans valeur.

47. *Léda.*

Léda, absolument nue, couchée sur une draperie qu'elle relève de la main gauche, reçoit Jupiter sous la forme d'un cygne. Pièce anonyme dans un ovale en travers.

Dimensions de la composition : L. 0,290. H. 0,160.

Dimensions de la planche : L. 0,290. H. 0,185.

PORTRAITS.

48. *Barberini (Antoine).*

Buste tourné vers la droite, il regarde de face. Dans une bordure ovale portant ces mots : ANTONIVS CARDINALIS BARBERINVS SANCTÆ ROMANÆ ECCLESIÆ CAMERARIVS. On lit sur une feuille posée sur la console de support :

Antoni cernis vultum, sub veste latere

Iuonis tibi finge manus, quas noluit author
Angusto, vt nimium Largas, incidere in ære.
Seb. Vouillemont Gall. scul.

La signature de l'artiste se lit à rebours sur l'épreuve.
H. 0,170. L. 0,124.

49. *Barberini (François), jurisconsulte et poëte du* XIIIe *siècle, d'après Nic. Pucci* (1).

Assis devant une table placée à droite et sur laquelle se voient un livre ouvert, un encrier et une plume, il se retourne pour regarder du côté opposé. Derrière le personnage, sur la banquette lui servant de siége, on remarque deux volumes superposés, intitulés en écriture gothique, l'un : *De Lost delle Done ;* l'autre : *Fior di nouelle.* On lit au bas, à gauche : *Nic. Pucci inu.*, et à droite : *S. V. scul.*

H. 0,195. L. 0,140 (2).

50. *Barberini. Portrait d'une dame de cette famille.*

Elle est vue jusqu'à la ceinture, tournée à droite et regardant de face. Dans un cartouche avec coquille dans chaque angle. Ce cartouche a pour fond une draperie soulevée qui

---

(1) Ce Nicolas Pucci, que quelques auteurs, au nombre desquels nous sommes surpris de rencontrer M. Jules Renouvier, critique d'une rare clairvoyance (*Types et Manières des Graveurs*, XVIe et XVIIe siècles, p. 141), regardaient comme étant Nicolas Poussin, fut un peintre habile qui travaillait à Pise en 1370 et qui se nommait Niccolo Landuccio, di Puccio. Zani (*Enciclopedia methodica delle belle arti*) mentionne cet artiste, et nous apprend que son père, qui était également peintre, se nommait Puccio di Landuccio.

(2) Ce portrait décore l'ouvrage intitulé : *Docvmenti D'Amore di M. Francesco Barberino, in-4°, Roma, Vitale Mascardi, M.DCXL.* — *Corneille Bloemaert, G. F. Greuter* et *Fabio della Cornia* ont gravé les autres planches qui ornent cet ouvrage.

laisse voir une colonne. Au milieu du bas, on lit sur la bordure les initiales de l'artiste S V.

H. 0,156. L. 0,101.

51. *Castellus (Octavien), chanoine de Saint-Pierre de Rome.*

En buste et tourné vers la droite, il regarde de face entre deux branches d'olivier garnies de banderoles sur lesquelles on lit : OCTAVIANVS CASTELLVS. *Ætat. A.* 37. On lit dans un cartouche au bas :

Castalium nobis Castellum praebet Aquarum
Castellus ; nunquam copia tanta fuit
Thomas Biscia F.

et dans la marge, à droite : *Seb. Vouillemont scul.*

H. 0,214, dont 0,004 de marge. L. 0,142.
On connaît deux états de cette planche :
I. L'état décrit.
II. On lit dans la marge, à gauche : *Guidus Vbaldus Abbatinus delin.*, et à la suite de l'inscription de droite : *Romæ.*

52. *Giustiniani (Horace), cardinal-prêtre du titre de Saint-Onufre.*

En buste et tourné vers la droite, il regarde de face, dans une bordure ovale. On lit dans la marge : HORATIVS TIT. S. ONVPHRII S. R. E. PRESB. CARD. IVSTINIANVS. *G. Ab. delin.* (pour Guidus-Ubaldus Abbatinus delineavit) *Seb. Vouillemont sculp.*

H. 0,204, dont 0,029 de marge. L. 0,156.

53. *Innocent X, pape.*

En demi-corps et tourné vers la droite, il regarde de face et donne la bénédiction. Dans une bordure ovale sur laquelle on lit : INNOCENTIO. X. P. M. ROMANO CREATO A DI XV. SETTEMBRE M.DC. XXXXIIII. Dans la marge ornée, au bas, de deux branches d'olivier surmontées des armoiries du souverain pontife, on lit à gauche :

> Τοὔνομα καὶ Ἰρήρωνα φίλην σέο ΠΑΜΦΙΛΕ Ποιμὴν
> Πᾶσιν ἔθης χρονίης ἔγχυρα ΠΑΜΦΙΛΙΑΣ

et à droite :

> *Longam Orbi pacem debes ô* PAMPHILE *Pastor :*
> *Sic tua promittunt nomen et arma gregi.*

H. 0,225, dont 0,052 de marge. L. 0,140.

54. *Leblanc (Jean), médecin.*

Assis dans un fauteuil et vu jusqu'aux genoux, il est tourné à droite et regarde de face ; il tient un livre de la main gauche. Au haut, à droite, est un écusson d'armes avec cette devise : *In Candore virtus pura*, et à gauche ces mots : *Vera effigies Ioannis Blancj Ætat.* 62. On lit dans la marge :

> *Vt viuas vox vna deest, cur sculptor auarus*
> *Obmittens dixit, conscius addet opus.*
> *G. Pantau pinxit* (1). *S. Vouillemont, scu.*

H. 0,157, dont 0,012 de marge. L. 0,100.

55. *Louis XIII, roi de France.*

Le roi est vu de trois quarts dirigé vers la gauche ; une grande collerette recouvre sa cuirasse. Buste dans une bordure ronde sans inscription, surmontée de deux banderoles flottantes. Pièce anonyme.

L. 0,140. H. 0,131.

---

(1) Ce *Pantau* est cité par Hilaire Pader, peintre et poëte de Toulouse. Il était élève de Leblanc, père ou parent de celui-ci.

56. *Ludovisio (Nicolas), prince italien.*

Buste sur piédouche dans une couronne ovale de laurier au-dessus d'un trophée d'armes, au haut d'une décoration d'architecture formant le titre du livre indiqué par les inscriptions qu'on va rapporter. Cette décoration est percée d'une arcade laissant voir des galères sur la mer et bouchée dans sa partie supérieure par une peau de lion sur laquelle on lit : VITA ET GESTA AR. P. HIERONYMI NARNI *Capucini excell. Principi D.* NICOLAO LVDOVISIO *Auctore P. Marcellino de Pise capucini.* Sur un socle, de chaque côté, on voit les statues, à gauche de la Religion, et à droite du révérend père Narni. Entre ces socles, au milieu du bas, on lit :

O NIMIVM DILECTE DEO CVI MILITAT ÆTHER

ET CONIVRATI VENIVNT AD CLASSICA VENTI.

Sur les plinthes des socles, à gauche : *Seb. Vouillemont*, et du côté opposé : *Sculp. Romæ.*

H. 0,203. L. 0,144.

On connaît deux états de cette planche :

I. L'état décrit.

II. Les écussons et les inscriptions qui avoisinent le buste du prince ont été supprimés, ainsi que les paroles PER TE RESVRGO, sortant de la bouche du capucin, et la banderole chargée d'une inscription au-dessus de la tête de la Religion; enfin le mot *capucini* a été ainsi corrigé : *capucino.*

57. *Marcillac de Creusy (Silvestre), évêque de Mende.*

Il est vu de trois quarts, à mi-corps, et dirigé vers la droite; il regarde de face. Sa tête est couverte d'une calotte, et sur son camail on voit, passée à un ruban, la croix pastorale appuyée sur sa main droite. Ce portrait est dans un ovale teinté en partie de travaux circulaires. Vers le bas sont, au milieu, les armoiries du personnage et, de chaque côté, son monogramme, formé des lettres S. M., surmontées d'une couronne de comte. On lit tout au bas, à droite : *Seb. Vouillemont, sculp.*

H. 0,363, dont 0,008 de marge blanche. L. 0,258.
On connaît deux états de cette planche :
I. Avant que les armoiries aient été gravées dans l'écusson et avant les mots : *Seb. Vouillemont sculp.*
II. L'état décrit.

58. *Orléans (Jean-Baptiste-Gaston, fils de France, duc d').*

Il est en buste, tourné vers la gauche et regardant de face ; son armure est couverte de fleurs de lis. On lit dans la marge : I. B. GASTON, FILS DE FRANCE, ONCLE DV ROY, DVC D'ORLÉANS. *Seb. Vouillemont sculp. — Auec Privilege.*

H. 0,362, dont 0,027 de marge. L. 0,270 (1).

59. *Orrigoni (Charles-Joseph), gentilhomme milanais.*

Buste vu de trois quarts, légèrement tourné à gauche et regardant de face ; il est tête nue, vêtu d'un justaucorps et

---

(1) On rencontre parfois des épreuves de ce portrait avec l'empreinte, au-dessous de la marge, d'une lame accessoire offrant les vers ci-après écrits par Vouillemont même :

Ce Fils du Grand HENRY maintenant se voit Pere
D'vn PRINCE, dont la Mere est vne Deïté,
Et la FRANCE par luy peut dire qu'elle espere
De Jouyr d'vn bonheur, qui n'est point limité.
COMME elle a veu GASTON, suiuy de la Victoire,
Rompre des Ennemis les Escadrons Espais,
Elle dict qu'a ce coup, pour comble de sa Gloire,
Il ne luy reste plus qu'a nous donner la Paix.*

H. 0,031.

* Ces vers font allusion à la naissance de Jean Gaston, duc de Valois, qui ne vécut qu'environ deux ans. Né le 17 août 1650, il cessa de vivre le 10 août 1652.

d'un manteau, le collet de sa chemise rabattant sur son vêtement. On lit dans la marge :

CAROLVS IOSEPH ORRIGONVS
PATRITIVS MEDIOLANENSIS

Seb. Vouillemont sculp.

H. 0,129, dont 0,025 de marge. L. 0,090.

On connaît deux états de cette planche :

I. Avant la lettre.

II. L'état décrit. On voit au dos de la planche un texte imprimé.

60. *Rabel (Daniel), peintre et graveur.*

Vu de trois quarts et tourné à droite, il est éclairé à gauche et regarde de ce côté. Ses cheveux sont très-frisés et fort abondants; il porte moustaches. Il n'y a que la tête de finie ainsi que le fond depuis le haut jusqu'à la naissance des épaules, ce qui explique que l'on rencontre fréquemment des épreuves plus ou moins tronquées du bas. Pièce anonyme.

Dimensions de la planche entière :

H. 0,200. L. 0,160.

On connaît deux états de cette planche :

I. Avec la collerette et la partie du manteau effacée plus tard pour ne plus laisser que la tête seule ; avant les entailles qui ont été prolongées au-dessus de la tête jusqu'à 4 centimètres du bord, et avant que les cheveux aient été plus poussés au noir.

II. L'état décrit.

61. *Richelieu (Armand-Paul du Plessis, cardinal, duc de).*

En demi-corps et tourné vers la gauche, il regarde de face; sa tête est couverte de la barrette et le cordon de l'ordre du Saint-Esprit passe sur son camail. Pièce anonyme.

H. 0,120. L. 0,098.

62. *Rovère (Julie-Victoire de la), grande-duchesse de Toscane.*

En buste, vêtue d'une robe brodée couverte de pierreries. Elle est représentée de face ; une large collerette de dentelle lui entoure le visage. Dans une bordure ovale sur laquelle on lit : VERA ET EXPRESSA EFFIGIES SER.[MÆ] M. DVCIS. [SÆ], VICTORIÆ A ROBORE SER.[MO] FERNADO DICATA. Un écu d'armes couronné mi-parti de Florence et de la Rovère se voit au milieu de la bordure et descend jusqu'au milieu du bas de l'estampe. On lit sur une draperie nouée aux côtés cette inscription :

Vinceris inuictus; tua te VICTORIA *vincit*
FERNANDE*; & victo vincula nectit Amor :*
Sed dum VICTRICI *Augustæ te dedere gaudes,*
Spes læta hinc nobis, hinc tibi partus honos.

Le monogramme S V se voit au milieu de la partie inférieure de l'écu et à ses côtés se lit : *Sculp. Floren Seb. Vouillemont Gal. An.* 1637.

H. 0,347. L. 0,235.

63. *Savoie (Charles-Emmanuel, duc de) et Christine de France, duchesse de Savoie, sa mère.*

Le jeune prince est debout, à gauche; il est vu jusqu'à mi-cuisse, tenant le portrait de sa mère encadré, au-dessus d'une table qui occupe le côté opposé. Une draperie est tendue au fond. Planche ovale. Anonyme.

H. 0,135. L. 0,105.

64. *Semedo (Alvaro).*

Le personnage est représenté à mi-corps; il tient à la main un livre et une plume. On lit au bas dans la marge : *P. Aluaro Semedo Portughese, della Comp[a] di Giesu, venuto a Roma Procurator delle prou[e] del Giaponé et della China, nell'an* 1642. Pièce anonyme.

H. 0,181. L. 0,129.

65. *Thou (Jacques-Auguste de), président au parlement de Paris.*

Il est vu de trois quarts à mi-corps, tourné vers la gauche et regardant de face, tête nue, le cou garni d'une fraise, vêtu de sa robe, dont on aperçoit six boutons, recouverte de la simarre enrichie de fourrure. On lit dans la marge : IAC. AVGVST. THVANVS IN SANCTIORE CONSISTORIO CONSILIARIVS, ET IN SVPREMA REGNI GALLICI CVRIA PRÆSES. Puis, à gauche : *D. Du Monstier pinxit.*, et à droite : *Seb. Vouillemont sculpsit.*

H. 0,310, dont 0,045 de marge. L. 0,207.

On connaît deux états de cette planche :

I. Avant la lettre.

II. L'état décrit.

Le cabinet des estampes de Paris possède une épreuve probablement unique de ce portrait. La planche est inachevée en plusieurs endroits ; le fond n'est pas encore gravé, et quelques retouches au pinceau apparentes dans la barbe annoncent que l'artiste s'est servi de cette épreuve pour terminer son ouvrage.

66. *Urbain VIII, pape.*

A mi-corps et légèrement tourné à droite, il regarde de face en donnant la bénédiction. Dans une bordure ovale dont les angles extérieurs sont teintés et garnis chacun d'une abeille. On lit au bas sur une tablette :

Quam simile VRBANO *os! age Vince Promethea Pictor*
Nam radios solis non rapis, ipse facis.
Guidus Vbaldus Abbatinus delin. — *Seb. Vouillemont Gall. scul. Romæ* 1642.

H. 0,211. L. 0,141.

On connaît deux états de cette planche :

I. Avant plusieurs travaux sur la figure du pape et avant les abeilles qui se voient aux quatre coins de la bordure.

II. L'état décrit.

67. *Vladislas, roi de Pologne.*

En avant du péristyle d'un temple corinthien avec fronton

et sur la frise duquel est écrit TROPHEVM on voit le roi de Pologne Vladislas assis et regardant de face en tenant de la main gauche un caducée et une palme, et de l'autre une branche de laurier qu'il offre à la figure de la Justice debout à droite. Minerve, derrière son siége, semble le conseiller. Mercure, Hercule et Mars occupent le côté opposé ; sur le bouclier de Mars est représenté l'aigle blanc de Pologne tenant dans ses serres une tablette contenant ces mots : VLADISLAVS IV. D. G. REX POLONIÆ. Des figures de femmes et d'enfants placées sur le fronton du temple soufflent dans des trompettes auxquelles sont fixées des draperies sur lesquelles on lit : PRO RELIGIONE — LEGITIME — CERTANTI — PRO PATRIA. Pièce anonyme.

L. 0,395. H. 0,350.

68 — 69. Deux portraits d'hommes inconnus.

68. Le premier.

Buste coiffé d'un chapeau rond à panache. Il est vêtu d'une armure sur laquelle passe une écharpe, et tient de la main droite élevée le bâton de commandement. Pièce anonyme.

H. 0,083. L. 0,089.

69. Le second.

Vu jusqu'à la ceinture et de face; il est vêtu d'un justaucorps que recouvre un manteau ; il tient dans la main droite une feuille d'écriture. Il est nu-tête, porte des moustaches et regarde de face. Pièce anonyme.

H. 0,113. L. 0,087.

PIÈCES FACÉTIEUSES ET BOUFFONNES.

70. *Bacchanale d'enfants.*

Ils sont au nombre de sept dans un bois ; l'un d'eux, figurant Bacchus, est porté par quatre de ses camarades. Dans la marge les vers ci-après en trois colonnes égales :

Ie suis Baccus ce bon enfant
Qui prend vn grand contentem^t
A manger, a boire et a rire
Ie veux que durant ma vie
On banisse la mélancolie
Et tout ce qui nous peut nuire.

Entre les bras de mes suppotz
Goutant tout ce, dont le repos
Peut obliger l'Yurongnerie
Encores le verre a la main
Ie semond tout le genre humain
A l'honneur de la gouinfrerie.

Sus donc amis tenez moy bien
A présent il ne faudroit rien
Pour m'enuoyer souz vne tombe
Ie serois le plus desplaisant
C'il m'arriuoit cet accidant
Que personne qui soit au monde.

On lit au-dessous de ces vers : *Seb. Vouillemont sculp.*

L. 0,181, H. 0,175, dont 0,033 de marge.

71 — 77. Les Sept Péchés mortels.

Ils sont figurés par des hommes ou des femmes à mi-corps. Ces pièces, ainsi que les suivantes (78-84), gravées d'après Adrien Brauwer, sont des copies des excellentes estampes de Lucas Vorsterman.

H. 0,245 à 0,255, dont 0,024 à 0,032 de marge. L. 0,174 à 0,190.

71. *L'Orgueil.*

(1) Femme assise à sa toilette où elle se mire et se pare. Elle est dirigée vers la gauche. Pièce anonyme. On lit dans la marge :

Orgueilleuze et vieille laide
Tu t'Imagine estre encore belle
T'amusant a te tant mirer
Songe plustost a ta Concience
Et n'aye plus esperance
De pouuoir longtemps durer.

72. *La Paresse.*

(2) Femme tournée de profil à droite, la tête dans sa main et accoudée nonchalamment sur une table. Elle semble sommeiller. Pièce anonyme au bas de laquelle on lit :

Grosse villaine paresseuze
Tu deuerois estre honteuze
De te tenir a ne rien faire
Que ne fais tu quelque chose
Tu es là que tu te repose
Et tu neglige tes affaires.

73. *La Gourmandise.*

(3) Homme vu presque de face et regardant en riant le spectateur. Il tient de ses deux mains un broc de vin posé sur une table; quelques débris d'un repas se voient également devant lui.

N'ayant rencontré cette estampe que rognée, nous ne pouvons transcrire les vers qui doivent se trouver au-dessous.

74. *La Luxure.*

(4) Femme vue de face sortant de son lit toute nue. Pièce anonyme au bas de laquelle on lit :

Ne veux-tu pas Luxurieuse Carogne
Couurir ta puante charongne
Sans estre ainsi a l'abandon
Ne sçay tu pas que dans la terre

Ton corps sera mangé des vers
Et n'y aura point de pardon.

75. *L'Envie.*

(5) Homme assis sur un tonneau pressant sur son genou un porc qu'il fait crier; à sa gauche (à la droite de l'estampe) se voit une table sur laquelle est planté un couteau; son bonnet est entouré d'un serpent. Pièce anonyme au bas de laquelle on lit :

Vien ça miserable Enuie
Qui rauit l'honneur et la vie
A qui tu la peut oster
Qui te pouroit faire mourir
On te priueroit du desir
Qui te fait chacun enuier.

76. *La Colère.*

(6) Soldat dans un cabaret renversant une table en dégaînant son épée. Son corps est dirigé vers la droite et sa tête est vue de face. Pièce anonyme au bas de laquelle on lit :

Que fais tu ainsi en colaire
Blasphemeur, ne te veux tu pas taire
Tu deuerois te moderer
Ne te met point tant en furie
Et garde bien d'oster la vie
A qui tu ne la peut donner.

77. *L'Avarice.*

(7) Vieillard tourné à droite et riant. Il tient dans ses bras un sac d'écus et s'accoude sur une table où l'on voit des pièces de monnaie. Pièce anonyme au-dessous de laquelle on lit :

Toy Image de l'Auarice
Cognois tu l'horreur de ton vice
Damasser tant d'or et d'argent

C'est estre pire que les bestes
Il te seroit bien plus honneste
D'en distribuer au pauvre gens.

78-84. Les Sept Péchés mortels.

Répétition de la suite qui précède. On lit au-dessous des vers que nous transcrivons : *le Blond excud.*

H. 0,182 à 0,187, dont 0,023 à 0,025 de marge. L. 0,134 à 0,138.

78. *L'Orgueil.*

(1) Femme assise à sa toilette, occupée à ajuster son fichu. Elle est tournée de profil à gauche. Pièce anonyme au bas de laquelle on lit :

ORGVEIL.

Ce n'est pas grande nouueauté
De voir qu'en la fleur de mon aage
Nature a mis tant de beauté
Et tant d'appas sur mon visage
Les princes me feroient la cour,
Si je 'stois un peu mieux parée
Et je donnerois plus d'amour,
Que n'en eut jamais Cythérée.

79. *La Paresse.*

(2) Femme tournée de profil, à droite, la tête dans sa main et accoudée nonchalamment sur une table. Elle semble sommeiller. Pièce anonyme au bas de laquelle on lit :

PARESSE.

J'aime à dormir plus qu'à veiller,
Mon humeur est de ne rien faire
Et me parler de trauailler
Est le moyen de me déplaire.
Ma maistresse a beau me tancer

J'aime le nom de paresseuse ;
Et m'en dois bien moins offencer
Que si lon m'appelloit coureuse.

80. *La Gourmandise.*

(3) Homme vu presque de face et regardant, en riant, le spectateur. Il tient de ses deux mains un broc de vin posé sur une table ; quelques débris d'un repas se voient devant lui. Pièce anonyme au bas de laquelle on lit :

GOVRMANDISE.

Tel qu'vn Guerrier adroit et fin
Qui preuient tousiours la bataille,
Je noye au fonds d'un broq de vin
Le malheur auant qu'il m'assaille.
Tout ce qu'ont de grace et d'appas
L'Amour, la Beaute, l'accortise,
Au prix d'un excellent repas
Ne me semble qu'vne sottise.
Huart excu.

81. *La Luxure.*

(4) Femme vue de face sortant de son lit toute nue. Pièce anonyme au bas de laquelle on lit :

LVXVRE.

Je me ris de tous les thresors,
Et croirois en vain estre belle,
Si je refusois à mon corps
Les plaisir où l'Amour m'appelle.
J'offre doncques à ce veincœur
Tout ce qu'il m'a donné de charmes,
Et pourueu qu'il blesse mon cœur
Je baiseray tousiours ses armes.

82. *L'Envie.*

(5) Homme assis sur un tonneau pressant sur son genou un porc qu'il fait crier; à sa gauche (à la droite de l'estampe) se voit une table sur laquelle est planté un couteau; son bonnet est entouré d'un serpent. Pièce anonyme au bas de laquelle on lit :

ENVIE.

Si les autres sont plus heureux,
Et si leurs richesses excedent ;
J'ay cet aduantage sur eux
Denuier les biens qu'ils possedent.
Ce mal dont je ne puis guerir,
S'attache si fort à ma vie
Que mon corps venant à mourir,
Jamais ne mourra mon enuie.

83. *La Colère.*

(6) Soldat dans un cabaret renversant une table en dégaînant son épée; son corps est dirigé vers la gauche et sa tête est vue de face. Pièce anonyme au bas de laquelle on lit :

IRE.

Ce m'est trop peu d'auoir soumis
Tant de braues gens à la guerre ;
Je veux noyer toute la terre
Dans le sang de mes ennemis.
Aux plaines j'esgale les monts,
Quand ma colere est occupee ;
Et mets en fuitte les demons
Par le tranchant de mon espee.

84. *L'Avarice.*

(7) Vieillard tourné à droite et riant. Il tient dans ses bras

un sac d'écus et s'accoude sur une table où l'on voit des pièces de monnaie. Pièce anonyme au-dessous de laquelle on lit :

AVARICE.

Cette femme met tout son bien
A faire la belle et la vaine ;
Et moy j'estime n'auoir rien,
Si ma bourse n'est toûjours pleine.
Par elle je me dis heureux ;
Je l'embrasse je la caresse ;
Et laime autant qu'n Amoureux
Sçauroit aimer une Maistresse.

85. *La Diseuse de Bonne Aventure.*

Composition de demi-figures; une Bohémienne dit la bonne aventure à un jeune seigneur de la cour de Louis XIII, qui lui tend la main gauche, dans laquelle on remarque une pièce de monnaie. Dans la marge, on lit ces vers en trois colonnes :

Je ne veux plus estre jmportune,
Puis que vous auez mis la Croix,
Et vous diray se que je crois
De vous et de vostre fortune.
Vostre maison est odieuse
A des gens qui ne valent rien :
La fille que vous aimez bien
Est aussi de vous amoureuse.
Il ne faut que cette maistresse,
Pour rendre vos desirs contans :
Vous laurez auec sa richesse,
Et tous deux viuerez fort long temps.

et au-dessous : *Seb. Vouillemont fe. — A Paris, chez :* F. L.

D. Ciartres, rue St Iacques, aux colonnes D'hercule — auec Priuilege du Roy.

H. 0,312, dont 0,043 de marge. L. 0,238.

86. *Le Marchand de Pâtés.*

Composition de demi-figures : un jeune homme porte des pâtés sur un plateau ; un homme et un enfant que l'on voit à gauche en mangent chacun un. On lit dans la marge ces vers en trois colonnes :

Mes pastez sont de bonne grace,
Tous les goinfres leur font la cour ;
Et bien qu'ils soient froids cõme glace,
Je leur dis qu'ils sortent du four.

Qu'ils soient froids ou chauds, il n'importe,
Donne-les sans payer comptant ;
Et tu verras de quelle sorte
Je te dechargeray d'autant.

Et moy ie veux bien qu'on me berne,
Si ie n'en gobe plus de trois,
Mais que le ius de la tauerne
M'échaufe la teste vne fois.

et au-dessous : *A Paris, chez Melchior Tauernier, en l'isle du Palais, sur le quay qui regarde la Megiserie. — Auec Priuilege du Roy.*

H. 0,310, dont 0,043. L. 0,237.

On connaît deux états de cette planche :

I. L'état décrit.

II. L'adresse de M. Tavernier a été remplacée par celle-ci : *A Paris, chez F. L. D. Ciartres, rue Saint-Jacques, aux Colonnes d'Hercule. Auec priuil ge du Roy.*

87. *Le Savetier.*

Il se distrait de son travail et se détourne pour regarder un oiseau enfermé dans une cage suspendue à la droite du haut. Pièce anonyme. On lit dans la marge ces vers, en trois colonnes :

Puis que j'ay beu demy-septier
Il me faut reprendre ma note,
Et faire uoir qu'vn Sauetier
Siffle assez bien vne linote.
L'Oiseau que j'ay dans cette cage
Entend toute sorte de chants ;
Et je le treuue moins sauuage,
Que s'il auoit la clef des champs.
Il jase plus haut qu'vne pie,
Et pour l'empecher de mourir,
Je l'ay guery de la pepie,
Mais je ne m'en scaurois guerir.

et au-dessous : *A Paris, chez F. L. D. Ciartres, rue Saint-Iacques, aux colonnes D'Hercule. — Auec Priuilege du Roy.*

H. 0,312, dont 0,030 de marge. L. 0,233.

88. *Le Glouton.*

Un homme jeune en costume de pierrot tenant dans ses mains un plat recouvert et une lanterne, et ayant une bouteille suspendue à son bras, s'avance du côté gauche portant sur le dos une hotte dans laquelle on voit une femme, deux enfants, un chien et un chat. Pièce anonyme. On lit à la gauche du bas : *F. L. D. Ciartres excud auec priuilège,* et au-dessous dans la marge en trois colonnes les vers suivants :

Est-il rien de plus resolu,
Ny d'vne humeur plus inciuile
Que ce monsieur le Goguelu
Quand il va soupper à la ville
A moins que d'estre témeraire
Ou gouinfre de mesme que luy ;
Il est impossible de faire

Ce qu'il fait au logis d'autruy.
Car cet escornifleur infame
Soubs ombre d'y porter son plat
Y porte iusques à sa femme
Ses enfans son chien et son chat.

H. 0,303, dont 0,026 de marge. L. 0,224.

89. *L'Homme et le Singe.*

Un homme à mi-corps porte sur son épaule un singe qui l'épouille. Pièce anonyme. On lit dans la marge ces vers en deux colonnes :

Bien que ce plaisant Animal
Aime fort à faire du mal,
Soit par nature, ou par caprice ;
Si faut il pourtant advoüer
Qu'il relache de sa malice,
Quand on le scait amadouer.
Ainsi ce beau Masle qu'il pouille
En rit de joye, et se chatouille,
Pour monstrer qu'il en est contant
Mais quoy : cela n'est pas estrange
Car on est tousiours bien contant
Destre gratté lors qu'il demange.

et au-dessous : *F. L. D. Ciartres excud. auec Priuilege.*

H. 0,307, dont 0,042 de marge. L. 0,205.

90. *Le Paysan vendangeur.*

Vigneron marchant à droite, portant sur le dos une hottée de raisin ; il en tient plusieurs grappes dans la main gauche. Pièce anonyme. On lit dans la marge ces vers en deux colonnes :

Sans me seruir d'autre equipage
Que de celuy de mon village,
Ny sans employer mes voisins,

J'ay les espaules assez fortes,
Pour transporter en mille sortes
Des paniers remplis de raisins.
Mais tout ce qui me semble estrange,
C'est qu'en matieres de vandange,
Je passe pour vn grand Deuin,
Et qu'auec toute mon adresse
Je n'ay pas assez de finesse
Pour veincre la force du vin.

et au-dessous : *F. L. D. Ciartres excudit Cum Priuilegio Regis*.

H. 0,308, dont 0,040 de marge. L. 0,200.

91. *Les Gueux.*

Un malheureux assis à droite, au pied d'une colline, joue de la vielle, et un joueur de cymbales, debout du côté opposé, l'accompagne avec un triangle. Composition de demi-figures. Pièce anonyme. On lit dans la marge, en deux colonnes :

LE JOVEVR DE CYMBALLES.

Il n'est personne qui ne loüe
Mon jnstrument ioint à ma voix ;
Mais ie ne puis quand ie vous vois,
M'empecher de faire la moüe.

LE VIELLEVR.

J'ay gaigné trois solz et demy
Pour accorder sur ma vielle
La Guimbarde et Jean de Niuelle
Auecque du Pont mon amy.

et au-dessous : *A Paris, chez Melchior Tauernier, Graveur et Imprimeur du Roy pour les tailles-douces, demeurant en l'Isle du Palais, sur le Quay qui regarde la Megisserie, à l'Asphere. Auec Priuilege du Roy.*

H. 0,309, dont 0,027 de marge. L. 0,224.

COMPOSITIONS ALLÉGORIQUES.

92.

La figure de la Religion debout à droite fait un signe du côté opposé où l'on voit une forteresse sur laquelle s'abat un aigle tenant dans ses serres une couronne fermée. La Renommée sonne de la trompette et plane à la droite du haut. Quatre enfants entourent la figure de la Religion et jouent avec des armoiries et avec les insignes du pouvoir spirituel et du pouvoir temporel. On lit dans la marge, à gauche : *Io. Maria Columbus Vibeuet*, *delin.* et à droite : *Seb. Vouillemont sculp.*

H. 0,293, dont 0,003 de marge. L. 0,190.

93.

La figure de la Religion, agenouillée à la droite du bas, semble regarder avec attention un écusson d'armes placé devant elle ; une autre figure debout du côté opposé tient dans la main gauche un chapeau de cardinal et maintient de la main droite une table de marbre sur laquelle on lit : DILIGES DOMINVM DEVM TVVM. Un ange plane à la droite du haut portant un autre écu d'armes et une banderole contenant ces mots : PER ARDVA ET ASPERA. On lit au bas, à gauche : *G. Grasse In.*, et du côté opposé : *Seb. Vouillemont f.*

H. 0,223. L. 0,170.

94.

Le pape Urbain VIII assis dans sa chaire au-dessous d'une arcade semble donner sa bénédiction. Deux prisonniers sont couchés sur le devant ; de chaque côté se voient des figures allégoriques de femmes. Les armes du pape gravées dans le haut sont supportées par deux anges. Pièce anonyme.

H. 0,362. L. 0,218.

Nous n'avons vu de cette estampe qu'une épreuve avant toutes lettres, sur laquelle on lisait écrite à la main cette inscription partant du Saint-Esprit placé au-dessus de la tête du Souverain-Pontife : VISVM EST SPIRITVI SANCTO.

95.

Un pape assis au milieu du sujet, entre les apôtres saint Pierre et saint Paul, lève les yeux au ciel, en tenant devant lui une abaque. Les figures de la Foi, de l'Espérance et de la Charité occupent le fond, et au ciel brille l'emblème de la divinité dans une gloire rayonnante de chérubins. Morceau anonyme, qui représente, sans doute, la Vérité révélant aux trois Vertus la propriété du Souverain-Être; c'est peut-être le même sujet qu'a peint Piètre de Cortone et que Dom. Barrière a aussi gravé.

H. 0,305. L. 0,200.

96.

Très-grande estampe de deux feuilles qui se joignent en se superposant. Un palmier s'élève au milieu entortillé par un rosier en fleur. Aux côtés de la cime de ce palmier, on voit à gauche la sainte Vierge assise sur une gloire d'anges tenant dans ses bras l'enfant Jésus et cueillant une branche de roses, ce que fait également un saint religieux agenouillé du côté opposé. Un saint homme agenouillé à droite, à mi-hauteur de l'estampe, tient une banderole contenant la légende : AVE MARIA, etc., etc. Deux anges accroupis en face de ce saint homme du côté opposé tiennent une autre banderole portant ces mots : EODEM SEMINE GIGNIMVR. Au bas est un vaste cartouche destiné à recevoir une inscription. Pièce anonyme non terminée.

H. 0,760. L. 0,500.

97.

Vaste composition offrant la vue d'une campagne ornée

d'arbres et baignée par des eaux limpides. Elle est animée de quatre figures de femmes, y compris Minerve vue à gauche, dans des attitudes variées. Un triton se remarque dans les eaux, au milieu de la composition, portant les yeux au ciel, où plane une figure de femme, la tête couronnée, et tenant un livre de la main droite sur lequel on lit : *Profunda fluuiorum scurtatus est, et abscondita produxit in lucem. Iob.* 28. On lit sur la bordure, au haut : EX PROEMIO S. BONAVETVRE DOCTORIS SERAPHICI IN LIBROS SENTENTIARVM. On lit au bas, au-dessous de chaque figure de femme, en commençant par la gauche : *Ostende mihi fluuium aquæ vinæ spledidu tanquam chrystallu ascendentem de sede Dei et agni. — Ego quasi fluuius dorix et sicut aquæ ductus exiui de Paradiso. — Hoc mare magnum, et spatiosum manibus, illic reptilia, quorum non est numerus animalia pusilla cum magnis. Psal.* 103. — *Fluuius igneus, rapidusq. egrediebatur a facie eius. Dan.* 7. Pièce anonyme.

H. 0,466. L. 0,373.

98.

Le bas de ce morceau représente un rocher percé auquel on arrive au moyen de quatre degrés taillés dans le roc sur lesquels se trouvent des inscriptions; sur ces degrés se voient quatre enfants tenant des banderoles contenant des devises. Deux figures debout sont placées aux côtés. A gauche un homme couronné de lauriers s'appuie sur une lance et tient dans la main gauche une torche, et à droite Minerve ailée personnifie la force. Au haut s'élève un obélisque auquel s'appuie une femme assise sur les nuages. On lit sur le rocher, à mi-hauteur de l'estampe, les mots suivants que vient de tracer la Renommée : *Eminentiss° ac Religiosiss° Principi* ALOYSIO CARD. CAPPONIO RAVENNÆ ARCHIEPISCOPO ÆTERNITAS. On lit tout au bas, à gauche : *Petr. Franc^us Ferrantes Bonon. Inu. del.* et à droite : *Seb. Vouillemont Gall^s. sculp.*

H. 0,700. L. 0,446.

99.

Décoration architectonique ornée, au haut, des armoiries du pape Innocent X et, au bas, du triomphe de Jésus-Christ sur un char escorté de quatre figures ailées. Au haut et sur les côtés se voient quatre anges portant des guirlandes. Le champ, qui est blanc, paraît destiné à recevoir une thèse. On lit à la gauche du bas : *Paul. Gisniand Perugin. Inu.* 1645. Pièce anonyme.

L. 0,465. H. 0,380.

100.

Grand prêtre debout, à droite, environné de deux acolytes priant dans des livres. Il adresse au ciel de ferventes prières à l'occasion d'un holocauste offert sur un autel de sacrifice élevé à gauche, au pied duquel un enfant supporte l'écusson des Barberini ; au fond, à gauche, on voit, en partie, deux colonnes torses sur l'une desquelles se trouve une banderole portant ces mots : IGNIS ET AQVÆ FOEDVS. On lit au bas, à gauche : *Gr. Grass. del.*, et du côté opposé : *Seb. Vouillemont scul.*

H. 0,235, dont 0,003 de marge. L. 0,160.

101.

Au premier plan, un homme agenouillé regarde dans un vase sur lequel est écrit : SORTE DIVISIT EIS TERRAM. A ses côtés se voient, à gauche, un homme tenant à la main une boule portant le mot : ETHIOP., et à droite une femme tenant aussi à la main une boule marquée : ASIA. Des pèlerins occupent le fond. Un ange vole au haut, portant la bannière des Barberini. Il tient dans une main le globe de la chrétienté, et de l'autre une trompe portant cette inscription : IN OMNEM TERRAM EXIVIT SONVS EORVM. Pièce anonyme.

H. 0,227. L. 0,160.

102.

Homme assis dans la campagne au pied d'un arbre s'élevant à droite et qu'il tient embrassé de la main gauche; il élève le bras droit vers un essaim d'abeilles, emblème des armoiries de la famille Barberini. A cet arbre est appendu un trophée d'instruments de musique. A la gauche du bas est une banderole sur laquelle on lit :

Εἰρήνη, Μοῦσαι τε φίλαι, βομβος τε ΜΕΛΙΣΣΩΝ
Δεῦτε μερίμνα ῶν ὦ ἄκος ημετέρων.

Aurea pax, Musarum cant' APVMQ. *Susurrus*
Hæc tria sint curis sera medela meis

Pièce anonyme.

H. 0,192. L. 0,147.

103.

Cartouche décoré, au haut, de guirlandes, dans lequel est représenté Apollon debout sur le Parnasse, environné des Muses qui tressent des couronnes; il reçoit une femme qui s'avance vers lui accompagnée d'un enfant et que lui présente un Amour tenant un caducée. On lit sur le socle audessus duquel se trouve la lyre du dieu : DIFFICILEM SVADET INIRE VIAM *ex poem p. Card. Barb : nunc* VRB. VIII. Des banderoles placées tout autour du cartouche principal portent des inscriptions. On lit au bas à gauche : *I. P. Inu* et du côté opposé *Seb., V. sculp*.

L. 0,442. H. 0,337.

VIGNETTES.

104 — 114.

Suite de onze planches destinées à orner le livre suivant : *Il sole Ligvre nella casa Lercara oratione detta dal Padre Gio. Andrea Alberto, della Compagnia di Giesù. Al Serenis-*

simo Gio. Battista Lercaro doge della Repvblica di Genova. L'anno 1643. *Genova. Pier Giovanni Calenzani* 1644, *in fol.*

Titre.

104.

(1) En avant d'un palais somptueux fermant le fond de l'estampe, on remarque à la droite du devant un guerrier s'appuyant sur un bouclier en forme de cartouche sur le champ duquel on lit : IL SOLE LIGVRE NELLA CASA LERCARA AL SER^{MO} GIO BATIA LERCARO. Ce guerrier semble adresser la parole à Apollon suivi de trois figures de femme occupant la gauche et portant une couronne, un sceptre et un manteau. On lit sur la façade du palais, NON INDIGNA COLI NEC NVPER COGNITA PHOEBO ; puis aux deux côtés du centre les devises suivantes au-dessus d'emblèmes, à gauche : ALTER ET IDEM et à droite : NVNQVAM EADEM SEMPER EADEM ; au bas, à gauche : *Domenico Fiasella inu.* et à droite : *Seb. Vouillemont sculp.*

H. 0,286. L. 0,203.

On connaît deux états de cette planche :

I. Avant le nom des artistes.

II. L'état décrit.

105.

(2) Jean Baptiste Lercarius, doge de Gênes, vêtu d'un grand manteau d'hermine, couronné et tenant le sceptre, est assis sur un char que des chevaux marins, des tritons et des naïades dirigent à gauche ; à la droite du Doge se voit une naïade qui supporte la ville de Gênes. Pièce anonyme.

H. 0,285. L. 0,205.

Ce portrait a également servi à orner l'opuscule suivant : *Orazione del signor Domenico Grimaldi fatta per l'incoronazione del Serenissimo Gio. Battista Lercaro, doge della serenissima Repvblica di Genova. In Genova. Giovanni Calenzani* 1644. in-folio.

106.

(3) IOANNES BABTISTA LERCARIVS Q. DOMINICI.

107.

(4) MARCVS LERCARIVS.

108.

(5) BRANCALEO LERCARIVS.

109.

(6) PAVLVS LERCARIVS.

110.

(7) LEONELLVS LERCARIVS.

111.

(8) DOMENICVS LERCARIVS, COGNOMTO MEGOLLVS.

112.

(9) HVGO LERCARIVS.

113.

(10) BELMVSTVS LERCARIVS.

114.

(11) ALBERTVS LERCARIVS. Ce buste tient à la main un bouclier sur lequel est écrit : LIBERTAS, devise de la ville de Gênes.

H. 0,200 à 0,205. L. 0,140 à 0,150.

Aucun de ces neuf portraits ne porte la signature de Séb. Vouillemont. Chaque personnage est représenté en buste sur un piédouche. On lit sur un cartouche leurs noms tels que nous venons de les rapporter ici. Ce même ouvrage contient encore le portrait de *Dominicus Lercarius Q. Io. Baptae*. Celui-ci ne nous paraît pas gravé par Séb. Vouillemont.

115-120. Six compositions en forme de frises, gravées au burin, sinon sur la même planche, au moins sur trois. Pièces anonymes.

L. 0,187. H. 0,086.

115.

(1). Jean Paléologue, empereur de Constantinople, quitte Constantinople pour se rendre à Venise, et de là à Ferrare, au concile écuménique, en 1438.

116.

(2). Réception de Jean Paléologue, empereur de Constantinople par le pape Eugène IV, devant lequel il s'agenouille, le 4 mars 1438.

117.

(3). Séance publique du concile écuménique tenu à Florence le 6 juillet 1439, en présence du pape Eugène IV et de Jean Paléologue.

118.

(4). L'empereur Jean Paléologue quitte Florence pour aller à Venise, où est entrée la trirème qui doit le ramener à Constantinople.

119.

(5). Entrée des députés d'Éthiopie dans la ville de Rome, le 10 octobre 1441, à la tête desquels se trouve André, abbé de Saint-Antoine, en Égypte.

120.

(6). Le pape Eugène IV fait, en 1442, à Rome, dans l'église Saint-Jean de Lateran, aux ambassadeurs éthiopiens, la remise du décret de la foi.

Ces estampes doivent avoir été exécutées pour un livre que nous n'avons su rencontrer ; elles ont été copiées par

Nicolas Hautt, et ces copies se trouvent en regard de la page 504 du tome VIII de l'ouvrage intitulé : *Petri Lambecii hamburgensis, sacræ cæsareæ majestatis consiliarii, historiographi ac bibliothecarii commentariorum de augustissima Bibliotheca Cæsarea vindobonensi.* Vindobonæ, 1679, in-f°.

121.

Femme assise de face entre deux écussons sur lesquels elle pose des couronnes. On voit à la droite du haut un enfant tenant une banderole sur laquelle on lit : VIRTVS GLORIAM PARITE. Pièce anonyme.

L. 0,100. H. 0,095.

122.

La statue de Rome victorieuse assise sur des trophées. Sa tête est casquée ; elle s'appuie de la main gauche sur un bouclier portant les armes des Barberini ; elle tient dans l'autre main élevée la statuette de la Victoire. Le socle contient les mots : MELLEO SÆCVLO VRBANA. Pièce anonyme.

H. 0,237. L. 0,163.

123.

Composition d'environ quinze figures en pied dont trois enfants, une femme et des hommes qui, pour la plupart, sont vêtus à l'oriental. On lit à la gauche du bas les lettres S. V. monogramme de Seb. Vouillemont.

L. 0,205. H. 0,145.

124.

Tête de mort environnée de flammes. Elle est sur un livre fermé posé sur une table de laquelle descend une draperie contenant ces mots : *Confraternitas Mortis et Orationis.* Sur cette table vers le milieu de l'estampe on lit à gauche : *C. Bensi.* Le monogramme du graveur formé des lettres S. V. se voit à droite.

H. 0,070. L. 0,051.

125.

Ours écrivant sur un livre; il est assis sur un rocher au bas duquel on voit un casque, un bouclier et une épée. Composition dans un octogone. Pièce anonyme.

L. 0,061. H. 0,045.

126.

Ruche de laquelle sortent et dans laquelle rentrent des abeilles. Pièce anonyme.

L. 0,090. H. 0,066.

127.

Une colombe, tenant dans son bec un rameau, voltige au-dessus de trois abeilles. Pièce anonyme.

H. 0,064. L. 0,050.

128.

Baldaquin de Saint-Pierre de Rome. Il est formé de quatre colonnes torses et surmonté d'une croix. On voit au-dessous un autel entouré d'une balustrade circulaire. Les armes des Barberini ou leurs attributs se remarquent en plusieurs endroits de cette estampe qui est anonyme.

H. 0,375. L. 0,243.

TITRES DE LIVRES.

129.

Une peau de lion étendue au haut retombe sur un écusson d'armes ayant pour support deux anges debout au bas. On lit sur la peau de lion : L'HISTORIE ROMANE DI LVCIO GIVLIO FLORO *le notitie del Mondo* DI LVCIO AMPELIO *Volgarizzati dal Seg Santi Conti Dedicate all Illmo Seg^r^ Mattheo Sacchetti.* Pièce anonyme.

H. 0,118. L. 0,060.

130.

Un fleuve couché à gauche en avant d'un lion épanche son urne. Au bas du même côté se voit le lit de la source. Il soutient de la main gauche l'écusson de Florence et regarde un Génie ailé planant au-dessus de cet écusson et le couvrant de la couronne ducale. Un rocher percé laisse apercevoir une ville, on lit sur ce rocher : LVSTRALE COSMI TERTII MAGNI HETRVRIÆ PRINCIPIS LAVACRVM. On lit au bas, à gauche : *F. R. del.* et du côté opposé : *Seb. V. sculsit.*

H. 0,285. L. 0,190.

131.

Un guerrier armé à la romaine, debout au milieu de l'estampe, tient devant lui, dans un pan de son manteau, deux thiares, une couronne fermée, les clefs de saint Pierre, un chapeau de cardinal, une mitre, des livres et des croix. A gauche, deux enfants soutiennent une draperie sur laquelle on lit : DELLA FAMIGLIA FIESCA TRATTATO DELL' ECC^{mo} SIGNOR FEDERICO FEDERICI IN GEN.^{A} P. GIO MAR.^{A} FARONI *Con Licenza de supiori.* On lit à la droite du bas : *Domenic. Fiasella Sar. Inur. Seb. Vouillemont sculp.*

H. 0,325. L. 0,223.

On connaît deux états de cette planche :

I. Elle est plus grande et paraît appartenir à une édition antérieure du même livre, de plus grand format. L'inscription de la draperie est : DELLA FAMIGLIA FIESCA TRATATO DEL SIGNOR......, le surplus, comme à l'épreuve ci-dessus. Les noms des artistes, gravés à la droite du bas, sont ainsi exprimés : *Domenico Fiasella Sar. Inuentor. Seb. Vouillemont sculp.*

H. 0,343. L. 0,243.

II. L'état décrit. La planche a été réduite aux dimensions données.

ARMOIRIES.

132.

Romulus et Rémus avec la louve occupent le bas de la

composition. Au-dessus d'eux se voient les clefs de l'Eglise surmontées de la thiare sous laquelle voltigent les trois abeilles des Barberini. Pièce anonyme.

L. 0,100. H. 0,090.

133.

Six enfants se jouent dans une draperie qui entoure un écusson armorié. Pièce anonyme.

H. 0,080. L. 0,064.

134. *Les mêmes armoiries.*

Elles sont sans support et sans entourage.

H. 0,065. L. 0,040.

135. *Fleuron.*

Les armoiries du pape Urbain VIII servant de fleuron au titre du livre : *Poésie toscane del card. Maffeo Barberino Hoggi papa Vrbano ottavo. Roma, nella Stamperia Rev. C. Apost.* 1635. In-12. Pièce anonyme.

H. 0,044. L. 0,040.

Ce petit fleuron a servi à plusieurs autres éditions du même ouvrage, et nous le retrouvons sur le titre de : *Maphœi S. R. E. Card. Barberini nvnc Vrbani P. P. VIII Poemata. Roma.* 1635, in-12.

136.

Deux anges debout soutiennent une couronne ducale audessus des armoiries de la famille Diaceto, servant de fleuron au titre du livre intitulé : *Raggvaglio dell' Origine Antichità della Famiglia Diaceto dell' Abbate D. Gioseppe Planzone. Roma. Francesco Caualli.* 1645. In-folio. Pièce anonyme.

H. 0,180. L. 0,155.

ESTAMPES RELATIVES A DES FUNÉRAILLES.

137-139. Trois estampes gravées à l'occasion d'une pompe funèbre.

137.

(1) Catafalque surmonté de la figure de l'Immortalité volant et tournée à droite. La figure de la Religion se remarque au-dessous. Plus bas est un tableau dans lequel on voit un prince environné de sa cour recevant un placet. Pièce anonyme gravée à l'eau-forte.

H. 0,500. L. 0,252.

138.

(2) Décoration d'architecture, dont la face contient un sujet allégorique dans lequel plusieurs figures se voient dans un char traîné par deux chevaux ailés. La Renommée vole au-dessus. Le catafalque couronne ce morceau, et au-dessus plane la figure de l'Immortalité dirigée à gauche, portant sous le bras le portrait d'un prince. Au-dessous se voient les armoiries de la ville de Bologne. Pièce anonyme gravée à l'eau-forte.

H. 0,500. L. 0,252.

139.

(3) Chapelle entièrement décorée des insignes de la mort. On voit au-dessus de l'autel, dans un médaillon, le portrait d'un pape supporté par trois squelettes ailés. Pièce anonyme gravée à l'eau-forte.

Ces trois planches, sur lesquelles on voit des écussons portant les armoiries de la famille Fachinetti de Bologne, paraissent avoir été exécutées à l'occasion des funérailles d'un des membres de cette famille à laquelle appartenait le pape Innocent IX mort en 1591.

H. 0,582. L. 0,443.

140.

Catafalque armorié surmonté du phénix qui se brûle. Il est entouré par une immense quantité de flambeaux allumés. Les armoiries placées sur le devant du catafalque nous apprennent que cette estampe fut exécutée à l'occasion de la mort d'un des membres de la famille Castrovillani. Pièce anonyme.

H. 0,130. L. 0,102.

141. *Mausolée de Cécile-Rénée d'Autriche, reine de Pologne.*

Le portrait de la reine est dans un médaillon au milieu du tombeau; aux côtés se voient deux figures allégoriques. On lit sur le mausolée même : DECRETVM CAR. VIRTV. — CECILIA RENATA *non obiit sed abiit.* — *Si me felix.* — MAVSOLEVM CECILIÆ RENATÆ AVSTR^{æ} REGINÆ POLONIÆ ERECTVM ROMÆ XI IVNII. 1644. Et au-dessous, dans la marge : *All. Illmo et Ecc^{mo} Sig^{re} e Prone mio Coll^{mo} Il Sig^{re} Giouani Zamoisky Conte in Tarnouu Guuernatore in Kalus, etc. Seb. Vouillemont D. D.*

H. 0,205, dont 0,010 de marge. L. 0,156.

142.

Face d'un socle presentant au bas une porte ayant de chaque côté un fleuve personnifié sur un piédestal. Au haut la Renommée vole entre deux trophées funéraires. Pièce anonyme gravée à l'eau-forte.

H. 0,240. L. 0,175.

APPENDICE.

---

59. *Orrigoni (Charles-Joseph).*

Le second état de ce portrait se trouve à la page 92 de : *Le glorie degli incogniti o vero gli huomini illustri dell' accademia de signori incogniti di Venetia.* In Venetia, 1647, in-4°.

68. *Moncade (Louis de).*

La description que nous avons donnée de ce portrait, que nous avions classé parmi les anonymes, doit être remplacée par celle-ci : Le prince est représenté à cheval, en armure ; il tient dans la main droite le bâton de commandement et porte sur la tête un chapeau à plumes. On lit sur une banderole qui se trouve à la gauche du haut, au-dessus de l'écusson du prince : LVIS DE MONCADA I ARAGON PRINCIPE DVQVE DE MONTALTO I ALCALA VIRREI CAPITAN GENERAL DE LOS REINOS DE SICILIA I ZERDENA.

H. 0,476. L. 0,364.

69. *Teodoli (Giuseppe).*

Une épreuve du dernier état de cette planche nous a révélé le nom du personnage qu'elle représentait, et cette découverte nous a permis de constater les trois états suivants :

I. La planche n'est pas terminée : l'espace qui se trouve entre le bras gauche du personnage et la ceinture est blanc.

II. La planche est terminée, mais avant la lettre.

III. On lit au bas du portrait dans la marge : IOSEPH THEODVLVS, et on voit du texte au dos.

Ce portrait, en ce troisième état, se trouve à la page 288 de l'ouvrage cité ci-dessus, contenant le portrait d'Orrigoni.

GÉRARD AUDRAN.

Les artistes qui appartiennent à une famille dans laquelle les beaux-arts sont depuis longtemps pratiqués jouissent de ce privilége de ne pas avoir, dans leur enfance, à lutter contre l'opposition formelle ou les inquiétudes de parents qui cherchent à les détourner d'une profession souvent assez chanceuse; ils trouvent autour d'eux des maîtres dévoués qui guident leurs premiers essais, et des conseillers affectueux qui les font profiter de leur expérience et de leur savoir. Gérard Audran fut du nombre de ces privilégiés : son père était graveur, son oncle l'était également; de ses deux frères, l'un était peintre, l'autre graveur; toute sa famille occupait déjà dans les arts une place importante, lorsque le jeune artiste entra dans la lice. Cette hérédité dans le talent et cette persévérance à suivre la même voie indiquent un vif amour de l'art, en même temps qu'elles honorent une profession.

Gérard Audran naquit à Lyon le 2 août 1640 (1); il reçut les premières leçons de dessin de son père, Claude Audran, graveur assez médiocre, qui ne put

(1) G. Audran vint au monde à Lyon, rue des Forces, et fut baptisé dans l'église de Saint-Nizier. Il eut pour parrain Girard Cibert, maître sculpteur.

guère enseigner à son fils que quelques éléments d'un art qu'il connaissait mal; un talent inné et un travail opiniâtre lui furent plus secourables d'ailleurs que n'auraient pu l'être les meilleurs maîtres; il eut le bon esprit de consacrer à l'étude du dessin une attention particulière, et, grâce à cette louable précaution, trop souvent négligée imprudemment par les graveurs, il acquit une sûreté de main et une science qu'aucun de ses prédécesseurs n'avait connues. Cette habileté dans le dessin ne s'acquiert pas sans une longue pratique et sans un effort constant; Gérard Audran ne fit pas exception à la loi commune. Longtemps avant de mettre au jour ces estampes admirables qui lui assignent la première place parmi les graveurs d'histoire de l'école française, il avait livré à la circulation certaines planches sur des sujets pieux ou des vignettes destinées à orner des livres. Ces menus travaux toutefois, en révélant une habileté de main incontestable, témoignaient, en même temps, une connaissance très-incomplète du dessin. La vue attentive des chefs-d'œuvre de l'Italie apporta promptement une modification sensible dans la manière de dessiner de Gérard Audran. Avant de s'être accoutumé aux merveilles de toute nature qui l'entouraient, il semble, à son arrivée à Rome en 1666, en signant le portrait de S. Sorbière, avoir voulu montrer au maître sous la discipline duquel il se plaça, ce qu'il était capable de faire; dans cet ouvrage et dans le charmant petit portrait de Jordanus Hilling que nous croirions volontiers avoir été gravé à la même époque, comme dans les œuvres publiées précédemment, le burin est encore exclusivement employé; mais ce burin est déjà plus souple; il produit même un travail assez coloré pour avoir trompé un expert du XVIIIe siècle qui attribua le portrait de J. Hilling à Gérard Edelinck (1).

Ces deux portraits doivent être considérés comme donnant une idée exacte des progrès accomplis par Gérard Audran depuis ses débuts en France jusqu'à son arrivée sur le sol italien. Devenu maître du procédé, il va, en abordant des sujets plus vastes et plus importants, appeler à son secours toutes les ressources d'un art qu'il connaît à fond, et mêler avec une habileté toute nouvelle les travaux de la pointe et du burin; ces outils sagement dirigés et se prêtant un mutuel appui permettent d'obtenir une souplesse dans le modelé et une transparence de ton que chacun d'eux, manié isolément, serait incapable de produire. Un plafond du palais Sacchetti, peint par Piètre de Cortone, fournit à Gérard Audran l'occasion de mettre à profit les qualités qu'il avait acquises, et les planches qui reproduisent ces peintures décoratives justifient pleinement la renommée qui, à cette époque, s'attacha à son nom. Un graveur d'histoire était acquis à la France, et le bonheur voulut que ce graveur, après avoir puisé le goût aux

(1) Il est assez singulier que le rédacteur du catalogue des planches gravées vendues après le décès de Michel Audran (1771) attribue à Gérard Edelinck le portrait de J. Hilling, estampe excellente que n'eût certes pas songé à désavouer Gérard Audran.

sources mêmes de l'art, mît presque toujours au service d'œuvres françaises son merveilleux talent.

Après avoir subi, en effet, l'influence à laquelle n'échappe aucun artiste séjournant à Rome, après avoir payé son tribut d'admiration aux ouvrages de Raphaël et du Dominiquin, et après s'être quelque peu exagéré, selon nous, le mérite des peintures de Piètre de Cortone, Audran, sollicité par J. B. Colbert, revint en France. La réputation l'y avait précédé; quelques épreuves des planches qu'il venait de graver en Italie étaient déjà connues à Paris; Charles Lebrun, qui les avait vues et qui avait aisément discerné ce qu'elles contenaient d'excellent, signala au ministre les travaux du jeune artiste. Il s'agissait de lui créer une position qui le fixât désormais en France. Colbert, sur la recommandation de Lebrun, lui donna un logement aux Gobelins, le nomma graveur ordinaire du roi, et, ce qui est un service plus grand rendu à l'art, lui confia la gravure des *Batailles d'Alexandre* que Lebrun venait de terminer. C'est dans les grandes entreprises que les hommes se font le mieux connaître : s'ils ont une science véritable, ils sont à même de la montrer au grand jour, et de conquérir de suite le rang élevé qu'ils méritent; s'il en est autrement, leur ignorance même les confond, et l'échec public qu'ils subissent leur enlève jusqu'au droit de se plaindre.

Gérard Audran sortit vainqueur de l'épreuve à laquelle il avait été soumis; les quatre estampes qu'il grava, en l'espace de six années, d'après les peintures de Charles Lebrun, furent, dès leur apparition, — et la postérité a ratifié ce jugement, — regardées comme les meilleures productions de la gravure française. Lebrun lui-même, si l'on en croit une opinion qui paraît tout d'abord peu conforme au caractère despotique de ce grand peintre, aurait proclamé que Gérard Audran avait embelli ses tableaux; enfin, l'Académie royale, voulant donner, en même temps qu'une preuve nouvelle de sa clairvoyance, un témoignage éclatant de son admiration pour le talent de Gérard Audran, l'appela dans son sein, le 31 mars 1674. Jamais choix n'avait été plus heureux, jamais récompense suprême ne fut plus opportune; *la Bataille d'Arbelles*, terminée cette année même, donnait pleinement raison à cet acte de haute justice, et les planches qui suivirent prouvèrent surabondamment l'opportunité d'une semblable faveur. Le catalogue que cette notice accompagne nous dispense de mentionner ici toutes les estampes véritablement admirables qui furent mises au jour par Gérard Audran après son entrée à l'Académie royale de peinture et de sculpture; elles sont décrites avec quelques détails dans cet inventaire raisonné. Les œuvres de Nicolas Poussin, d'Eustache Lesueur et de Pierre Mignard fournirent au burin du maître, concurremment avec les peintures de Charles Lebrun, des modèles excellents qu'il traduisit avec une rare habileté; et, s'il était nécessaire de désigner, parmi ces planches exécutées avec toutes les ressources d'un talent arrivé à sa pleine maturité, une estampe qui réunît les conditions les plus élevées de l'art et les témoignages les plus éclatants du savoir, quoique le nombre des pièces excellentes soit grand dans l'œuvre d'Audran, nous n'hésiterions pas à choisir *le Triomphe de la Vérité*, d'après Nic. Poussin : planche admirable entre toutes, dans laquelle l'artiste semble avoir dit le dernier mot de l'art du graveur. Si cette estampe surpasse à nos yeux ses aînées, et si nous croyons reconnaître en elle certaines qualités particulièrement appréciables, c'est que le graveur nous paraît ici, plus encore qu'en aucune autre occasion, avoir su mettre à profit l'alliance de l'eau-forte et du burin ; chaque partie du sujet est traitée avec un travail différent approprié à l'effet qu'elle doit produire : la consistance des chairs caressées par un air limpide et pur contraste, sans rompre l'unité de l'aspect, avec la solidité des draperies et avec la transparence de l'air lui-même. Malgré ce contraste volontaire qui a son équivalent dans la nature et qui manifeste la diversité des choses, Gérard Audran a su, à l'aide de travaux habilement fondus, conserver l'harmonie générale de la planche, et, chose plus difficile encore, accuser assez peu le travail de l'outil, pour que la composition seule apparaisse, entourée de tout le charme qu'apporte avec elle une interprétation artiste.

Le 21 novembre 1681, l'Académie royale accorda à Gérard Audran le titre de conseiller. Ce nouveau grade complétait la somme d'honneurs officiels que pouvait obtenir un graveur, et venait à point pour sanctionner le succès qu'obtenaient journellement dans le public les productions de l'illustre maître. L'absence de dates positives sur la plupart des estampes dues à son burin ne nous permet pas de suivre au jour le jour les progrès ou les défaillances de son talent. Quatre *statues* d'après Michel Anguier, Gaspard de Marsy et François Girardon (1680-1681), une *Allégorie sur la paix* (1680) et le portrait d'*Henri Arnault* (1685) sont les seules pièces de son œuvre qui portent une date postérieure à sa nomination de conseiller, et elles n'occupent, ni les unes ni les autres, dans l'ensemble de ses travaux, une place assez importante pour qu'il soit possible de formuler, d'après elles, un jugement certain sur les estampes qu'il grava à la fin de sa carrière. Un livre curieux et digne d'être recherché aussi bien pour la beauté des figures qui y sont reproduites et pour l'habileté avec laquelle elles sont gravées que pour les deux feuillets de texte qui les accompagnent, *les proportions du corps humain, mesurées sur les plus belles figures de l'antiquité* (Paris, Gérard Audran, 1683), nous apprend que la pratique assidue de la gravure ne suffisait pas à l'activité de Gérard Audran, et que le talent qu'il avait acquis, il le devait aussi à des travaux d'un autre ordre et à l'étude constante des chefs-d'œuvre, dans quelque partie de l'art qu'ils se produisissent. « Au reste, ne trouvez pas mauvais, dit-il à la fin de la préface de son livre, que je vous vante ici mon ouvrage : la principale gloire n'est pas pour moy, c'est l'antique que je vante; l'antique me présente des ouvrages admirables; j'en fais mon étude particulière, je luy dois le peu que je scay, je prens soin d'en ramasser les mesures pour en mieux examiner les beautés, et je vous les offre, souhaitant que vous en recueilliez tout le fruit qui s'en peut tirer. » Ces paroles, dans la bouche de Gérard Audran, ont la valeur d'un enseignement, en même temps qu'elles témoignent une fois de plus que, si l'étude des grands modèles n'engendre pas le talent, elle donne du moins le discernement nécessaire pour distinguer une belle chose au milieu d'œuvres médiocres. Par là aussi nous apprenons à connaître un des côtés intimes de l'existence de Gérard Audran, existence exempte, comme celle de beaucoup de travailleurs opiniâtres, de traits saillants et d'accidents particuliers.

Gérard Audran mourut le 26 juillet 1703; il avait épousé Hélène Licherie, sœur du peintre Louis Licherie et eut de ce mariage deux filles (1). Sa vie tout entière fut consacrée au travail, et, selon la coutume adoptée par plusieurs graveurs ses contempo-

(1) L'une, Marie Audran, morte âgée de moins de six mois et inhumée à Houdan le 21 juin 1686, nous est connue par son acte de décès, publié par M. Em. Bellier de la Chavignerie dans ses *Recherches sur Louis Licherie;* l'autre, Hélène Audran, mariée en premières noces à M. Caquet, trésorier du roi, fermier général, écuyer, conseiller et secrétaire de Sa Majesté, et en secondes noces à M. Pageaut, est mentionnée uniquement dans une *Notice sur G. Audran*, publiée par M. Passeron dans les *Archives historiques et statistiques du département du Rhône* (1825, t. II, p. 380 et suiv.).

rains, il tenait boutique et vendait des estampes *rue Saint-Jacques, aux deux Piliers d'or*. Le commerce auquel il se livrait, qui ne s'appliquait pas uniquement aux œuvres gravées par lui, explique le mot *excudit* que l'on lit au bas d'un certain nombre de planches auxquelles il ne travailla certainement pas et qui portent d'ailleurs quelquefois le nom d'artistes connus; il permet en même temps de comprendre comment quelques historiens de la gravure, s'autorisant de cette signature, ont attribué à Gérard Audran des planches qu'il se contentait d'éditer et qui ne rappellent en aucune façon sa manière.

Nous avons dressé, avec l'aide des travaux de nos prédécesseurs, une généalogie de la famille des Audran, que nous mettons sous les yeux de nos lecteurs; c'est le meilleur moyen, pensons-nous, d'indiquer la place importante que cette famille occupe dans l'histoire de l'art français.

GÉNÉALOGIE DE LA FAMILLE AUDRAN.

ADAM, maître paulmier.

LOUIS, officier de louveterie.

CHARLES, graveur. 1594-1674. — CLAUDE Ier, graveur. 1592-1684.

(Enfants de CLAUDE Ier) GERMAIN, graveur. 1631-1700. — CLAUDE II, peintre. 1639-1684. — GÉRARD, graveur. 1640-1703.

(Enfants de GERMAIN) CLAUDE III, peintre. 1658-1734. — BENOIT I, graveur. 1661-1721. — JEAN, graveur. 1667-1756. — LOUIS, graveur. 1670-1712.

(Enfants de GÉRARD) MARIE. + 1686. — HÉLÈNE.

(Enfants de JEAN) BENOIT II, graveur. 1700-1772. — MICHEL, entrepreneur de tapisseries aux Gobelins, en 1763. — GABRIEL, graveur amateur.

(Enfants de MICHEL) BENOIT III, graveur amateur. — PIERRE-GABRIEL, graveur amateur, né en 1744.

Nous donnons ici l'indication d'un certain nombre de planches attribuées à Gérard Audran par Mariette, par Heineken, par M. Ch. Le Blanc et par quelques autres iconographes. N'ayant pas rencontré toutes ces planches, nous sommes contraint de laisser à chacun la responsabilité qu'il a assumée, et nous nous contentons, le plus souvent, de mentionner l'opinion d'autrui, faute de pouvoir formuler la nôtre.

Judith donnant à sa suivante la tête d'Holopherne. Pièce anonyme citée par Mariette comme étant gravée par Gérard Audran, d'après un élève de Lebrun (L. B. 18).

L'ange du Seigneur apportant un livre au prophète Ezéchiel. Pièce citée par Mariette (L. B. 21).

L'Adoration des Bergers. Raff. Sanzio. H. 0,282. L. 0,202 (L. B. 24).

M. Robert-Dumesnil, qui posséda cette estampe, l'attribuait à Michel-Ange Corneille et la décrivit ainsi dans le catalogue de sa vente (17 décembre 1856) : *L'Étable de Bethléem.* La sainte Vierge, agenouillée à droite, en face de saint Joseph, qui lève un pan du linge qui recouvrait l'enfant divin, environné de quatre bergers, dont les offrandes se voient à la gauche du bas. Le bœuf et l'âne sont au fond ; deux anges volent en haut, et l'étoile brille au-dessus. Les lettres R. V. se trouvent sur une pierre à la droite du bas. On lit à l'opposite, près du trait carré : *Raphael Vrbain pinxit,* et dans la marge, en une seule ligne : *venerunt pastores et inuenerunt Mariam et Joseph et infantem jacentem in præsepi. Luc,* 2. H. 0,292, dont 0,010 de marge. L. 0,200.

L'Adoration des Mages. Guil. Courtois. Pièce citée par Heineken et par Huber et Rost. M. Robert-Dumesnil parle de cette pièce (t. I, p. 212), et l'attribue à Etienne Picart dit le Romain. (L. B. 26).

Les Mages adorant l'enfant Jésus et lui offrant des présents, d'après Ch. Cesio. C'est la même composition qui a été gravée par , pour le commencement du Missel romain. Pièce citée par Mariette (L. B. 27).

Le Christ en croix. Domen. Zampieri. Pièce citée par Nagler, qui doute qu'elle soit de Zampieri (L. B. 31).

J. C. en croix. Franç. Girardon. Pièce citée dans le catalogue de Mme Ve Jean, sous le n° 300 (L. B. 32).

Jésus au Jardin des Oliviers. Jésus est agenouillé, devant lui un ange entouré de chérubins tient le calice. On voit à gauche au fond les apôtres endormis. On lit au bas sur la bordure : *Dominic. Pinxit.*.— *Audran sculpsit. — Ce vend à Paris, rue S.-Jacques, aux 2 piliers d'or, auec priuil. du Roy*, et dans la marge : *Attritus est propter scelera nostra. Isaie LIII.5. Tu le vois accablé sous le poids de tes crimes.* H. 0,559. L. 0,417. Mariette attribue cette pièce à Jean Audran, Joullain la donne à Gérard. Nous nous rangeons à l'opinion de Mariette.

La Descente du St.-Esprit sur les Apôtres. Ch. Le Brun. Pièce citée par Heineken qui la dit plus petite que celle qui est décrite sous le n° 131 de notre Catalogue. (L. B. 39).

Étude pour les Funérailles de la Ste. Vierge d'après Nic. Poussin. Pièce citée par Heineken (L. B. 41).

Martyre de saint André, d'après Ch. Lebrun (L. B. 42). Inscrit maintenant dans le catalogue de la Chalcographie sous le nom d'Étienne Picart. Cette planche porte uniquement l'adresse de Gérard Audran.

Martyre de saint Étienne, d'après Ch. Lebrun (L. B. 47). Inscrit maintenant dans le catalogue de la Chalcographie sous le nom d'Étienne Picart.

Saint Jean-Baptiste dans le désert, ayant auprès de lui un agneau, en demi-corps ; estampe de forme ovale. Pièce citée par Mariette (L. B. 53).

Saint Jérôme tenté. Domen. Zampieri. Pièce citée par Heineken et par Joullain (L. B. 54). Nous la décrivons sous le n° 32.

Saint Jérôme. Annib. Carrache. Pièce citée par Heineken. Cette pièce publiée par G. Audran avec l'adresse du graveur : *Aux Gobelins, auec priuil.* (L. B. 55).

Saint Jérôme. Louis Licherie. Pièce citée par Heineken (L. B. 56).

Pièce allégorique sur les paroles de saint Paul. *Nous ne devons pas savoir autre chose que J. C.*, moyenne estampe en largeur, d'après Claude Vignon. Pièce citée par Heineken (L. B. 60).

Sainte Paule servant un malade. Pièce marquée *G. Audran fecit, 1660, le 26 janvier* et citée par Mariette (L. B. 66).

L'Astronomie mesurant la distance des étoiles, frontispice de livre (And. Argoli, *Éphémérides.* Lugduni, 1659, 4°) gravé au burin, à Lyon, en 1659. *G. A. f.* Pièce citée par Mariette.

Cette pièce, que nous avons vue en tête du volume auquel elle appartient, ne nous paraît pas pouvoir, pas plus que le portrait d'André Argoli qui l'accompagne, être attribuée à Gérard Audran. Nous regardons ces deux pièces comme étant gravées par Germain Audran.

Le Temps se chargeant du globe céleste après avoir terrassé l'Envie ;

au-dessus est un rideau pour servir de cartouche. Pièce citée par Mariette (L. B. 102).

Les quatre Saisons. Ch. Lebrun, plafonds du château de Vaux-le-Vicomte. Pièce citée dans le catalogue *Paignon-Dijonval*, n° 6538 (L. B. 106-109).

Recueil d'oiseaux les plus rares, tirés de la ménagerie royale en 1676, douze pièces en largeur, d'après Nic. Robert, citées par Heineken (L. B. 112-123).

Têtes de soldats, étude. Raffaello Sanzio. Cette estampe, citée par Heineken, nous paraît être la planche 29 du *Livre des proportions du corps humain* (L. B. 161).

Masques et Mascarons, d'après G. Charmeton. Quatre suites de différents dessins de masques, dont une moitié est signée *K. Audran*, et l'autre est gravée par N. Robert en 1676. — Mariette affirme, — et les titres de deux de ces suites semblent devoir donner raison à l'opinion de ce savant iconographe, — que les planches portant la signature de K. Audran, sont gravées certainement par Gérard : hypothèse pleine de vraisemblance que nous sommes fort tenté d'admettre (L. B. 178-179).

Deux lettres grises, dans l'une desquelles est un serpent entrelacé avec une branche de chêne et une d'olivier ; dans l'autre est un amas d'épis et de raisins. Pièces citées par Mariette (L. B. 196-197).

Chandelier de l'Église Saint-Pierre, à Rome, d'après le chevalier Bernin. Pièce citée par Heineken (L. B. 198).

Renaud et Armide, pièce citée par Heineken (L. B., cat. de l'œuvre de Jean Audran, n° 135).

Trois planches pour la sainte Couronne conquise. Andrea Sacchi. Trois pièces citées par Heineken. — Combat contre des tigres. — Combat contre des dragons. — La tête d'un sultan tranchée par une femme (L. B. 199-201).

Sujet de l'histoire d'Énée. Jean Cotelle. Pièce citée dans le catalogue *Paignon Dijonval*, n° 6416 (L. B. 226).

Peste de Rome. Nic. Poussin et Jean Le Maire. Pièce gravée avec Baron de Toulouse et citée par Heineken. Nous supposons qu'il est ici question de *la Peste d'Azot*, tableau exposé au musée du Louvre, que Baron, de Toulouse, grava seul et signa *Ioann. Baronius Tolosani sculpsit Romæ* (L. B. 235).

Descente des Sarrasins dans le port d'Ostie. Raffaello Sanzio. Pièce citée par Heineken, avec cette adresse : *F. exc. avec privilége du Roi* (L. B. 238).

La tête d'Attila, petite estampe anonyme d'après Raffaello Sanzio. Pièce citée par Heineken (L. B. 241).

Minerve et l'abondance avec le portrait de Louis XIV porté en haut par deux Génies. *G. Audran, inv. et sculp.* 1683. Ne serait-ce pas tout simplement un état à nous inconnu de l'estampe que nous décrivons sous le n° 136. Pièce citée par Heineken (L. B. 244).

Renommées sonnant de la trompette et supportant les armes de France. Vignette citée par Mariette (L. B. 254).

Diverses sortes d'oiseaux et animaux servant de supports à des armoiries en dix pièces, au nombre desquelles il y en a deux gravées par Benoist Audran. Pièces citées par Mariette (L. B. 268-269).

Épitaphe de Françoise Roualle, épouse de François Gourreau, président au Parlement de Paris ; ornée de sculptures par Fr. Girardon. Pièce citée par Mariette (L B. 270).

Diverses vues d'Italie en une suite de six paysages, dessinés et gravés par George Focus, et selon ce qu'a écrit Mariette, retouchés par G. Audran, de qui est entièrement celle qui est à la tête (L. B. 274-279). M. Robert-Dumesnil, qui décrit ces paysages (t. I, p. 235-242), constate le rapport qui existe entre ces planches et les estampes de Gérard Audran, mais il ne songe pas à les attribuer au maître lui-même, qui put, sans doute, y avoir quelque part, mais qui ne les signa pas autrement que comme éditeur.

Paysages. Gasp. Dughet. L. 281 mill. H. 106. Six pièces numérotées. La première et la dernière sont marquées *In., par le Gaspre Poussin et gravées par Audran...; aux deux Piliers d'Or..., Roy.*

Nous avons vu ces six paysages chez M. Prosper de Baudicour ; et, quoique nous ayons cru y reconnaître la main de Gérard Audran, nous n'osons pas substituer notre opinion à celle de Mariette, qui regarde ces planches comme étant gravées par Benoît Audran. (L. B., 280-285.)

Plusieurs marines. Van Beck. Pièces citées dans le catalogue *Paignon-Dijonval*, n° 9896 (L. B. 286).

Estampes de Gérard Audran qui se trouvent à la chalcographie du Musée impérial du Louvre (catalogue de 1860).

271. Ulysse découvre Achille, d'après Annibal Carrache (n° du Catalogue 51).
276. Mort de saint François, d'après le même (27).
284. Plafond de la galerie du palais Sachetti, représentant l'histoire de David en 3 planches, d'après Piètre de Cortone (77-80).
285. Énée sauvant son père de l'embrasement de Troie, d'après le Dominiquin (50).
287. David dansant devant l'Arche, d'après le même (101).
288. Salomon et la reine de Saba, d'après le même (102).
289. Judith montrant la tête d'Holopherne, d'après le même (104).

290. Esther devant Assuérus, d'après le même (103).
294. Le Mystère du Rosaire, d'après le même (21).
295. Le Martyre de sainte Agnès, d'après le même (22).
319. Déjanire enlevée par le centaure Nessus, d'après Jules Romain (173).
320. Silène couché faisant couler le vin de son outre, d'après le même (181).
321. Des captifs amenés devant un vainqueur couronné par la Victoire, d'après le même (52).
323. Saint Pierre marchant sur les eaux, d'après Lanfranc (35).
340. Le Buisson ardent, d'après Raphaël (2).
341. Jésus-Christ donne les clefs à saint Pierre, d'après le même (16).
362. Mort d'Ananie, d'après le même (18).
363. Saint Paul et saint Barnabé prêchent et font des miracles dans la ville de Lystre, d'après le même (19).

Figures allégoriques peintes par Raphaël d'Urbin dans une des salles du Vatican, à Rome.

365. La Noblesse (155).
366. La Religion (156).
367. La Paix (157).
368. La Loi (158).
369. L'Abondance (159).
370. Vignoble (160).
371. Navigation (161).
372. La Marine (162).
373. Commerce (163).
374. Colonie (164).
375. La Protection (165).
376. Deux Termes (166).
377. Deux Termes (167).
378 à 391. Les emblèmes peints dans la loge de Chigi, au jardin Farnèse, pour servir d'ornement à la fable de Psyché. 14 planch., avec le titre, dédiées à Charles Lebrun par G. Audran (105-118).
392. Cinq Muses, d'après Raphaël (174).
393. Un Sacrifice, bas-relief, d'après le même (178).
394. Un Sacrifice, bas-relief, d'après le même (179).
395. Deux bas-reliefs, d'après le même (175).
396. Deux bas-reliefs, d'après le même (176).
397. Deux bas-reliefs, d'après le même (177).
398. Un Faune et deux Nymphes dansant, d'après le même (180).
405. L'Enlèvement de Ganimède, d'après le Titien (100).

718. Le Jugement de Salomon, d'après Antoine Coypel (6).

772. La Descente du Saint-Esprit, d'après Charles Lebrun (17).

775. Le Passage du Granique, d'après le même (57).

776. La Bataille d'Arbelles, d'après le même (58).

778. Porus blessé, amené devant Alexandre, d'après le même (59).

780. Entrée triomphante d'Alexandre dans Babylone, d'après le même (60).

781. Bataille de Constantin contre Maxence, d'après le même.

Nous n'avons pas compris dans notre catalogue cette estampe, qui ne nous paraît pas entièrement gravée par Gérard Audran, dont elle ne porte pas d'ailleurs le nom.

782. Triomphe de Constantin, d'après le même (62).

831. La Hollande accepte la paix et se détache de l'Allemagne et de l'Espagne, d'après le même.

Cette planche est attribuée à tort par les rédacteurs du Catalogue de la chalcographie à Gérard Audran ; elle est gravée par Benoît Audran Ier.

851. Le Père éternel, porté sur les ailes des anges, prononçant ces paroles au baptême de Jésus-Christ : *Voici mon Fils bien-aimé*, etc., d'après le même (81).

(Peint à fresque dans la voûte de la chapelle du château de Sceaux).

852. L'Assemblée des Dieux, d'après le même (82).

(Plafond du pavillon de l'Aurore au château de Sceaux).

939. Le Martyre de saint Laurent, d'après Eustache Lesueur (33).

940. Martyre de saint Protais, d'après le même (36).

942. L'Aurore conduisant les chevaux du Soleil, d'après le même (45).

944. La Peste en Judée, d'après Pierre Mignard (53).

945. Le Portement de croix, d'après le même (10).

946. La Coupole du Val-de-Grâce, représentant la félicité des bienheureux, d'après le même (76).

949. (1) Apollon distribue des récompenses aux sciences et aux arts et Minerve couronne le Génie de la France, d'après le même (83).

950. (2) La Prévoyance et le Secret avec leurs symboles, d'après le même (83).

951. (3) La Vigilance avec ses symboles et Mercure, le plus vigilant des Dieux, d'après le même (83).

Ces trois planches reproduisent les peintures de la voûte de la galerie du petit appartement du roi à Versailles.

968. Saint-Jean baptisant sur les bords du Jourdain, d'après Nicolas Poussin (31).

970. La Femme adultère, d'après le même (14).
975. Le Mariage de la Vierge, d'après le même (7).
977. Sainte Françoise, d'après le même (28).
85. Le jeune Pyrrhus sauvé, d'après le même (54).
988. Coriolan fléchi par les larmes de sa mère, d'après le même (55).
989. Camille livrant le maître d'école des Falisques à ses écoliers, d'après le même (56).
1011. Narcisse métamorphosé en fleur, d'après le même (39).
1013. L'Empire de Flore ou les métamorphoses des personnes changées en fleurs, d'après le même (38).
1015. Le Temps enlève la Vérité, d'après le même (46).
1016. L'Amour arrête le bras d'Armide prête à se venger de Renaud endormi, d'après le même (41).
1017. Le Printemps (Adam et Ève dans le paradis terrestre), d'après Nicolas Poussin.
1020. L'Hiver (le Déluge), d'après le même.

Ces deux estampes (1017 et 1020) sont attribuées à tort par le Catalogue de la chalcographie à Gérard Audran. Elles sont gravées par Jean Audran et signées par cet artiste.

1045. Le Passage de la mer Rouge, d'après François Verdier (3).
1046. La Fuite en Égypte, d'après le même (9).
1416. Ravissement de Proserpine, d'après François Girardon (171).
1455. L'Afrique, d'après Gaspard de Marsy (170).
1456. Le Point du jour, d'après le même (169).
1975. Médaillon du chancelier Séguier, soutenu par la Peinture et la Reconnaissance; à leurs pieds, la Mort et le Temps, portés sur des nuages, entourent un écusson (74).

ŒUVRE

DE

GERARD AUDRAN.

ANCIEN TESTAMENT.

1. *Le Déluge, d'après R. de la Fage.*

Parmi les hommes périssant dans les eaux, on en remarque particulièrement un qui n'est plus qu'un cadavre, et qui est rejeté sur le rivage ; il est étendu sur le dos au milieu du devant. L'arche de Noé apparaît à la gauche du fond. On lit au bas : *Gravé par G. Audran sur le dessein original de R. Lafage. — A Paris chez Iean Vander Bruggen, rue St.-Jacques à la vieille poste C. P. R.*

L. 0,614. H. 0,464.

On connaît quatre états de cette planche :

I. Avant toutes lettres.

II. L'état décrit.

III. L'adresse de Vander Bruggen est changée ; on lit : *rue St-Jacques au grand Magazin C. P. R.*

IV. On lit au bas : *Le Déluge, Gen. 7,* et l'adresse est ainsi : *à Amsterdam, chez Gérard Valck, avec Previlège.*

2. *Le Buisson ardent, d'après Raphaël* (1).

Le Seigneur entouré de flammes apparaît à Moïse prosterné à la droite de l'estampe. On lit à la droite du bas, sur deux rochers : *Raphael pinxit.— G. Audran, sculp.*

L. 0,665. H. 0,540, dont 0,036 de marge.

---

(1) On a attribué quelquefois à Gér. Audran la gravure d'une autre composition du *Buisson ardent.* Robert-Dumesnil a restitué cette estampe gravée avec beaucoup d'habileté à l'artiste qui en était le véritable auteur, et l'on trouvera la description de cette planche à l'œuvre de François Bonnemer (*Peintre graveur français*, t. VIII, p. 274).

On connaît deux états de cette planche :

I. L'état décrit.

II. On lit dans la marge : *à Paris, chez G. Audran, rue St-Jacques, aux 2 piliers d'or, auec priuilege du Roy.* — QUIS AUDET ASPICERE CONTRA DEUM. EXODE 3, 6. QUEL OEIL S'OSE LEVER VERS DIEU.

3. *Le Passage de la mer Rouge, d'après Verdier.*

Moïse, placé au second plan, ordonne aux eaux de se refermer et d'engloutir les Philistins. Dans le ciel, Dieu le Père envoie deux anges accomplir l'ordre de Moïse. On lit, au-dessous du trait carré, aux deux côtés d'un écusson armorié, une dédicace en latin à Charles Lebrun, et plus bas encore, vers la gauche : *Graué par G. Audran, sur vne esquisse du Verdier, se vendent chez le G. Audran. Rue Saint Iacques aux deux piliers d'or. Auec priuil. du R.* Estampe en deux feuilles.

Dimension de chaque planche : Ire, L. 0,650, H. 0,546, IIe, L. 0,686. H. 0,546.

On connaît deux états de cette estampe :

I. L'adresse de Gérard Audran est *aux Gobelins*.

II. L'état décrit.

4. *Le Passage de la mer Rouge par les Israélites, d'après R. de la Fage.*

Moïse debout et tourné de profil, à gauche, au centre de l'estampe, semble arrêter de sa baguette l'armée du Pharaon qu'on voit à la gauche du fond foudroyée par la main du Très-Haut. On lit au bas : *Gravé par G. Audran sur le dessein original de R. Lafage.— A Paris chez Iean Vander Bruggen, rue St.-Iacques à la vieille poste ;* au-dessus de cette adresse on lit dans l'estampe même : *Cum P. R.*

L. 0,640. H. 0,515.

On connaît trois états de cette planche :

I. L'état décrit.

II. L'adresse de Vander Bruggen a été changée; au lieu de *rue Saint-Jacques, à la vieille poste*, on lit : *au grand Magazin.*

III. L'inscription rapportée ci-dessus a été remplacée par celle-ci :

Passage de la mer Rouge, Exod. 14; à gauche : *Gravé par G. Audran sur le dessein original de R. Lafage*, et à droite : *à Amsterdam, chez Gérard Valck, avec previlège.*

5. *Josué, d'après R. de la Fage.*

Josué est à cheval, au milieu du fond de l'estampe, ordonnant au soleil de s'arrêter pour lui donner le temps de défaire entièrement les ennemis du peuple de Dieu. On remarque un des combattants étendu mort au milieu du devant. On lit au bas : *Gravé par G. Audran sur le dessein original de R. Lafage. — A Paris chez Iean Vander Bruggen rue St.-Iacques au grand Magazin. C. P. R.*

L. 0,684. H. 0,465.

On connaît deux états de cette planche :

I. L'état décrit.

II. On lit au bas de la planche l'adresse suivante, qui remplace celle indiquée précédemment : *à Amsterdam, chez Gérard Valck, avec previlège*, et dans la marge : *Le combat de Josué et le soleil arresté, Josué* 10.

6. *Le Jugement de Salomon, d'après A. Coypel.*

Salomon assis sur son trône, placé entre quatre colonnes torses colossales, donne l'ordre à un soldat de prendre l'enfant des mains de la mère agenouillée. On lit au bas, au-dessus du trait carré : *Inuenté et peint par A. Coypel. — Graué par G. Audran auec priuil. du Roy. Ce vend à Paris rue Saint Iacques aux* 2 *piliers d'or*, et au-dessous les armes de Colbert, la dédicace, et ces paroles de Job en latin et en français : *Par la force de son esprit et par sa sagesse il a discerné celle qui trompoit d'avec celle qui étoit trompée.*

L. 0,691. H. 0,602.

NOUVEAU TESTAMENT.

7. *Le Mariage de la Vierge, d'après Nic. Poussin.*

Dieu le Père unit la Vierge et saint Joseph à la porte d'un temple; une nombreuse assemblée assiste à cette cérémonie.

On remarque sur le premier plan, à gauche, un chien couché à côté d'une femme assise tenant sur ses genoux un enfant nu. Fac-simile de dessin. On lit au bas : *Poussein.— G. Au. Sc. C. P. R.*

L. 0,254. H. 0,184.

On connaît trois états de cette planche :

I. Avant le nom d'Audran.

II. L'état décrit.

III. A la suite des lettres C. P. R. on lit : *aux 2 Piliers d'or.*

8. *La Nativité, d'après Palme.*

La Vierge est agenouillée à droite à côté de l'enfant Jésus, couché dans un petit berceau; de l'autre côté est saint Joseph, et au premier plan sont deux bergers agenouillés ; l'un d'eux prend un fruit dans un panier placé à ses côtés. On lit au bas, à droite, les lettres *Pal* retournées (Palme). Planche anonyme.

H. 0,145. L. 0,083.

9. *La Fuite en Égypte, d'après Verdier.*

La sainte Vierge, tenant l'enfant Jésus dans ses bras, marche à côté de saint Joseph, auquel un ange, planant au haut, semble montrer le chemin. Ils se dirigent vers la gauche; dans le lointain, de ce côté, on voit deux palmiers; à droite, un homme assis sur une pierre regarde passer la sainte Famille. On lit dans la marge, savoir, près du trait carré : *Inventé et peint par M*[r]. *Verdier. Graué par G. Audran et se vend a Paris rue Saint-Jacques, aux 2 Piliers d'Or auec Priuil. du Roy*, et au-dessous : *Quoy déjà les mortels soulevez contre vous.—Et tibi jam jam contradicitur. Reflexion de la sainte Vierge sur la Prophetie de St.-Siméon. En St.-Luc Ch. 2 V.* 34. Puis, tout au bas : *Illustrissimo viro Domino D. Eduardo Colbert equiti marchioni de Villacerf et de Payens Domino de St.-Mesmin, etc. Regi ab omnibus consiliis et regiorum ædificiorum præfecto, offerebat humillimus et devotiss. Franciscus Verdier.*

H. 0,552, dont 0,060 de marge. L. 0,400.

10. *Le Portement de Croix, d'après Pierre Mignard.*

Au milieu, Jésus-Christ renversé par le poids de la croix est relevé par un soldat. On voit à gauche un groupe formé de la Vierge, de la Madeleine et de saint Jean, et à droite des femmes debout et agenouillées priant et s'entretenant du mystère qui s'accomplit devant elles. On lit sur une pierre au premier plan, au centre : *P. Mignard trecensis in. et pinx.* | *G. Audran sculpsit et excudit.* | *cum priuil. Regis.* Au dessous : *à Paris, rue S. Jacques, au 2 pillier d'or,* puis MAGNVM CHRISTIANIS SPECTACVLVM | REGI CHRISTIANISSIMO | *vouet et consecrat Petrus Mignard*, et aux deux côtés de cette dernière inscription, on lit en latin et en français le récit de saint Luc.

H. 0,638. L. 0,786.

On connaît trois états de cette planche :

I. Avant la lettre. Les noms de Mignard et d'Audran s'y trouvent seuls.

II. On lit dans la marge, au centre : MAGNVM CHRISTIANIS. SPECTACVLVM | REGI CHRISTIANISSIMO | *Vouet et consecrat Petrus Mignard.* A gauche une inscription commençant par ces mots : *Cum ducerent eum...*, et à droite au-dessous de cette adresse : *A Paris, rue St.-Jacques au 2 pillier d'or,* la traduction française d'un fragment de l'Évangile selon saint Luc, chapitres 23 et 26.

III. La planche, usée, a été reprise, et les fonds sont entièrement retouchés au burin. La planche en cet état est très-roguée. L'éditeur qui la possédait à cette époque l'a réduite ainsi pour qu'elle pût servir de pendant au *Christ sur la croix,* gravé par Benoît Audran.

11. *Le Sauveur du monde.*

Jésus est vu de face, sa main droite est levée ; il tient dans la main gauche le globe du monde. Dans une bordure ronde formée de feuilles de laurier et surmontée d'une banderole.

On lit au bas : *A Paris, chez G. Audran, rue St.-Jacques aux deux Piliers d'or. auec priuil.*

H. 0,225. L. 0,201.

12. *La Vierge.*

La Vierge est vue de face ; les mains jointes, elle lève les yeux au ciel. Dans une bordure ronde formée de feuilles de laurier et surmontée d'une banderole. On lit vers le bas : *G. Au. sc. et ex — C. P. R.* et au-dessous : *A Paris, rue St.-Iacques aux deux Piliers d'or.*

H. 0,224. L. 0,202.

13. *La Vierge et l'enfant Jésus.*

L'enfant Jésus assis sur les genoux de sa mère caresse un oiseau que lui présente le petit saint Jean ; composition dans une bordure ronde formée de fleurs et posée sur une feuille fixée au sommet par un clou. On lit au bas : *G. Audran fe et ex C. P. R. — Rue St.-Jacques, aux 2 Piliers d'or.*

H. 0,203. L. 0,201.

14. *La Femme adultère, d'après N. Poussin.*

Jésus-Christ debout à gauche prononce sur le sort de la femme adultère amenée devant lui et agenouillée au milieu de l'estampe. On lit à la gauche du bas : *N. Poussin pinxit* et dans la marge, du côté gauche : *Les Scribes et les Pharisiens amenèrent à Jésus une femme surprise en adultère essayant de le surprendre affin d'auoir occasion de l'accuser, et Jésus leur dit : Que celuy d'entre vous qui est sans peché luy jette la premiere pierre. En S. Jean. Chap.* 8. ; du côté gauche, le texte latin de ce discours, et au milieu, aux côtés de l'écusson des armes du dédicataire, une dédicace en latin adressée au grand Colbert, par le graveur, au-dessous de laquelle on lit : *L'original ce conserue dans la Gallerie de Monsieur le Nostre Con^r. du Roy et Controlleur general des*

Bastimens etc. Graué par Audran Auec Priuil. du Roy. Rue St.-Iacques aux 2 piliers d'or.

L. 0,628. H. 0,437, dont 0,040 de marge.

On connaît trois états de cette planche :

I. Avant toutes lettres, avant les armes de Colbert et avant de nombreux travaux (1).

II. L'état décrit. Avant les points dont nous allons parler.

III. Avec dix points superposés dans la marge, du côté droit, au niveau de la jambe de la figure marchant de ce côté.

15. *L'Incrédulité de saint Thomas.*

Jésus-Christ debout, les bras étendus, montre ses plaies à saint Thomas agenouillé. Les autres apôtres sont debout de chaque côté. La scène se passe dans le péristyle d'un temple orné de colonnes. On lit au bas, vers la gauche : *A Paris chez Audran rue Saint Iacques aux 2 piliers d'or. Auec priuilège,* et au-dessous quatre lignes de texte commençant par ces mots : *Huit jours après la résurrection.....* Les figures d'apôtres sont empruntées à une célèbre composition de Nicolas Poussin, *l'Institution du sacrement de l'Ordre.*

L. 0,610. H. 0,449.

16. *Jésus-Christ remettant les clefs à saint Pierre, d'après Raphaël.*

Jésus-Christ, placé à droite, remet les clefs à saint Pierre agenouillé et suivi des apôtres. On lit au bas de la planche : *RV. In. G. Au. sc. C. P. R.*

L. 0,173. H. 0,104.

On connaît deux états de cette planche :

I. Avant l'adresse.

II. L'état décrit.

---

(1) Cette estampe en cet état est de la plus grande rareté. A la vente de M. Debois (Catalogue, 1843, n° 30) une épreuve fatiguée fut payée 1210 francs. La bibliothèque impériale eut la bonne fortune d'acquérir en 1862, à la vente de M. Archinto, de Milan, une épreuve de toute beauté qui lui fut adjugée pour la somme de 1,820 francs.

Les premières épreuves se remarquent en ce que l'on ne voit pas encore au-dessus du bras droit de Jésus-Christ un trait échappé qui se distingue aisément dans les épreuves postérieures.

17. *La Pentecôte, d'après Ch. Lebrun.*

La Vierge, agenouillée à côté d'une table, se tient sur une partie élevée au dessous de laquelle se voient les apôtres; elle reçoit l'Esprit divin. On lit au bas : *Ce Tableau est peint par M. le Brun et se conserue au seminaire St.-Sulpice, à Paris. — Grauées par Audran, chez qui elles se vendent, à Paris, rue St.-Jacques aux 2 piliers d'or, auec Priuil. du Roy.* Au-dessous les paroles du prophète Joel en français et en latin, et plus bas encore, la dédicace suivante : *Illustrissimo viro domino D. Eduardo Colbert, Equiti Marchioni de Villacerf et de Payens, Domino de St.-Mesmin, etc. Regi ab omnibus consiliis et regiorum ædificiorum præfecto; offerebat humillimus et devotissimus. G. Audran.*

H. 0,735. L. 0,411.

On connaît deux états de cette planche :

I. Avant la lettre.

II. L'état décrit.

18. *La Mort d'Ananie, d'après Raphaël.*

Saint Pierre, entouré des autres disciples de Jésus-Christ, est debout sur une estrade; on voit au premier plan Ananie foudroyé. On lit au bas : *Raphael pinxit.—G. Audran Lugd*[nis] *sculpsit et excudit cum priuilegio Regis. — et ce vend à Paris rue St.-Iacques aux 2 Piliers d'or,* et au-dessous, aux deux côtés d'un écusson armorié : *Dédié à messire Henry Francois Daguesseau, cheualier con*[er] *du Roy en tous ses conseils et son procureur général, par son très humble et très obéissant seruiteur Audran.* Puis, en latin et en français le passage des actes des apôtres relatifs à la mort d'Ananie.

L. 0,724. H. 0,595.

19. *Saint Paul et saint Barnabé prêchent en la ville de Lystre, d'après Raphaël.*

A gauche, saint Paul et saint Barnabé sont sur les degrés d'un temple; devant eux se trouve un autel de sacrifices; à droite, une foule s'avance précédée d'un sacrificateur prêt à frapper un bœuf. On lit au bas de cette planche, au-dessus du trait carré : *Raphael pinxit.—G. Audran Lugd*[us] *sculpsit et excudit cum priuil. Regis.—Et ce vend à Paris rue St.-Iacques aux* 2 *Pilliers d'or.* Puis, au-dessous du trait carré se trouve cette inscription : *Saint Paul et saint Barnabé preschent et font des miracles en la ville de Lystre, le peuple les croit des dieux et veut les adorer, mais à la suscitation des juifs, ils chassent St.-Paul hors de la ville, le lapident et le laissent pour mort. Actes. ch.* 16. | MOX ADORANT, MOX LAPIDANT | *Ce peuple les adore et va les lapider.*

L. 0,703. H. 0,588.
On connaît deux états de cette planche :
I. Avant la lettre.
II. L'état décrit.

20. *Deux anges adorant dans le ciel la sainte Eucharistie.*

L'ange que l'on voit à la droite de l'estampe est agenouillé et tient ses mains croisées sur sa poitrine; l'ange de gauche également agenouillé est vu de dos. On lit au bas de la planche dans la marge : *Ecce panis angelorum.* Pièce anonyme.

H. 0,364. L. 0,269.

Cette planche, attribuée par Mariette à Gérard Audran, n'apporte aucun titre de plus à la réputation de l'illustre raveur.

21. *La Dévotion au Rosaire, d'après Domenico Zampieri.*

Dans le ciel, saint Dominique agenouillé tient un chapelet à la main et montre la Vierge et l'enfant Jésus. Au-dessous, un moribond, un évêque et plusieurs martyrs adressent leurs prières à Notre-Dame du Rosaire. On lit au bas : *Dominiquain inuenit et pinxit. — Audran sculpsit auec priuilège du Roy. — et ce vend à Paris, rue St.-Jacques, aux 2 piliers d'or.* — O Rosaire admirable, chef-d'œuvre de la piété de Dominique, source de graces pour les hommes, joye des anges, délices de Jésus et de Marie.

H. 0,697. L. 0,402.

On connaît deux états de cette planche :

I. Avant la bordure et avec le mot *Anima* écrit *Amima*.

II. Avec la bordure. La faute est corrigée.

SAINTS ET SAINTES.

22. *Le Martyre de sainte Agnès, d'après Domenico Zampieri.*

La sainte couchée sur un bûcher reçoit dans la poitrine un coup de poignard; dans le ciel Jésus-Christ remet à un ange la palme et la couronne du martyr. On lit vers le bas : *Peint par le Dominiquin et graué par G. Audran. Auec priuilège du Roy. — A Paris, chez Audran, rue St.-Jacques, aux 2 pilliers d'or.* Au-dessous cette dédicace : *Reverendissimo patri D. Domno Innocentio Le Masson, cartusiæ priori, ac totius ordinis ministro generali. Effigiem B^{æ} Agnetis, ob cultum Dei veri, et Christi fidem percussæ gladio, in perpetuæ observantiæ monumentum consecrat; G. Audran.*

H. 0,710. L. 0,400.

On connaît trois états de cette planche.

I. Avant la bordure.

II. Avant la lettre. Les noms des peintres et des graveurs s'y trouvent seuls.

III. L'état décrit.

23. *Saint Antoine, abbé, tenté dans le désert, d'après Annibal Carrache.*

Le saint, vêtu d'une peau de bête, couché à l'entrée

d'une grotte, est environné de démons de diverses formes d'un lion et d'un serpent. Dans le haut à gauche on voit Dieu le père dans une gloire d'anges. On lit au bas : *Religiosissimo Patri. | Domno. D. Carolo Francisco Maurin, Cartusiæ Parisiensis Priori | ac Prouinciæ Franciæ superioris integerimo visitatori. | Effigiem Beati Antonij, aduersus jnferi potestates, Christo Inspectante, adjuvante, ac Coronante; decertantis | in suæ obseruantiæ monumentum consecrat G. Audran. — Gravé par G. Audran sur vn Esquisse du Carache. — Avec privilège du Roy.*

H. 0,450. L. 0,335.

On connaît trois états de cette planche :

I. Avant la lettre. Avant beaucoup de travaux avant les inscriptions sur le livre, et avec un double trait carré inférieur qui a été effacé dans les épreuves postérieures.

II. L'état décrit.

III. On lit sur le livre ouvert qui se voit à côté du Saint : *Una est ratio vincendi diabolú lœtitia spiritualis et jugis Dei recordatio S.-Antonius*

24. *Saint Augustin, d'après J. B. de Champaigne.*

Le saint est assis et tient un cœur enflammé de la main gauche et une plume de la main droite; il reçoit du Saint-Esprit une inspiration divine. Sur une table qui est devant lui, se voient un pupitre, des livres et un rouleau déployé sur lequel on lit : *Caritas ex deo est. Oremus ergo ut ab illo detur à quo jubetur.* On lit vers le bas : *I. B. de Champaigne in. — ex Typog. F. Muguet. — G. Audran sculp.*, et au-dessous : *Hunc legat omnis qui salutem — adeptus est ut doceret. S. Fulg. L. 2 de ver. præd. et grat. C.* 18.

H. 0,390. L. 0,246.

On connaît deux états de cette planche :

I. Le saint porte le *pallium* sur sa robe.

II. Le pallium gravé à tort a été enlevé.

Cette estampe se trouve en tête de l'ouvrage suivant : *S. Aurelii Augustini opera, emendata studio monachorum ordinis S. Benedicti*. Parisiis, F. Muguet, 1679-1700, 11 vol. in-folio.

25. *Saint Bruno, d'après Claude Audran.*

Il est agenouillé dans le désert, la tête enveloppée de son capuchon, tenant dans ses bras et les mains jointes le crucifix qu'il contemple avec amour. Un rayon de lumière tombant de la droite du haut éclaire le sujet. On lit dans la marge :

Claude Audran jn. *auec priuilege*

S. BRUNO.

Ecce elongavi, fugiens : et mansi in solitudine.

G. Audran sculps.

H. 0,216, dont 0,028 de marge. L. 0,130.

26. *Saint Charlemagne.*

Il est de trois quarts dirigé vers la gauche, tient dans ses mains une couronne et un livre ; un rayon céleste sur lequel on lit *Post sex*, se voit à gauche. On lit au bas, sur une console qui supporte l'ovale, *gir. Audran*, 1662. — *Cum priu. R.*

H. 0,224. L. 0,197.

27. *La mort de Saint François, d'après Annibal Carrache.*

Le saint revêtu du costume de son ordre est étendu sur un lit de paille et entouré de trois de ses frères qui prient et qui pleurent; au-dessus apparaît sur des nuages un ange jouant du violon, entouré de chérubins. On lit au bas : *Hannibal Carache pinxit. G. Audran sculps. — Ce vendent chez Audran, rue S. Iacques auec priuil. du Roy, aux 2 piliers d'or.*

Dédié à Monsieur Colbert d'Ormoy, receu en suruiuance à la

charge de Surintendant des Bâtiments et Jardins de sa Maj[té] *arts et manufactures de France, par son très-humble*
seruiteur G. Audran.

H. 0,554. L. 0,363.
On connaît trois états de cette planche :
I. Avant toutes lettres.
II. On ne lit pas encore, après les mots *Hannibal Carache pinxit*, le nom d'Audran, et l'adresse du graveur est suivie de son enseigne : *aux 2 piliers d'or.*
III. L'état décrit.

28. *Sainte Françoise implorant la justice divine, d'après N. Poussin.*

La Vierge apparaît à sainte Françoise agenouillée ; un ange exterminateur qui l'accompagne chasse devant lui le vice qui fuit entraînant deux victimes. On lit au bas : *N. Poussin pinxit. G. Audran sculp. — Rue S. Jacques, aux piliers d'or, auec priuil.* SAINTE FRANÇOISSE.

H. 0,388. L. 0,290.
On connaît deux états de cette planche :
I. Avant les mots : Ste FRANÇOISSE.
II. L'état décrit.

29. *Saint Hiacinthe, d'après Franc. Barbieri.*

Il est agenouillé, et semble voguer sur les eaux, à l'aide d'une espèce de voile attachée à son bâton de pèlerin. Dirigé vers la gauche, il retourne la tête du côté opposé pour contempler un crucifix appuyé sur son bras gauche. On lit dans la marge : *Guerchin jn* S[T].-HIACINTE. *G. Audran, sculp. C. P. R.*

H. 0,264, dont 0,017 de marge. L. 0,185.
On connaît trois états de cette planche :
I. Avant toutes lettres.
II. L'état décrit.
III. On lit au-dessous de S[T].-HIACINTE cette adresse : *à Paris, chez Basset, rue St -Jacques.*

30. *Saint Ignace de Loyola, d'après Rubens.*

Saint Ignace, couché sur un lit de repos, est battu par trois démons ; deux d'entre eux frappent avec des bâtons, le troisième avec les poings ; dans le fond, à gauche, une femme entr'ouvre une porte. On lit à la gauche du bas : *Rafael in,* et à la droite : *Audran sculp. cum pri. regis.* Cette estampe, attribuée à tort à Raphaël, est gravée d'après un dessin de Pierre-Paul Rubens.

H. 0,138. L. 0,105.

La même composition est gravée dans *Vita beati P. Ignatii Loiolæ...* Romæ, 1609, in-4°.

31. *Saint Jean baptisant les Pharisiens, d'après Nic. Poussin.*

Saint Jean debout baptise deux hommes agenouillés ; le côté gauche de la composition est occupé par un groupe de femmes et d'enfants, le côté droit par des hommes qui se déshabillent ; on lit, à gauche, à l'intérieur du trait carré : *N. Poussin Pinx*, et dans la marge, aux deux côtés d'un écusson contenant les armoiries de Colbert, le texte en français et en latin du chapitre 3 de saint Matthieu relatif à saint Jean baptisant, puis la dédicace suivante : *Illustrissimo viro Domino D. Joanni Baptistæ Colbert Regi ab intimis consiliis et secretis, generalis ærarii moderatori, summo Regiorum ædificioru præfecto, Regiorum ordinum quæstori, marchioni de Segnelay, Baroni de Seaux, etc,*

Dicat Humill. Seruus Gerardus Audran.

On lit au-dessous vers la gauche : *L'original se conserue dans la gallerie de M^r Le Nostre, con^r du Roy et con^{eur} général des bastimens, etc. — G. Audran sculp. et excudit cum priuil. Regis, à Paris, rue St.-Jacques, aux 2 Piliers d'or.*

L. 0,880. H. 0,737.

On connaît trois états de cette planche :

I. Avant toutes lettres.
II. Avant l'adresse de G. Audran.
III. L'état décrit.

32. *Saint Jérôme tenté dans le désert, d'après Dom. Zampieri.*

Saint Jérôme est agenouillé auprès d'un monticule sur lequel sont placés un crucifix et plusieurs livres ; un ange se voit à ses côtés, un démon est à ses pieds. A la gauche de l'estampe, au milieu d'un paysage, trois femmes dansent. On lit au bas : *Dominiquin pinxit Audran ex. cum pri. regis. — Paris, rue Saint-Jacques, aux deux Piliers d'or.*

H. 0,360. L. 0,551.
On connaît trois états de cette planche :
I. Avant toutes lettres et avant les noms des artistes.
II. L'état décrit.
III. On lit au milieu du bas dans la marge : *Sanctvs Hieronymus.*

Quoique cette estampe, considérée par Heineken et par Joullain comme étant gravée par Gérard Audran, ne soit pas signée par l'artiste, nous avons cru devoir la comprendre dans le catalogue de son œuvre. La main de Gérard Audran apparaît, en effet, en plus d'un endroit, et si, comme nous le pensons, il ne faut pas attribuer à lui seul la gravure entière de cette estampe, il faut du moins reconnaître qu'il y prit une part assez considérable.

33. *Le Martyre de saint Laurent, d'après Eustache Lesueur.*

Le saint est posé sur le gril, tandis que des esclaves tisonnent le feu. Le préfet Cornelius Sæcularis assis à droite sur son trône donne l'ordre du supplice. On lit vers le bas : *Peint par Lesueur et graué par G. Audran, auec priuilége du Roy.—Se vendent à Paris, rue St Iacques, aux 2 Pilliers d'or.* Puis, au-dessous, la dédicace suivante : *Venerabili in Christo patri D. Domno Leoni Hinselin, cartusiæ parisiensis priori dignissimo. Iconem beati levitæ Laurentii inter flammas pro fide, pro veritate, pro deo expirantis in perenne obsequii monumentum offert, dicat et deuouet. G. Audran.*

H. 0,735. L. 0,409.

On connaît trois états de cette planche :

I. Avec le nuage blanc auprès de l'aile droite de l'ange le plus près de la statue, et avant les points dans la marge, à droite vers le bas.

II. Le nuage est encore blanc, mais les points se voient distinctement.

III. Le nuage est teinté.

34. *Saint Pierre.*

Saint Pierre, les mains jointes, est tourné à gauche et lève les yeux au ciel; à sa gauche se voient les clefs, et à sa droite le coq. Il est représenté dans une bordure ovale formée de feuilles de lauriers et posée sur une draperie. On lit au bas : *C. P. R. — Gir. Audran fe* 1667*? aux* 2 *piliers d'or.*

H. 0,213. L. 0,196.

35. *Saint Pierre marchant sur les eaux, d'après Lanfranc.*

Notre-Seigneur, debout sur le rivage à la gauche du bas, soutient le chef des Apôtres, dont les compagnons se voient dans une barque au fond. Une gloire d'anges voltige dans le ciel. Les angles de ce morceau et ses côtés sont teintés de tailles horizontales. On lit dans la marge, aux côtés de l'écusson des armes du dédicataire : *Dédié à Monsieur Perrault, Con^r du Roy, Controlleur general des bastimens et jardins de sa Majesté, arts et manufactures de France, par son très-humble seruiteur Audran. Lanfranc Pinx Romæ cum Priuil. Regis.*

H. 0,480, dont 0,042 de marge. L. 0,300.

On connaît trois états de cette planche :

I. Avant toutes lettres.

II. L'état décrit.

III. On lit immédiatement au-dessous du trait carré : *A Paris, rue S. Iacques — aux deux Piliers d'or.*

36. *Le Martyre de saint Protais, d'après Eustache Lesueur.*

Saint Protais agenouillé, au moment de subir le martyre, refuse d'adorer la figure de Minerve qui lui est présentée et retourne la tête ; le fond de la planche est occupé par le général Astasius, assis sur un trône entre deux juges, et par trois portiques qui permettent à une foule de spectateurs de voir l'événement. On lit à la gauche du bas, à l'intérieur de la planche. *Inventé par Lesueur et graué par G. Audran. Se vend à Paris, rue St.-Iacques, aux deux pilliers d'or, auec priuil. du Roy*, puis dans la marge, au milieu : DÉDIÉE A MONSEIGNEUR | MONSEIGNEUR LE MARQUIS DE BERINGHEN, PREMIER ECUIER | DU ROY, CHEVALIER DE SES ORDRES, GOUVERNEUR | DES FORT ET CITADELLE DE MARSEILLE, ETC. *par son tres humble seruiteur G. Audran,* et aux deux côtés de cette dédicace le récit du martyre de saint Protais en français et en latin.

L. 0,898. H. 0,664.

37. *Saint Sébastien, d'après Annibal Carrache.*

On voit le saint, attaché avec des cordes au tronc d'un arbre, s'élevant à la gauche du devant. Son corps est percé de cinq flèches. Son armure et ses vêtements sont sur le sol, à la droite du bas. Dans le lointain, à gauche, on voit ses bourreaux qui se retirent. On lit dans la marge, à gauche, *Peint par Anibal Carache* et au milieu : *Saint Sébastien, martire.*

H. 0,460, dont 0,035 de marge. L. 0,317.

On connaît deux états de cette planche :

I. Avant la lettre.

II. L'état décrit.

MYTHOLOGIE.

38. *L'Empire de Flore, d'après N. Poussin.*

Flore au milieu danse et répand des fleurs ; à ses côtés conversent Ajax, Hyacinthe, Clytie, Adonis et Narcisse. On voit au haut de la planche le char de l'Aurore, et à droite une statue du dieu Pan. On lit au bas : *N. Poussin. Pinx.* — *Graué par Girard Audran, avec p. aux 2 Piliers d'or. L'Empire de Flore, ou les métamorphoses changées en fleurs. Aiax changé en Hyacinte marqué des deux premières lettres de son nom. Clytie en Girasol qui suit le soleil. Adonis en passe-fleur. Narcisse en vne fleur de son nom. Hyacinte en Hyacinte. Smilax et Crocus en petites fleurs.*

L. 0,504. H. 0,402.

39. *Narcisse métamorphosé en fleur, d'après N. Poussin.*

Narcisse est étendu au bord d'un ruisseau qui forme le premier plan de l'estampe ; dans le fond, vers la gauche, on voit un Génie debout tenant une torche allumée. On lit dans la marge, à gauche : *N. Poussin;* à droite : *Graué par Audran et ce vend à Paris, rue saint Iacques aux 2 piliers d'or* et au centre : *Narcisse métamorphosé en fleur qui porte son nom. Ouid. Liure 2.*

L. 0,402. H. 0,310, dont 0,021 de marge.

40. *Bacchus et Ariane, d'après Antoine Coypel.*

Le fils de Jupiter et de Sémélé, descendu de son char qui occupe la gauche, s'approche d'Ariane assise au milieu de l'estampe, en avant d'un rocher percé, et cherche à la consoler de l'infidélité de Thésée. Des amours, des satyres et des bacchantes animent cette composition. On lit sur la terrasse, à droite : *Se vend rue St Jacques, aux 2 Piliers d'or* et dans la marge, aux côtés de l'écusson du dédicataire, cette dédicace : *A Son Altesse Royale Monsieur, frere unique du Roy, par son tres humble, tres obéissant et tres obligé seruiteur A. Coypel, premier peintre de son Alt. R.* Puis aux côtés de la dédicace, savoir, à gauche : *Bachus ayant trouué Ariane abandónée dans une Isle, en deuient amoureux et l'épouse. Ouid. Met. Liu. 8. Inuenté, peint et graué a l'eau forte par A. Coypel C. P. R. et terminé au burin par G. Audran,*

1693, et à droite : *le tableau original est dans le cabinet de S. A. R. Monsieur, a St.-Cloud.*

L. 0,570. H. 0,450, dont 0,027 de marge.

On connaît quatre états de cette planche :

I. A l'eau-forte pure, avant l'écusson d'armes et avant toute lettre. C'est l'œuvre du peintre.

II. Terminé par notre artiste. Il est également avant l'écusson d'armes et avant toute lettre.

III. L'écusson d'armes et les inscriptions de la marge sont gravés mais avant l'adresse de G. Audran sur la terrasse à droite.

IV. L'état décrit.

41. *Renaud et Armide, d'après N. Poussin.*

Renaud endormi au pied d'un arbre est surpris par Armide dont l'amour retient le bras vengeur. On lit au bas : *N. Poussin pinxit. — Graué par Audran. A Paris, rue St.-Iacques, aux 2 Pilliers d'or.—Auec priuilége*, puis trois lignes de texte commençant par ces mots : *Armide cherchant à se vanger de Regnault...*, etc.

L. 0,520. H. 0,424.

42. *Hercule enlevant une femme, d'après N. Poussin.*

Au centre Hercule enlève une femme ; des Amours voltigent autour de lui, portant sa massue et une peau de lion. Une femme à droite tient une corne d'abondance, une autre à gauche semble bander les yeux à un homme étendu figurant un fleuve. On lit au bas : *N. Poussin In. A Paris, chez Audran. Avec privilége du Roy.*

H. 0,219. L. 0,176.

43. *Apollon et Daphné, d'après N. Poussin.*

Apollon cherche à retenir Daphné qui commence déjà à se transformer en laurier ; de petits Génies voltigeant tout autour portent un carquois et des couronnes. Au premier plan, deux enfants sont couchés auprès d'une pièce d'eau.

On lit au bas : *N. Poussin In. A Paris, chez Audran. Avec privilége du Roy.*

H. 0,218. L. 0,176.

44. *Épisodes mythologiques tirées des Métamorphoses d'Ovide, d'après R. de la Fage.*

Suite de huit fragments destinés à être réunis les uns à la suite des autres, en forme de frise, et tirés sur quatre planches. On lit au bas de la première : *La Fage iuuen. — Grauée par Audran. — A Paris, rue St-Jacques, au 2 pilliers d'or. Auec priuilége du Roy.* Au-dessous du premier sujet des trois autres planches on lit : *Auec privilége.*

1er compartiment. Le Triomphe de Flore ;
2e — Un Vase rempli de fleurs porté par des Nymphes ;
3e — Le Triomphe de Flore et de Zéphyre ;
4e — Danse de Faunes et de Satyres ;
5e — Offrande à Flore ;
6e — Mort d'Hyacinthe. — Vénus et Adonis ;
7e — Narcisse et mort d'Ajax ;
8e — Triomphe d'Amphitrite.

H. de chaque planche 0,241. L. 0,347.
Largeur des huit planches assemblées, 1,760.

45. *Le Char du Soleil, d'après Eust. Lesueur.*

L'Aurore, sous la figure d'une femme ailée, tient par le mors deux chevaux attelés au char du Soleil ; un Amour voltigeant au-dessus de sa tête répand des fleurs. On lit au bas : *le Sueur in. G. Audran sculpsit, auec priuil. du Roy, et ce Vend à Paris, rue S. Jacques, aux 2 Piliers d'or.* LUCERNA PEDIBUS MEIS VERBUM TUUM. *Ta parole, Seigneur, sert de guide à mes pas. Ps.* 118, 105.

H. 0,245. L. 0,161.
On connaît deux états de cette planche :

I. Avant toutes lettres et avant des contre-tailles dans l'angle gauche du haut.

II. L'état décrit.

COMPOSITIONS ALLÉGORIQUES.

46. *Le Temps et la Vérité, d'après N. Poussin.*

Le Temps délivrant la Vérité des insultes de la Colère et de l'Envie, et la rendant à l'Eternité. Sujet composé dans une bordure chantournée, peint pour un des plafonds des appartements du Louvre et qui se voit actuellement dans les galeries du musée. On lit dans la marge garnie au centre des armoiries du dédicataire : *N. Poussin. Pinx. Dédié à monsieur Perrault, con*[er] *du Roy, controlleur général des bastimens et jardins de Sa Majesté, Arts et Manufactures de France. Par son tres humble seruiteur Audran,*

En vain la Colère et l'Enuie
S'arment contre la Vérité,
Le Temps l'arrache à leur furie
Et la rend à l'Éternité.

Graué par G. Audran et se vendent chez led. Audran, aux deux Piliers d'or, rue S. Jacques, avec pr. du R.

H. 0,552, dont 0,065 de marge. L. 0,505.

On connaît six états de cette planche :

I. Avant toutes lettres.

II. Avant la draperie sur la nudité de la Vérité, mais avec cette adresse : *Graué par G. Audran, et se vendent chez led. Audran aux Gobelins, auec priuil. du Roy.*

III. L'état décrit, et encore avant la draperie.

IV. La nudité de la Vérité a été couverte par une draperie.

V. L'inscription rapportée plus haut finit par ces mots, qui y ont été ajoutés : *Présentement chés Buldet.*

VI. L'adresse de *Buldet* a été effacée.

47. *Le Temps et la Vérité, d'après L. Testelin.*

Le Temps, aidé par l'amour de la Vertu, planant au haut,

débrouille des nuages de l'Ignorance la vérité de la Peinture, qui est couchée au bas. Composition dans un rond. On lit au-dessous de cette composition ; *Le Temps aydé*, etc., à gauche : *L. Testelin pinxit*, à droite : *Audran scul. cum privil. Reg.*, et au milieu : *Pour seruir de frontispice aux tables des préceptes de la peinture.*

Dimension de la planche : H. 0,330. L. 0,320.
Diamètre de la composition : 0,310.

48. *Le Rêve de la vie humaine, d'après Ch. Lebrun.*

Un homme couché sur une draperie étendue sur les nuages et dans les plis de laquelle on voit des pavots, est entouré de figures allégoriques lui apparaissant comme des ombres. On lit au-dessus de sa tête l'inscription suivante : IN IMAGINE PERTRANSIT HOMO. *Ps.* 38, 7. Pièce anonyme que quelques auteurs ont désignée sous la fausse dénomination de *Morphée.*

L. 0,370. H. 0,261.

Cette pièce nous paraît devoir être comprise parmi les estampes douteuses de l'œuvre de Gérard Audran ; malgré le talent incontestable déployé par le graveur, nous n'oserions pas affirmer qu'il en soit le seul auteur.

49. *La Peinture, d'après Cl. Audran.*

La peinture personnifiée sous les traits d'une femme assise occupée à peindre devant un chevalet. On voit autour d'elle plusieurs enfants tenant différents attributs de la peinture. La devise suivante se lit sur la toile posée sur le chevalet : IE FAIS FLEVRIR TOVTES CHOSES. On lit au bas au-dessous de l'ovale : LA PEINTVRE. — *Inuenté et peint par C. Audran. — Graué par son frère.*

Dimension de la planche : L. 0,271. H. 0,164.

On connaît trois états de cette planche :

I. On lit seulement au-dessous du trait qui forme l'ovale : *Inuenté et peint par C. Audran et graué par son frère.* Avant les contre-tailles sur le tableau de Lebrun (*La famille de Darius*), qui se voit au fond et avant le nom de *Lebrun pinx* au bas de la reproduction de cette toile; et avant les inscriptions sur les deux toiles retournées que l'on voit à droite.

II. L'état décrit; l'inscription rapportée dans le premier état a été grattée et remplacée par celle que nous avons transcrite plus haut. On lit sur les deux toiles retournées qui sont à droite : *fait par moi Pouss.—fait par moi le Sueur*. Cette estampe, en cet état, se trouve dans *le cabinet des Beaux-Arts ou recueil d'estampes gravées d'après les tableaux d'un plafond ou les Beaux-Arts sont représentés avec l'explication de ces mesmes tableaux*. M.DC.XC. *Se vend à Paris, chez G. Edelinck, rue St.-Jacques, au Séraphin, avec privilége du Roy.*

III. L'adresse de Chereau se lit au-dessous de l'ovale, ainsi gravée : *à Paris, chez Jacq. Chereau, rue—St.-Jacques, au grand St.-Remi*, puis on lit à la suite des mots *gravé par son frère*, le nom de *G. Audran*.

SUJETS HISTORIQUES.

50. *Enée sauvant son père Anchise de l'embrasement de Troie, d'après Domenico Zampieri.*

Composition de quatre figures. Enée, portant sur son dos son père Anchise, quitte Troie guidé par son fils Ascagne. Anchise prend des mains d'une femme personnifiant la ville de Troie les dieux Pénates. On lit au milieu du bas, sur la coupe d'une marche : *G. Audran sculp.*, et dans la marge, à gauche : *Ænée sauuant son Pere de l'embrazement de Troye. Graué sur le tableau du Dominiquain, qui est au cabinet du Roy, de 5 pieds 2 poulces de hault, et de 3 pieds 9 poulces de large*, et à droite le texte latin de cette explication.

H. 0,400, dont 0,057 de marge. L. 0,250.
On connaît deux états de cette planche :
I. Avant toutes lettres.
II. L'état décrit.

51. *Ulisse découvre Achille, d'après A. Carrache.*

Ulysse, agenouillé, tient à la main une épée qu'il reconnaît pour être celle d'Achille, déguisé en fille dans l'île de

Scyros. Autour de lui se voient trois filles et deux hommes drapés. On lit, au-dessous du trait carré : *Annibal Carache invent.* — *Ulisse découure Achille.* — *Audran sculp. Cum Priuil Regis*, et aux deux côtés de l'écusson : INJECIQUE MANUM FORTEMQUE AD FORTIA MISI. *Metam. l.* 13. *Dédié à Monseigneur Achille de Harlay, premier président, par son très-humble et obligé serviteur. Audran.*

H. 0,540. L. 0,387.

On connaît deux états de cette planche :

I. Avant la lettre; les noms des artistes sont seuls gravés. La planche n'est pas terminée, et parmi les parties inachevées les plus apparentes, on remarque que le pied d'Ulysse n'est pas encore recouvert de bandelettes.

II. L'état décrit.

52. *Clémence de Scipion, d'après J. Romain.*

Scipion assis sur un trône, à gauche de l'estampe, et couronné par une figure ailée, renvoie sains et saufs les prisonniers qui lui sont amenés. On lit au-dessous du trône, tracé à la pointe : *Gulio Romano.* Pièce anonyme.

L. 0,298. H. 0,245.

53. *La Peste d'Ægine, d'après P. Mignard, dit le Romain.*

Ægine, ayant été enlevée par Jupiter, fut transportée dans l'île d'OEnone, qui reçut alors son nom ; elle y donna naissance à un fils. Æaque, devenu roi, gouverna sagement son peuple ; mais Junon, toujours jalouse, envoya dans cette île un serpent qui empoisonna toutes les sources et fut cause d'une peste dont l'artiste a retracé les effets. On ne voit de tous côtés que hommes et femmes expirant dans des douleurs aiguës, malgré les secours qui leur sont prodigués. Au premier plan on voit un réchaud allumé. On lit à gauche, au bas de la planche : *Petrus Mignard trecensis In. et pinxit* | *G. Audran sculps. et ex. cum priuil Regis.* | *à Paris rüe St.-Jacques, au 2 pillier d'or*, et en dehors du trait carré la dédicace suivante : *A Monseigneur le Marquis de Louuois et* *de Courtenuaux con^{er} du Roy en tous ses con^{els} ministre et secrétaire d'Estat, commandeur et cheualier des ordres de Sa Majesté, surintendant général des bastimens artz et manufactures de France, par son très-humble, très-obeisát et très-obligé seruiteur P. Mignard*, puis au-dessous : *Junon par jalousie contre Égine...*

L. 0,719. H. 0,530.

On connaît trois états de cette planche :

I. Avant toutes lettres.

II. L'état décrit.

III. On a substitué à Junon un ange exterminateur. L'inscription a été supprimée.

IV. Le graveur a ajouté des ailes à la figure de Junon, qui se voit dans les airs. L'inscription a été changée et remplacée par celle-ci : *Qu'a fait ce peuple, seigneur ? C'est moy qui ay péché ; c'est moy qui ay fait le mal. Tournez, je vous conjure, votre main contre moy seul. Paroles de David pendant la peste que sa vanite avait attirée sur Israël. 2 des Rois. 24.*

54. *Pyrrhus sauvé, d'après N. Poussin.*

Pyrrhus, enfant, tenu par un soldat, est entouré de trois femmes ; d'autres soldats implorent l'aide d'hommes se trouvant de l'autre côté d'un fleuve ; l'un d'eux lance une pierre enveloppée d'une bandelette sur laquelle est écrit le nom de Pyrrhus. On lit au bas de la planche, à l'intérieur du trait carré : *N. Poussin Pinxit*, et au-dessous le récit de Plutarque en français et en latin. Puis : *Academiæ Regiæ Picturæ et sculpturæ, G. Audran D. D. D. — Se vend chez Audran aux Gobelins auec Priuil. du Roy.* Estampe en deux planches.

Dim. des deux planches réunies : L. 0,946. H. 0,730.

On connaît trois états de cette planche :

I. Avant la lettre.

II. L'état décrit.

III. Avec cette adresse : *Se vend chez Audran, aux Piliers d'or, rue St-Jacques, avec Priui. du Roy.*

55. *Coriolan devant Rome, d'après Nic. Poussin.*

Coriolan fléchi par les supplications de sa mère, de sa femme et ses enfants, remet son épée dans le fourreau. Estampe de deux feuilles, au bas de laquelle on lit : *N. Poussin pinxit. — Gravée par Audran. A Paris rue St.-Iacques aux 2 piliers d'or auec Priuil. du Roy.* — AINSY SE DOIT FLÉCHIR LA COLÈRE ET L'ORGUEIL : *Caius Marcius, surnommé Coriolan, assiégea Rome irrité de ce que le peuple romain lui avait refusé le consulat et l'avait ensuite banni. Il rejetta toutes les propositions de paix qui lui furent proposées, et ne se laisse fléchir qu'aux larmes de sa mère et de sa femme, accompagnées des dames romaines, qui lui montrèrent la fortune de Rome renversée. Tite Liue.*

Dim. des deux planches réunies : L. 0,735. H. 0,718.

Cette estampe, gravée par Benoît Audran, aurait été seulement terminée par G. Audran.

56. *Le Maître d'école renvoyé aux Falisques, d'après Nic. Poussin.*

Camille entouré de ses généraux fait distribuer des verges aux enfants pour fouetter le maître d'école qui les lui avait amenés. On lit à droite dans l'estampe même : *Graué par Audran sur vne esquisse du sieur Poussin auec priuilège du Roy*, et au-dessous du trait carré : *Dédié à Monsieur du Metz, cons^er du Roy en ses Con^el, garde du trésor Royal, intendant et contrôlleur g^ral des meubles de la couronne, par son très-humble serviteur G. Audran*; puis six lignes de texte.

H. 0,415. L. 0,507.

On connaît trois états de cette planche :

I. Avant toutes lettres.

II. L'état décrit.

III. A la suite du nom d'Audran on lit : *auec priuil... aux deux piliers d'or.*

57—60. Batailles d'Alexandre, d'après Ch. Lebrun (1).

57 (1). *Le Passage du Granique.*

Alexandre à cheval, l'épée à la main, au milieu de la composition, vient de frapper Rœsaces; derrière lui Clytus, armé d'une hache, pare le coup que Spithridates va assener sur le casque d'Alexandre. On voit à la gauche de l'estampe l'armée macédonienne qui passe à gué le fleuve, et à droite les cavaliers ennemis qui s'avancent armés de piques. On lit au bas de la planche en français et en latin ce que nous transcrivons ici en français seulement :.... *Graué par Gir. Audran sur le tableau de M. le Brun premier pintre du Roy* | *ce tableau est dans le cabinet de sa Ma*[té], *il a* 16 *pieds de hault sur* 30 *pieds de long.* | LA VERTV SVRMONTE TOVT OBSTACLE. *Alexandre ayant passé le Granique, attaque les Perses à forces inégales,* | *et met en fuitte leur innombrable multitude.* A côté de ces inscriptions, on voit tracé à la pointe le nom de *Goyton* (2). Dans l'estampe même, sur la

(1) M. Defer (*Catalogue général des ventes publiques de tableaux et estampes,* tome I, 1re partie, page 129) mentionne quelques états de ces planches qui n'ont pas encore été constatés : « Au Triomphe d'Alexandre il y a des épreuves avant le nom de Gérard Audran, 1675, dans l'estampe, et avant des contre-tailles sur la statue à droite. — Au Passage du Granique, avant des contre-tailles, sur le groupe de cavaliers placés derrière la barque, à gauche de la composition, et avec le mot *pintre* pour *peintre* au premier morceau. — A la Bataille d'Arbelles, avant le nom de G. Audran, 1674, dans l'estampe, et avant la virgule après le mot *Alexandre*, avant l'accent circonflexe au mot *Eaque*, et avant la virgule après le mot *folio*. — La Défaite de Porus, avant l'année 1678, après le nom du graveur. Ces diverses remarques existaient sur une suite, vendue 1,065 francs à la vente Alibert, en 1803. »

(2) Le nom du graveur en lettres, Goyton, que l'on voit sur un certain nombre des grandes estampes gravées par Gérard Audran, ne nous a pas semblé constituer en réalité un état de la planche. Ce nom, en effet, tracé soit à l'aide de points, soit très-faiblement avec une pointe, s'est effacé de lui-même, usé par le tirage, sans que l'artiste ait songé à le faire disparaître.

première planche à gauche, on lit : *Gir. Audran sculps.* 1672.

Dim. des quatre planches réunies : L. 1,394. H. 0,717.

On connaît trois états de cette planche.

I. Avant toutes lettres. L'estampe n'est pas absolument terminée, et voici les remarques que nous avons consignées : 2e planche ; avant les tailles sur la croupe du cheval monté par le guerrier qui tient une hache (1). 3e planche ; avant les tailles sur le tronc d'arbre à droite et sur le terrain qui l'avoisine. 4e planche ; avant les contre-tailles sur les herbes à gauche auprès du bras gauche du premier cadavre.

II. L'estampe terminée et avec la lettre. C'est l'état décrit.

III. Dans la première planche à gauche le mot *pintre* a été corrigé et on lit *peintre*.

58 (1). *Bataille d'Arbelles.*

Alexandre apparaît à cheval au milieu de l'estampe, tenant à la main son épée ; un aigle plane au-dessus de sa tête ; à la droite on voit Darius assis sur son char traîné par deux chevaux que des esclaves font reculer. On lit au bas de la planche en français et en latin ce que nous transcrivons ici en français seulement : ..... *Graué par Gir. Audran sur le tableau de Mr. le Brun premier pintre du Roy* | *ce tableau est dans le cabinet de Sa Maté ; il a* 16 *pieds de hault sur* 39 *pi.* 5 *pou. de long.* | LA VERTV EST DIGNE DE L'EMPIRE DV MONDE. | *Alexandre après plusieurs victoires deffit Darius dans la bataille qu'il donna près d'Arbelle, et ce dernier combat ayant acheué de renuerser le trosne des Perses, tout l'Orient fut soumis à la puissance des Macédoniens.* A côté de ces inscriptions on voit tracé à la pointe le nom de *Goyton*. Dans l'estampe même sur la

(1) Nous connaissons plusieurs épreuves d'essai de cette seconde planche. Dans l'une d'elles le casque et le bouclier du soldat à cheval qui sort de l'eau sont blancs ; dans l'autre le bouclier est encore blanc, mais le casque est gravé, sauf le cimier qui le surmonte.

première planche à gauche, on lit : *Gir. Audran sculps.* 1674.

Dimension des quatre planches réunies : L. 1,590. H. 0,713.

On connaît trois états de ces planches :

I. Avant toutes lettres : l'estampe n'est pas absolument terminée, et voici les remarques que nous avons consignées : 1re planche, avant les contre-tailles, au bas de la gauche, sur le feuillé de l'arbre, et avant le trait qui encadre la composition. 2e planche, avant le trait carré et avant les contre-tailles sur la branche d'arbre au haut de la gauche. 3e planche, avant le trait carré, et avant les travaux sur le casque du soldat, à gauche, au-dessous de la tête du cheval. 4e planche, avant le trait carré, et avant les travaux à la pointe sèche sur la tête, le bras et les vêtements du nègre à gauche.

II. L'état décrit.

III. Le mot *pintre* a été corrigé et on lit *peintre.*

59 (3). *Porus blessé, amené devant Alexandre.*

Le milieu de la composition est occupé par Porus, blessé, que deux soldats amènent à Alexandre ; on voit à gauche un paysage montueux sur le devant duquel gisent étendus sur le terrain des éléphants percés de flèches. On lit au bas de cette planche, en français et en latin, ce que nous transcrivons ici en français seulement : *Graué par Gir. Audran sur le tableau de M. le Brun premier peintre du Roy.* | *Ce tableau est dans le cabinet de Sa Maté, il a* 16 *piedz de hault sur* 39 *pi.* 5 *po. de long.* | LA VERTV PLAIST QVOYQVE VAINCVE. | *Alexandre n'est pas seulement touché de compassion, en voyant la grandeur d'âme du Roy Porus qu'il a vaincu, et fait son prisonnier, mais il luy donne des marques honorables de son estime, en le recevant au nombre de ses amis et en luy donnant ensuitte un plus grand royaume que celuy qu'il auoit perdu.* A côté de ces inscriptions, on voit tracé à la pointe le nom de *Goyton.* Dans l'estampe même, sur la quatrième planche à droite, on lit : *Ger. Audran sculp.* 1678.

Dim. des quatre planches réunies : L. 1,591. H. 0,708.

Il existe des épreuves de la planche, sur laquelle on voit Porus prétenté à Alexandre, où la gravure est uniquement préparée, et dans laquelle l'eau-forte joue le principal rôle. La Bibliothèque impériale possède une épreuve de planche représentant la même composition, que G. Audran abandonna. Celle-ci, gravée uniquement au trait et à l'eau-forte, reproduisait à l'envers le tableau de Lebrun, la scène principale seulement.

On connaît deux états de ces planches.

I. Avant toutes lettres. L'estampe n'est pas absolument terminée et voici les remarques que nous avons consignées : 1re planche, avant les travaux à mi-hauteur (à droite), entre les jambes du cheval, et, plus haut, au-dessous du sabre, auprès de l'éléphant. 2e planche, avant des travaux dans le tronc et dans les branches du palmier le long de la draperie. 3e planche, avant les tailles diagonales sur le haut de la tente à droite et sur la draperie suspendue à gauche. 4e planche, avant les contre-tailles sur la tente.

II. L'état décrit.

60 (4). *Entrée d'Alexandre dans Babylone.*

Alexandre est debout sur un char enrichi d'or et d'ivoire, traîné par deux éléphants richement caparaçonnés ; il tient d'une main son sceptre surmonté de la figure de la Victoire, et de l'autre son épée ; sur le devant un cavalier donne des ordres à deux esclaves qui portent sur un brancard un vase d'or ciselé. On lit au bas de cette planche, en français et en latin, ce que nous transcrivons ici en français seulement : AINSY PAR LA VERTV S'ELEVENT LES HEROS. | *Entrée triomphante d'Alexandre dans Babilone, au milieu des concerts de | musique et des acclamations du peuple. | Graué par Ger. Audran sur le tableau de M[r]. le Brun premier peintre du Roy.— Ce tableau est dans le cabinet de Sa M[té], il a* 16 *piedz de hault sur* 21 *pi.* 5 *pou. de long.* A côté de ces inscriptions, on voit tracé à la pointe le nom de *Goyton.* Dans l'estampe même, au bas, à gauche, on lit : *Gir. Audran, sculps.* 1675.

Dim. des deux planches réunies : L. 0,930. H. 0,715.

La Bibliothèque impériale possède une épreuve avant toutes lettres, et non terminée, de la seconde planche, celle où l'on voit deux enfants brûlant des parfums montés sur des éléphants.

On connaît deux états de ces planches.

I. Avant toutes lettres. L'estampe n'est pas absolument terminée et voici les remarques que nous avons consignées. 1re planche, avant les contre-tailles sur le tapis du brancard, sur la tête du guerrier, auprès de la main droite d'Alexandre. 2e planche, avant les contre-tailles sur la statue à droite (1).

II. L'état décrit.

61. *Le Triomphe de Constantin, d'après C. Lebrun.*

Constantin, assis sur un char de triomphe, est couronné par la Victoire; il est entouré de licteurs, précédé de soldats portant les dépouilles opimes et suivi de prisonniers. On lit au bas de cette estampe, qui se compose de quatre planches, la dédicace : *Illustrissimo viro Joan-Bap. Colberto Regi ab omnibus consiliis, ærarii moderatori, summo regiorum ædificiorum Præfecto, et sacrorum ordinum quæstori, ob ædificia principis per ejus ministerium, ubique locorum reparata, honoratam largitionibus regiis doctrinam et virtutem latrocinia publica legibus vindicata, licentiam luxus in ciuitate coercitam, Pacis artes omnes restitutas, Flavii Constantini Cæsaris, orbis terrarum pacatoris triumphum de Maxentio, ingrati animi pignus et æternum obsequii monumentum consecrat et devouet.*

C. Le Brun.

Ex. cum priuilegio Regis, 1666.

Dim. des quatre planches réunies : L. 1,614. H. 0,717.

PORTRAITS.

62. *Aberdone (le Révérend Père).*

Il est vu à mi-corps dirigé à droite ; il tient un crucifix de la main droite. On lit au bas : PORTRAICT DV R. P. *Archange d'Aberdone, capucin escossois, missionnaire apostolique dans les*

---

(1) Il existe de cette seconde planche une épreuve encore antérieure à celle que nous venons de décrire ; la place que doit occuper le ciel à la gauche du haut est absolument dénuée de travaux. En cet état l'estampe manque de l'effet que G. Audran sut y imprimer dans la suite.

royaumes d'Angleterre, d'Escosse et d'Ibernie. — Gira. Audran fecit.

H. 0,121. L. 0,075.

63. *Arnauld (Henri), évêque d'Angers.*

Il est représenté de trois quarts à droite dans une bordure ovale posée sur une console armoriée, sur laquelle on lit : *Henri Arnauld Euesque Dangers agé de* 88 *ans.* On lit encore au-dessous de l'écusson : 1685, et sur la console elle-même : *G. Audran sculp. et ex. c. p. R. — a paris, rue S. Jacques.*

H. 0,155. L. 0,117.

On connaît deux états de cette planche :

I. Avant le nom, la qualité et l'âge du personnage, et avant l'adresse du graveur.

II. L'état décrit.

64. *Clément IX.*

Le pape Clément IX est représenté de trois quarts à droite dans une bordure ovale, sur le haut de laquelle on lit : CLEMENS NONVS PONT. MAX. On voit au-dessous de l'ovale l'écusson du souverain pontife, et plus bas encore, sur une tablette, on lit : *G. Audran fecit Roma | cum priuilegio summi pontif.*

H. 0,347. L. 0,267.

65. *Clément X, d'après Cyro Ferri.*

L'art personnifié par une femme assise sur le globe terrestre occupée à peindre le portrait du pape contenu dans un cadre ovale que soutient la Religion ; deux petits Génies présentent les insignes pontificaux. On lit dans un cartouche : EFFIGIES NOMINA ET COGNOMINA S. D. N. CLEMENTIS PAPÆ X. ET RR. DD. S. R. E. CARDD. *nunc viuentium,* et au-dessous : *Cyrus Ferrus delin. — Ædit à Io. Jacobo de Rubeis*

Romæ ad Templum pacis cum priuil. S. pont. — *G. Audran sculp. Rō.*

H. 0,274. L. 0,201.

On connaît trois états de cette planche :

I. Avant que le portrait ait été gravé.

II. L'état décrit.

III. Le portrait du pape Clément X est remplacé par le portrait de son successeur Innocent XI, et l'inscription est modifiée en ce sens.

66. *Du gué de Bagnols* (François).

Il est vu de 3/4 à droite dans une bordure ovale au bas de laquelle sont ses armoiries encadrées dans un riche lambrequin. De chaque côté de l'écusson se trouvent deux emblèmes avec ces devises : PROPRIA ME LVCE CORONO. — PRÆBET VBIQVE VADVM. — VIM DEMONSTRAT ONVS. — RADIATQVE. REGITQVE. On lit au bas de l'ovale qui encadre le portrait : *Audran scul.*

L. 0,453. H. 0,334.

67. *Du Quesnoy* (*François*).

Il est représenté de 3/4 à droite dans une bordure ovale posée sur un socle. La bordure et les attributs qui l'accompagnent sont seulement tracés à la pointe. Pièce anonyme.

H. 0,161. L. 0,124.

On connaît deux états de cette planche :

I. L'état décrit.

II. La planche est terminée, et on lit sur le socle qui soutient l'ovale : FRANCISCVS DV QVEINOY | BELGA, SCVLPTOR.

68. *Guillaume*, de Limoges.

Il est assis sur le parapet du Pont-Neuf, et les jambes croisées il s'appuie sur ses béquilles, et semble chanter. On lit en haut sur une draperie :

Voicy le portrait et l'éloge
De ce chantre fameux

Nommé Guillaume de Limoge
Autrement le gaillard boiteux.

Au bas vingt vers français :

Ce gaillard boiteux fait la nique
Par ses gestes et ses façons
Aux plus grands maîtres de musique
Quand il entonne ses chansons.
La bourgeoise et la demoiselle
L'artizan et l'homme de cour
S'il chante vne chanson nouuelle
Viennent l'entendre tour à tour.
Ce chantre est bien le plus commode
Que l'on ait jamais pratiqué
Son liure d'airs et sa métode
Ne valent pas un sou marqué.
Sa conduite est assez subtile
Cet homme a plus d'esprit qu'un bœuf
D'enseigner à toute vne ville
Sans jamais sortir du Pont-Neuf.
Qui seroit assez timéraire
Pour oser médire de luy
Puisque jadis le docte Homère
Faisoit ce qu'il fait aujourd'huy.

et au-dessous : *Huart cum priuil Regis.*

H. 0,498. L. 0,331.

On connaît quatre états de cette planche :

I. Avant beaucoup de travaux sur le parapet du pont, et, entre autres, avant une figure à la gauche de l'ombre du sac, et avant une autre, au bas, à côté de la béquille sur laquelle il s'appuie.

II. L'état décrit.

III. Le nom de Huart est grossièrement effacé. On lit dans la planche même, sur une pierre qui est au bas, vers la droite, les mots : ODRAN. FECIT gravés à rebours.

IV. On lit sur cette pierre : *G. Audran, sculp.*, et au-dessous de la planche : *chez H. Bonnart, au Coq, auec priuil.*

69. *Hilling* (*Jordanus*).

Il est vu de 3/4 et tourné vers la gauche, dans une bordure ovale posée sur une feuille de papier figurée. On lit au bas : IORDANUS HILLING RIGA LIUONUS CLEMENTIS IX PONTIFISIS MAX. *Cubicularius Intimus Ætatis suæ an. quadraginta. G. Audran sculpsit Romæ.*

H. 0,165. L. 0,120.

On connaît trois états de cette planche :

I. L'ovale seul; la planche n'est pas encore terminée.

II. L'état décrit.

III. La faute de l'inscription a été corrigée, et on lit PONTIFICIS au lieu de PONTIFISIS.

70. *Laugeois* (*le R. P. Benoît*).

Un capucin assis à la droite de l'estampe sur un escabeau est occupé à peindre sur une toile placée sur un chevalet les médaillons d'Adam et d'Ève, de Moïse et du Christ. On lit vers le bas, à la gauche de l'écusson des Letellier : *J. Bap. in.* — Pièce anonyme.

H. 0,228. L. 0,157.

M. Robert-Dumesnil a précédemment décrit cette estampe (tome I, p. 217), en l'attribuant à Jean-Baptiste Courtois ; ayant eu l'occasion de rencontrer une épreuve de cette pièce fort rare portant le nom de Gérard Audran tracé d'une écriture du XVIIe siècle, il renonça à son attribution et rendit au célèbre graveur français une œuvre fort digne de porter son nom.

Ce portrait se trouve en tête de chacun des volumes de l'ouvrage suivant : *La science universelle de l'Écriture sainte fondée sur l'union, et la concordance de l'ancien testament, avec le nouveau...* par le P. Benoist Laugeois de Paris, capucin. *Paris*, 1675, 2 vol. in-4°.

71. *Léopold I*, *empereur d'Allemagne.*

Il est représenté nu-tête, de 3/4 à gauche, cuirassé et

avec une écharpe en sautoir dans une bordure ovale teintée sur laquelle on lit : BERNARDO MANCARE PROEVMIERO IN MARZABIA ALL IMPERATORE IN VENETIA. L'ovale est entouré de deux figures allégoriques et surmonté d'une couronne soutenue par deux aigles. On lit au bas à gauche : *gir. Audran In. et scul.*

H. 0,160. L. 0,129.

72. *La Bienheureuse Marie Victoire.*

La Bienheureuse Marie Victoire est agenouillée devant un autel sur lequel se voit un tableau représentant la Vierge, l'enfant Jésus et saint Jean ; elle adresse à la mère de Dieu cette prière : *Memento Domina Congregationis tuæ*, et la Vierge répond : *Noli timere Victoria ego multiplicabo semen tuum.* On lit au bas : *Hæc est* VICTORIA *quæ vincit mundum. Joan.* 1 *cap.* 50. | *La B. M. Marie Victoire, fondatrice de l'ordre de l'Annonciade, le recommande à la Vierge, et reçoit d'elle asseurance de sa protection. Elle mourut à Gennes, le* 15 *de décembre* 1617, *âgée de* 55 *ans. G. Audran fecit.*

H. 0,204. L. 0,140.

On connaît deux états de cette planche.

I. L'état décrit.

II. Après le mot *Annonciade*, on voit ajouté d'une écriture postérieure le mot *céleste*.

73. *Pégon* (*Dom. Jean*).

Un moine assis et appuyé sur une console tient dans la main gauche un cœur enflammé. On lit au bas : *Ge. Audran fecit.*

H. 0,238. L. 0,172.

Ce portrait a été gravé pour être placé en applique à l'angle de *la réunion des Chartreux*, grande estampe gravée par Michel Natalis, d'après le tableau de Bertholet Flamaël.

74. *Séguier* (*Pierre*).

Le médaillon qui contient le portrait de P. Séguier, supporté par deux figures allégoriques et des Génies, forme le sommet d'un cartouche aux côtés duquel on remarque les figures de la Mort et du Temps. On lit à droite vers le bas : *G. Audran sculp.*

H. 0,216. L. 0,181.
On connaît deux états de cette planche.
I. L'état décrit.
II. Le cartel qui se voit au bas est soutenu par deux petits Génies qui ne se trouvent pas dans les épreuves précédentes.

75. *Sorbière (Samuel).*

Il est représenté en buste tenant à la main une lettre portant son adresse, de 3/4 à gauche dans une bordure ovale sur le bas de laquelle on lit : *G. Audran faciebat ad viuum Romæ* 1667 *cum licen. Superiorum* et au bas sur une feuille déroulée :

Cernitur in vultu Probitas, Candor que, Fides que.
In scriptis reliquas perspice mentis opes.

Joh. Maury.

H. 0,247. L. 0,184.
On connaît trois états de cette planche :
I. Avant l'inscription sur la bordure et avant que les angles supérieurs de la planche n'aient été gravés. On ne lit également qu'un seul vers latin sur la feuille déployée.
II. L'état décrit.
III. Sur la bordure ovale on lit : SAMVEL. IOSEPHVS. SORBIÈRE. SANT-AMBROSIENSIS. *Obijt.* A. D. 1670. *Ætatis* 60.

PLAFONDS ET PEINTURES MONUMENTALES.

76. *La Coupole du Val-de-Grâce, d'après P. Mignard.*

Grande composition dans laquelle on compte plus de deux cents figures. Elle représente la sainte Trinité et ses principaux mystères environnés d'une foule d'anges; au-dessous sont dispersés par groupes les prophètes, les martyrs et les saintes illustres; et dans la partie inférieure on voit quelques patriarches, les chefs d'ordres saint Benoît et sainte Scholastique, puis la reine Anne d'Autriche conduite par sainte Anne et saint Louis, venant faire à Dieu l'hommage de la couronne de France. Estampe de six feuilles. On lit au bas de chacune des planches qui composent cette estampe l'adresse d'Audran et au bas de deux d'entre elles où sont représentés des anges prosternés devant un autel sur lequel est immolé un agneau : 1693, *sic exultant sancti in Gloria, sic lœtantur in cubilibus suis. Pseaume CXLIX*, 5e *v. P. Mignard eques inven. et pinxit. — Gravées par Audran chez qui elles se vendent, à Paris, rue St.-Jacques, aux deux piliers d'or avec Privil. du Roy.*

Diam. de l'estampe tout entière : 1,290.

M. de Baudicour possède une épreuve à l'eau-forte pure du centre de cette composition.

77 — 80. Histoire de David, d'après les peintures de P. Berettini, dans le palais Sachetti, à Rome.

Trois planches se réunissant pour ne former qu'une seule estampe, plus un frontispice.

Dim. de la planche entière : L. 1,015. H. 0,557.

77 (1). Frontispice. L'écusson de Colbert, sur lequel s'appuient deux Génies, occupe le milieu de l'estampe. On lit au-dessous sur une draperie : *Illus*[mo] *viro domino D. Joanni Baptistæ Colbert regi ab intimis consiliis et secretis generali ærarii moderatori, summo regiorum ædificiorum prefecto regiorum ordinum quæstori Marchioni de Segnelay, dicat. H. S. Gerardus Audran*, et au bas, à droite : *Cum. priuil. regis.*

H. 0,323. L. 0,196.

78 (2). Un des côtés du plafond, celui dans le milieu duquel on voit David ravissant un agneau à un lion. Planche anonyme.

L. 0,544. H. 0,342.

79 (3). Autre côté du plafond. On voit dans celui-ci David tuant Goliath. Planche anonyme.

L. 0,540. H. 0,346.

80 (4). Centre du plafond. Au milieu se voient les armoiries de Colbert dans un cartouche bordé d'une guirlande de fruits et aux deux côtés deux sujets, David partant pour aller combattre Goliath, et David revenant vainqueur. On lit au-dessus de la première de ces deux compositions : *Petrus Berttin Corto in et pinx. G. Audran fecit Romæ cum priuilegio summi pontif.* 1668.

H. 0,541. L. 0,300.

81. *La Coupole de la chapelle de Sceaux, d'après Ch. Le Brun.*

Le peintre a représenté le Triomphe du Nouveau Testament sur l'Ancien. Dieu le Père dans une gloire est entouré d'anges tenant l'Arche d'alliance, le chandelier à sept branches et divers instruments de musique ; une balustrade fait tout le tour de la composition. Estampe formée de cinq planches assemblées. On lit, au bas de chacune des planches qui composent cette estampe, sauf au bas de la planche du centre, une inscription que nous allons transcrire : *Pater Æternus sedens super pennas Angelorum, hæc verba in baptismate Iesu Christi proferens, hic est filius meus dilectus, etc. Le Brun in. — Peint a fraisque dans la voute de la chapelle du chasteau de Seaux, par Mr. Le Brun, premier peintre du Roy, et graué par Girard Audran.* 1681. — *Le Père Éternel porté sur les ailes des anges, prononçant ces paroles au baptesme de Jésus-Christ : Voicy mon fils bien aimé, etc.—Audran sculp. Car. Lebrun Regis pictor primarius, udo tectorio pinxit in capella castelli vulgo de Seaux ; Girardus Audran æri incidit.* 1681.

Diam. 1,170.

Le département des estampes de Paris possède une épreuve avant la lettre de la planche sur laquelle on voit un ange portant le chandelier à sept branches.

82. *Plafond du pavillon de l'Aurore au château de Sceaux, d'après Charles Le Brun.*

Grande composition formée de six planches se réunissant, dont le centre est occupé par l'aurore personnifié tenant à la main une lyre et ayant au-dessus de lui le temps également personnifié portant les armoiries du Roi se détachant sur un soleil. L'Aurore occupe le centre de l'Olympe peuplé de toutes ses divinités. La dédicace adressée par Lebrun à Louis XIV commence ainsi : *Hanc solis regiam picturæ imaginibus, vmbris et luminibus expressam, et anni in se vertentis circulum, tibi regum maximo D. D. Carolus Lebrun H. S...*, etc. On lit au bas de ces planches : *C. le Brun jn. et ex cum priuil. Regis. — G. Audran sculpsit.*

Diam. des six planches réunies : 0,808.

83. *Plafond de la galerie du petit appartement du Roi, à Versailles, d'après Pierre Mignard.*

Estampe composée de trois planches qui doivent être réunies.

I. On lit au bas de la planche le texte suivant qui nous évite le soin de donner une description du sujet : TABLEAUX DE LA VOUTE DE LA GALERIE DU PETIT APPARTEMENT DU ROY A VERSAILLES, PEINTS PAR P. MIGNARD. — *Apollon distribue des récompenses aux sciences et aux arts, et Minerue couronne le génie de la France.* On lit à la gauche de l'estampe, dans la partie inférieure, sur la gravure même : *Désigné et graué par G. Audran, d'après les peintures que M. Mignard escuyer, peintre du Roy, a fait au château de Versaille.*

H. 0,749. L. 0,563.

On connaît deux états de cette planche :

I. Avant la lettre, on lit seulement sur l'estampe l'inscription que nous venons de rapporter.

II. L'état décrit.

II. On lit sur un des côtés la planche : *La Vigilance auec ses symboles, et Mercure comme le plus vigilant des dieux*, et au bas : *G. Audran.*, 1688.

H. 0,758. L. 0,517.

III. On lit sur un des côtés de la planche : *La Preuoïance et le secret auec leurs symboles.*

H. 0,759. L. 0,522.

84 — 99. Histoire d'Énée.

Suite de 16 planches numérotées.

On connaît deux états de ces planches :
I. Avant les nos.
II. L'état décrit.

84.

(1) On voit au milieu les armoiries du pape Innocent X, à droite la figure d'Enée, et à gauche ses compagnons dans un navire. On lit au bas : GALERIA DIPINTA EL PALAZZO DEL PRENCIPE PANFILIO DA PIETRO BERRETTINI DA CORTONA. *G. Audran sculpt.* — *Se vend à Paris, chez N. Poilly, rue Saint Iacques à la belle Image.*

L. 0,483. H. 0,276.

85.

(2) Au-dessous des mêmes armoiries qui occupent le centre. On lit une dédicace commençant par ces mots : ECCELLENTISS. PRENCIPE. *La gloriosa memoria d'Innocentio X°...*, etc.

L. 0,494. H. 0,278.

86.

(3) Dans un médaillon formant le centre d'une décoration architectonique on voit Énée et ses compagnons exerçant leur adresse contre un pieu sur lequel est posée une colombe.

L. 0,715. H. 0,276.

87.

(4) Dans un médaillon formant le centre d'une décoration architectonique on voit Énée guidé dans une forêt par deux colombes.

L. 0,709. H. 0,278.

88.

(5) Junon demande à Éole de déchaîner les vents contre la flotte d'Énée. Composition ovale.

H. 0,267. L. 0,210.

89.

(6) Décoration purement architectonique.

L. 0,480. H. 0,356.

90.

(7) Décoration purement architectonique.

L. 0,484. H. 0,356.

91.

(8) Décoration architectonique dans laquelle on voit un Génie tenant à la main un lis qu'il vient de cueillir.

L. 0,545. H. 0,365.

92.

(9) Décoration architectonique dans laquelle on remarque un Génie se disposant à cueillir un lis.

L. 0,530. H. 0,350.

93.

(10) Vénus vient se plaindre à Jupiter assis dans l'Olympe au milieu de tous les dieux.

L. 0,544. H. 0,370.

94.

(11) Cérès et Cybèle traînés dans des chars au milieu de l'Olympe.

L. 0,543. H. 0,359.

95.

(12) Ulysse et les Sirènes.

L. 0,552. H. 0,348.

96.

(13) Vénus demandant à Vulcain les armes qu'il a forgées pour Énée. Composition dans un ovale.

H. 0,265. L. 0,209.

97.

(14) Neptune ordonne aux vents de se retirer.

L. 0,585. H. 0,347.

98.

(15) Énée débarque chez Évandre; il tient à la main un rameau d'olivier.

L. 0,495. H. 0,359.

99.

(16) Combat d'Énée et de Turnus.

L. 0,490. H. 0,355.

100. *Ganymède, d'après Titien.*

Il est enlevé au ciel par Jupiter, transformé en aigle. Dans une bordure octogone. On lit aux côtés du bas, à gauche : *Ticien, pinxit*, et à droite : *G. Audran, sculp. cum priuil. Reg.*

Diamètre de la composition : 0,205.
Dimension de la planche : H. 0,253. L. 0,232.
On connaît trois états de cette planche :

I. Avant les noms des artistes.

II. L'état décrit.

III. On lit au bas de la planche cette dédicace : *Dédié à Monsieur des Cotteault ord^re de la musique de la chambre du Roy.*

101—104. Estampes d'après des peintures exécutées par le Dominiquin, à Rome, dans l'église de Saint-Silvestre.

Les compositions sont dans des ovales teintés tout autour de tailles horizontales.

101. *David.*

(1) David, jouant de la harpe et dansant, est suivi de plusieurs personnages jouant de divers instruments ; au fond, à gauche, l'arche d'alliance est portée sur les épaules. Au premier plan du même côté, un homme à demi nu maintient un mouton. On lit vers le bas : *Dominiq. Pinx.— G. Audran sculp. Rō.*, et au-dessous : *Vilior fiam plusquam factus sum, et humilis ero in occulis meis.* 2 *Regum. Cap.* 6.

H. 0,484. L. 0,365.

102. *Salomon.*

(2) Salomon et Bethsabée, assis sur un trône, sont entourés de leurs serviteurs et servantes. On lit vers le bas : *Dominiq. pinx. — G. Audran sculp. R.*, et au-dessous : *Beati viri tui et beati serui tui qui stant coram te semper et audiant sapientiam tuam.* 3 *Regum. Cap.* 10.

H. 0,484. L. 0,365.

103. *Esther.*

(3) Assuérus descend de son trône pour secourir Esther évanouie. On lit vers le bas : *Dominiquain pinxit.—Cum priuil. Regis.— G. Audran sculp. Rome*, et au-dessous : *Sicut diuisiones aquarum; ita cor regis in manu domini, quocumque voluerit inclinabit illud. prouerbiorum.* 21.

H. 0,480. L. 0,356.

On connaît deux états de cette planche :

I. Avec le nom d'Audran.

II. L'état décrit.

104. *Judith.*

(4) Judith, montée sur un degré, montre au peuple la tête d'Holopherne qu'elle vient de tirer d'un sac que tient Bethsabée. A la droite, des enfants et des vieillards témoignent leur admiration pour le courage de Judith. On lit vers le bas *Dominiqu. Pinx. — Cum priuil. Regis. — G. Audran sculp. Rome*, et au-dessous : *Erit memoriale nominis tui, cum manus fœminæ detecerit cum. Judith. Cap.* 9.

H. 0,477. L. 0,360.

105—118. Angles du plafond de la Farnesine, à Rome, d'après Raphaël.

Suite de quatorze planches; elles portent toutes à la droite du bas cette mention : *Cum privil. Regis.*

L. 0,287. H. 0,222.

105.

(1) Un petit Génie portant un arc met un doigt de la main droite sur une des flèches de son carquois. On lit au bas, aux deux côtés d'un écusson contenant les armoiries de Charles Lebrun : *Nobil^mo viro D. Dno Carolo Le Brun | Equiti, Proto pictori Regis Christian^mi, Regiis Picturis et | operibus Præposito, nec non regiæ Pictoru Academia Cancellario | meritissimo. G. Audran.*

106.

(2) Un Génie portant la foudre et ayant à ses côtés un aigle. On lit au bas : *Raphael Inuentor. G. Audran delineauit et sculpsit Romæ superiorum licentia cum priuilegio Regis. A Paris, rue St.-Jacques, aux* 2 *piliers d'or.*

107.

(3) Petit Génie portant sur son épaule un trident. On lit au bas : R. V. I. — G. A. F.

108.

(4) Génie portant une fourche à deux dents, et autre Génie sur le chien Cerbère. On lit au bas : R. V. I. — G. A. F.

109.

(5) Génie portant un sabre et un bouclier. On lit au bas : R. V. I. — G. A. F.

110.

(6) Génie portant au-dessus de sa tête un carquois et un arc, et ayant devant lui un dragon. On lit au bas : R. V. I. — G. A. F.

111.

(7) Génie tenant un caducée. On lit au bas : R. V. I. — G. A. F.

112.

(8) Génie tenant un cep de vigne. On lit au bas : R. V. I. — G. A. F.

113.

(9) Génie tenant de ses deux mains une flûte de Pan. On lit au bas : R. V. I. — G. A. F.

114.

(10) Génie tenant un bouclier et un casque. On lit au bas : R. V. I. — G. A. F.

115.

(11) Génie portant sur sa tête et sur son dos un bou-

clier et un casque. On lit au bas : R. V. I. — G. A. F.

116.

(12) Deux Génies portant un tronc d'arbre; à côté d'eux se voit une Sirène On lit au bas : R. V. I. — G. A F.

117.

(13) Génie portant un marteau et des tenailles. On lit au bas : R. V. I. — G. A. F.

118.

(14) Génie porté par un lion et par un cheval ailé. On lit au bas : R. V. I. — G. A. F.

119 — 122. Les vertus cardinales.

119. *La Prudence.*

(1) Une femme tenant à la main un miroir que vient de lui présenter un Génie est assise sur des nuages, au-dessus d'une figure du Temps. On lit en haut : *La Prudence qui se nourit par le temps*, etc., et au bas : *Sortibus dominatur....*, etc. *Peint. du Dominiquain à Rome dans l'église St.-Charles. — G. Audran sculp. Romæ.* 1675. — *à Paris chés Joullain.*

H. 0,355. L. 0,282.
On connaît deux états de cette planche :
I. Avant toutes lettres.
II. L'état décrit.

120. *La Tempérance.*

(2) Une femme assise sur des nuages tient, d'une main, une palme, et de l'autre un mors que lui apporte un petit Génie ; au-dessous une autre femme maintient une licorne. On lit au haut : *La Tempérance étoufe les plaisirs*, etc., et au bas : *Voluptatum victrix...*, etc. *Peint. du Dominiquain à Rome,*

dans l'eglise St.-Charles. — G. Audran, sculp. Romæ, 1675. — *à Paris chés Joullain.*

H. 0,355. L. 0,282.
On connaît deux états de cette planche :
I. Avant toutes lettres.
II. L'état décrit.

121. *La Justice.*

(3) Une femme assise sur des coussins reçoit une couronne que lui apporte un Génie, et tient de la main droite un sceptre. Au-dessous une femme se presse les deux seins. On lit au haut : *La Justice gouverne....*, etc., et au bas : *Regina altrixque...*, etc. *Peint. du Dominiquain à Rome, dans l'église St.-Charles. — G. Audran sculp. Romæ*, 1675. — *à Paris chés Joullain.*

H. 0,355. L. 0,282.
On connaît deux états de cette planche :
I. Avant toutes lettres.
II. L'état décrit.

122. *La Force.*

(4) Une femme (Minerve) tenant d'une main un bouclier, et de l'autre une épée, est assise sur des nuages. Au-dessous un homme sur un lion s'apprête à le frapper d'une flèche. On lit en haut : *La Force abbaisse les superbes...*, et au bas : *Fortitudo superbos...*, etc. *Peint. du Dominiquain à Rome, dans l'Église St.-Charles. — G. Audran sculp. Romæ*, 1675. — *à Paris chés Joullain, quay de la Mégisserie à la ville de Rome.*

H. 0,355. L. 0,282.
On connaît deux états de cette planche :
I. Avant toutes lettres.
II. L'état décrit.

VIGNETTES.

123 — 128.

Estampes décorant le livre intitulé : PARAPHRASE DES

PSEAVMES DE DAVID EN VERS FRANÇOIS, *Par le* R. P. CHARLES LE BRETON, etc. *Paris, François Mvgvet*, 1660, in-8.

H. 0,158, y compris 0,002 de marge. L. 0,102.

123.

TITRE.

(1) Notre-Seigneur apparaît dans le haut et étend les deux bras. Deux anges soutiennent, au-dessous de lui, une draperie contenant ce titre :

Les Pseaumes
DE DAVID,
Mis en vers François.
Par
Le R. P. CHARLES LE BRETON
de la Compagnie de Jesus.
Dediez à Iesus Christ.

Au-dessous se trouve un monogramme formé des lettres P. F. M. C. et environné d'une palme et d'une branche de laurier. On lit dans un cartouche, au bas et sur son rebord inférieur :

A PARIS,
Chez FRANÇOIS MVGVET, *rüe de la harpe,*
Aux trois Roys vis à vis la Barbe d'Or.
M. DC. LX. *Auec priuil. du Roy*
Auec Approbation.
Gir. Audran — Inu. et sculp.

124. *Dauid, persécuté, uoit la Passion du Messie.*

(2) David est debout, à droite, appuyé sur son bouclier, sur les bords duquel on lit les mots qui servent de titre à cette estampe. Il contemple et adore le Messie qui lui apparaît à la gauche du haut, et de la bouche duquel semblent sortir ces mots : *Foderunt manus meas et pedes meos.*

On lit au bas, à gauche : *Et super vestem meam miserunt sortem. Ps.* 21, et à droite : *gira Audran fecit.*

125. *Dauid poenitent entre l'Amour et la Crainte.*

(3) Prosterné au milieu de l'estampe, David adresse ces mots à un ange vengeur qui lui apparaît à la gauche du haut : *Cor mundum crea in me deus.* On lit sur une pierre, à droite, vers le bas ; *l'Ombre d'Vrie,* et dans la marge, à la droite du titre que nous venons de rapporter : *gir. Audran fecit.*

126. *Dauid demande l'Incarnation du Fils de Dieu pour la rédemption des hommes.*

(4) Debout, à droite, David présente à l'Éternel les chaînes de l'esclave couché à ses pieds, en lui adressant ces mots : *Excita potentiam tuam et veni vt saluos facias nos. Ps.* 79. On lit, à la droite du bas, l'inscription que nous avons rapportée comme titre, et du côté opposé, vers le bas : *g. Audr. f.*

127. *Dauid, rauy en esprist, loüe Dieu en ses creatures et les inuite à le louer.*

(5) Assis sur les nuages, David joue de la harpe en adressant ces paroles à Dieu : *psallam Deo meo quandiu sum.* Celles-ci se lisent au bas du nuage sur lequel il pose : *Quam magnificata sunt opera tua domine, ps.* 103. Dans la marge, on lit, à la suite de l'inscription que nous avons rapportée comme titre : *gir. Audran inu et sculp.*

128. *Dauid uoit en esprit la Trinité.*

(6) Assis sur son trône, le roi David adresse à la Trinité, qui se voit à la gauche du haut, ces paroles : *Dixit Dominus Domino meo.* Sur la marche du trône est écrit à côté de l'inscription que nous avons transcrite comme titre : *gira. Audran Inu et seculp.*

129. *David chantant les louanges du Seigneur.*

A gauche, David agenouillé joue de la harpe, à ses côtés se voient deux feuilles déroulées sur lesquelles on lit *Foderunt manus meas et pedes. Psal.* 21. — *Dominus regnauit a Ligno. Psal.* 95. Les instruments de la Passion apparaissent à droite dans une gloire. On lit, à l'intérieur du trait carré : *G. Audran in. et sculp.* — *F. Muguet*, et au-dessous : *Necesse est impleri omnia quæ scripta sunt in... Psalmis de me. Lucæ*, 24. 44.

L. 0,206. H. 0,093.

On connaît deux états de cette planche :

I. Avant le nom de *F. Muguet.*

II. L'état décrit. Les mots *Psalmis de me*, gravés en petites italiques dans le premier état, ont été gravés à nouveau et dans les mêmes dimensions que les autres paroles.

130. *La Mission des Apôtres.*

A gauche, saint Paul lève la main droite et semble prêcher à la foule qui est devant lui. On lit à la droite, vers le bas, au-dessous de la base d'une colonne : *g. au seculp.*, et plus bas : *Non enim sumus adulterantes Verbum Dei, sed ex sinceritate, sed sicut ex Deo, coram Deo, in Christo loquimur.* 2 *cor.* 2. 17.

H. 0,100. L. 0,193.

On connaît deux états de cette planche :

I. L'état décrit.

II. Le nom d'Audran a été changé de place ; au lieu de se trouver en abrégé au-dessous de la base de la colonne, il est sur cette base même et ainsi gravé : *g. Audran scul.* L'inscription qui se trouve dans la marge inférieure a été gravée à nouveau, et l'adresse suivante y a été ajoutée : *Se vent chez N. Le Roy, au faub. St-Marsel, au lyon d'argent.*

131. *La Descente du Saint-Esprit sur les Apôtres.*

Saint Pierre debout vers la droite montre aux apôtres assemblés le Saint-Esprit qui descend sur eux. On lit sur le terrain vers le milieu : *g. Audran scul.* et au-dessous du trait carré : *Adhuc loquente Petro, cecidit spiritus sanctus super omnes qui audiebant verbum. Act. X, 44, se vent chez N. le Roy au faub. St.-Marsel.*

L. 0,197. H. 0,102.

Mariette attribue le dessin de cette estampe à Cero-Ferri et Heineken à Pietro Berettini da Cortona.

132 — 135. Suite de quatre estampes chiffrées dans la marge, à droite.

132. *Prise d'Alexandrie.*

(1) La ville paraît en feu ; elle occupe le fond de la composition. Au devant de l'estampe on remarque un crocodile percé d'une flèche. Vers la droite, sur le second plan, devant l'intérieur d'une rotonde, deux chefs armés de leur bouclier et de leur glaive semblent prêts à en venir aux mains. On lit dans la marge, au milieu, *Prise d'Alexandrie*, et à droite : *G. Au. s. et ex. c. p. R.*

H. 0,293, dont 0,011 de marge. L. 0,206.

On connaît deux états de cette planche :

I. Avant la lettre ; le nom de Ger. Audran est seul gravé.

II. L'état décrit.

133. *Bataille d'Antioche, d'après le Bourguignon.*

(2) On remarque, sur le second plan, le roi de France, plongeant le fer de sa lance dans la gorge du chef musulman qui se voit devant lui à gauche. Tous deux sont à cheval. On lit dans la marge, à gauche : *Bourg, In.*, au milieu : *Bataille d'Antioche*, et à droite : *G. Au. scul. et ex. C. P. R.*

H. 0,296, dont 0,014 de marge. L. 0,206.

On connaît deux états de cette planche :

I. Avant la lettre. Les noms des artistes sont seuls gravés.

II. L'état décrit.

134. *Le Sacrifice d'Iphigénie, d'après Romanelli.*

(3) L'autel de sacrifice est allumé à gauche. Achille arrête

le bras d'Agamemnon qui allait frapper sa fille agenouillée au milieu du sujet, au pied de l'autel. On lit dans la marge, à gauche : *Romanel, In.*, au milieu : *Sacrifice d'Iphigénie*, et à droite : *G. Au. s. et ex. C. P. R. aux 2 piliers d'or.*

H. 0,300, dont 0,014 de marge. L. 0,210.

On connaît deux états de cette planche :

I. Avant la lettre. Les noms des artistes sont seuls tracés, et on ne lit pas encore à la suite des lettres C.P.R. l'adresse du maître : *Aux 2 piliers d'or.*

II. L'état décrit.

135. *Mort de Clorinde, d'après le même.*

(4) Elle est déposée sur des coussins, dans une tente, et entourée de trois servantes qui se livrent à la douleur. Tancrède s'avance épouvanté. On lit dans la marge, à gauche : *Rom.*, au milieu *Mort de Clorinde*, et à droite : *G. Au. s. et ex. C. P. R.*

H. 0,300, dont 0,012 de marge. L. 0,210.

On connaît deux états de cette planche :

I. Avant la lettre. Les noms des artistes sont seuls gravés.

II. L'état décrit.

136. *Minerve et l'Abondance.*

Debout aux côtés de l'estampe, ces deux figures se donnent la main en signe d'alliance. Deux Génies voltigent au milieu du haut en tenant une banderole sur laquelle on lit LOVIS LE GRAND. Le millésime 1680 se voit au milieu du bas. On lit dans la marge à gauche : *F. Muguet Tipog* , et à droite : *Gi. Audran jnuen et sculp.*

H. 0,206, dont 0,004 de marge. L. 0,148.

On connaît quatre états de cette planche :

I. Avant l'inscription sur la banderole et avant toutes lettres.

II. L'état décrit.

III. Le millésime a été corrigé en 1683.

IV. Les mots *F. Muguet Tipog.* ont été enlevés.

Cette planche sert de frontispice à *Louis le Grand, panégyrique par M. Fr. Faure,* 1680, in-4°.

137. *Mercure se servant de son caducée pour peindre le fleuve du Nil, d'après Ch. Le Brun.*

Mercure, assis sur un terrain un peu élevé, peint avec le manche de son caducée, sur une toile posée devant lui, le fleuve du Nil auquel il a donné la tête du Roi Louis XIV. A droite de l'estampe se voit le fleuve du Nil personnifié par un vieillard étendu tenant une rame d'une main et une corne d'abondance de l'autre. On lit au haut du chevalet : AV ROY. Au haut de la planche : LE DEBORDEMENT DV NIL, et au bas : *C. le B. in. — Papirus.* Le nom de Gérard Audran ne s'y trouve pas.

H. 0,216. L. 0,168.

Cette estampe sert de frontispice à l'ouvrage suivant : *Discours sur les causes du desbordement du Nil, par monsieur de la Chambre.* Paris, de l'imprimerie d'Edme Martin, 1665, in-4°.

138. *La Géométrie.*

Figure de femme assise sur un degré ; elle supporte de la main droite une sphère et appuie sur un livre un compas qu'elle tient dans la main gauche. On lit sur le degré : G. A. F.

L. 0,061. H. 0,039.

Cette petite vignette est imprimée sur le titre du premier volume de l'ouvrage suivant : *Manuale in omnes D. Pauli apostoli epistolas : itidem in septem canonicas epistolas. Joannis Bence, doctoris sorbonici, ac congregationis oratorii Jesu Christi Presbyteri. Lugduni,* J. B. de Ville, 1682, 2 vol. in-12.

On connaît deux états de cette planche :

I. L'état décrit.

II. Les lettres *G.A.F.* ont disparu, et on lit à la gauche du bas auprès du pied droit de la figure : *Audran scul.*

139. *Titre de livre.*

La médecine personnifiée sous les traits d'une femme assise appuie sa main droite sur un écusson contenant les armoiries de la Faculté et tient de l'autre main un bâton autour duquel se voit un serpent; sur le bâton on lit : *hæc euocat orto.* Au-dessous de cette figure se trouve une draperie aux côtés de laquelle sont debout HIPPOCRATES et GALENVS. La draperie contient cette inscription : STATVTA FACVLTATIS MEDICINÆ *Parisiensis* 1660. On lit au-dessous dans un cartouche : PARISIIS *apud* FRANCISCVM MVGVET *via Citharæ, ad Insigne adorationis Regum.* M. DC. LX. puis tout au bas : *gir. Audran — fecit.*

H. 0,109. L. 0,050.
On connaît deux états de cette planche :
I. L'état décrit.
II. La date 1660 est convertie en 1696.

Dans la première de ces deux éditions, on voit à la page 1 un petit fleuron qui nous paraît également être gravé par Gérard Audran. Il contient un écusson armorié surmonté de cette devise : CRESCIT IN ADVERSIS VIRTVS.

L. 0,050. H. 0,026.

140. *Titre de livre.*

Une femme assise appuie son coude sur des livres placés sur une table. On lit sur le tapis qui recouvre cette table : SVMMVLA PHILOSOPHIÆ *Authore* D. PETRO A S^TO^ JOSEPH *fuhensi* et au-dessous : *Gir. Audran fec.* 1662, puis en dehors du trait carré : PARISIIS *apud* FRANCISCVM MVGVET, *via citharæ, ad insigne Trium Regum.* M.DCLXII. C. P. R.

H. 0,113. L. 0,066.

141.

La figure de la Peinture, appuyée sur l'écusson des armes de Charles Le Brun, assise au milieu, semble dicter des préceptes qu'un enfant écrit derrière elle. Autour de cette figure se voient des enfants portant les attributs des arts du dessin, tels que chevalets, compas, crayons et ciseaux. On lit à la droite du bas, en caractères légèrement tracés à la pointe : *Tettelin jn. Audran sculp.*

L. 0,328. H. 0,084.

Cette estampe sert de tête de page à la dédicace qui précède les *Sentimens des plus habiles peintres du temps sur la pratique de la peinture... par H. Testelin.* Paris, 1680, in-f° obl.

142.

La Nature faisant présent d'une lyre et d'un vase rempli de l'eau de l'Hippocrène à une Muse qui a auprès d'elle un fleuve et un lion, pour indiquer la force et la fécondité de sa verve. On lit en haut sur une banderole : NATVRÆ MVNVS et au bas à droite : *G. Audran, f.*

L. 0,091. H. 0,088.

EMBLÈMES.

143—154. Suite de quatorze estampes pour l'ouvrage suivant : *De l'art de régner, au Roy, par le Père le Moyne, de la compagnie de Jésus.* Paris. S. Cramoisy. 1665. In-f°.

Les planches 7 et 9 ne sont pas gravées par Gérard Audran. Chacune des devises reproduites ici se trouve dans un paysage éclairé par le soleil, emblème du Roi.

H. 0,147. L. 0,115.

143.

(1) VT PRÆSIT ET PROSIT. Pièce anonyme qui nous paraît bien être gravée par G. Audran.

144.

(2) RESPICIO VT PERFICIAR. Pièce anonyme.

145.

(3) Nvsqvam devivs. Pièce anonyme.

146.

(4) Non ardor non algor inest. On lit à la gauche du bas : G. A.

147.

(5) Mente feror qvacvmqve feror. On lit à la gauche du bas : G. A.

148.

(6) Cviqve svvm metitvr. On lit à la gauche du bas : G. A.

[(7) Lvcet agitqve vnvs. (Cette pièce est gravée par Jean Lenfant et porte les initiales de cet artiste I. L.)]

149.

(8) Nec falsvs nec fallens. On lit à la gauche du bas : G. A.

150.

(9) Nec offenditvr nec offvnditvr. On lit à la gauche du bas : *G. Audran f.*

151.

(10) Transit benefaciendo et sanando. On lit à la gauche du bas : G. A.

152.

(11) Dives in omnes. On lit à la gauche du bas : G. A.

[(12) Regitvrqve regitqve. Cette pièce est gravée par Jean Lenfant et porte les initiales de cet artiste : *I. L. fecit.*]

153.

(13) COLLIGIT VT SPARGAT. On lit à la gauche du bas : G. A.

154.

(14) VICIT AB ORTV. On lit à la gauche du bas : *G. Audran f.*

155 — 167.

Diuerses figures hiérogliphiques, peintes par Raphaël d'Urbin, dans une des salles du Vatican, à Rome. A Paris, chez Audran, rue St-Jacques, aux 2 pilliers d'or, auec priuil. du Roy.

H. 0,422. L. 0,245.

Suite de treize planches numérotées en chiffres arabes. On lit à la gauche du bas de chacune de ces planches - *Raphael in. Audran ex. C. P. R.*

155.

(1) I. La Noblesse. Sur cette planche se lit le titre que nous venons de rapporter.

156.

(2) II. La Religion.

157.

(3) III. La Paix.

158.

(4) IV. La Loy.

159.

(5) V. L'Abondance.

160.

(6) VI. Vignoble.

161.

(7) VII. Navigation.

162.

(8) VIII. La Marine.

163.

(9) IX. Commerce.

164.

(10) X. Colonie.

165.

(11) XI. La Protection.

166.

(12) XII. (Deux Termes.)

167.

(13) XIII. (Deux Termes.)

MORCEAUX D'APRÈS LA STATUAIRE.

168.

Figure de femme en pied vue de face, montrant le ciel de la main droite élevée et tenant sur le bras gauche une corne d'abondance renversée. Elle porte le costume des matrones romaines. Ses pieds nus posent sur le sol. On lit au bas : *C. Le Brun. G. Audran fecit, A Paris, rue St-Jacques, au 2 Piliers d'or.*

H. 0,172. L. 0,135.

169 — 171. Statues faisant partie du tome VII, du cabinet du roi.

169. *Le Point du jour.*

Figuré par une femme debout tenant dans la main gauche

une flèche et ayant à ses côtés un coq. On lit sur le piédestal : *Gir. Audran sculps.* 1681 et au-dessous : *Le point du jour. Statue de marbre, haulte de sept pieds, dans les jardins de Versailles, par Gaspar de Marcy, de Cambray, d'après le dessein de Mr. Le Brun, 1er peintre du Roy.* En regard la traduction en latin de cette inscription.

H. 0,420. L. 0,295.
On connaît deux états de cette planche :
I. Avant toutes lettres.
II. L'état décrit.

170. *L'Afrique.*

Figurée par une négresse debout tenant dans la main droite un arc; à ses côtés un lion couché lui lèche les pieds. On lit sur le piédestal : *Gir. Audran sculps.* 1681 et au-dessous : *L'Afrique. Statue de marbre, haulte de sept pieds, dans les jardins de Versailles, par Gaspar de Marcy, de Cambray, d'après le dessein de Mr. Le Brun, 1er peintre du Roy.* En regard la traduction en latin de cette inscription.

H. 0,424. L. 0,292.
On connaît deux états de cette planche :
I. Avant toutes lettres.
II. L'état décrit.

171. *Ravissement de Proserpine.*

Sur le piédestal on lit : *Gir. Audran sculps.* 1680 et au-dessous : *Rauissement de Proserpine. Grouppe de trois figures de marbre blanc, dans les jardins de Versailles, par François Girardon, de Troyes, d'après le dessein de Mr. Le Brun, 1er peintre du Roy.* En regard la traduction latine de l'inscription.

H. 0,424. L. 0,299.
On connaît deux états de cette planche :
I. Avant toutes lettres.
II. L'état décrit.

172. *Pluton.*

Debout tenant à la main une pique à deux dents et ayant derrière lui Cerbère. On lit à la droite de la figure vers le bas : *Statue de marbre d'un Plvton et de son chien Cerbère de dix pieds de haut posée dans le jardin de Versailles, faite par Mr. Anguiere. G. Audran sculp.*

H. 0,406. L. 0,301.

On connaît deux états de cette planche :

I. Avant l'inscription rapportée plus haut. Une épreuve de cet état, conservé au cabinet des estampes de Paris, et ayant appartenu à Pierre Mariette, porte d'une écriture ancienne *pesne scupsit.*

II. L'état décrit.

173.

Déjanire enlevée par Nessus. On lit au bas : *Iullius. Rom. — G. Au. sc. c. p. R.*

H. 0,235. L. 0,184.

174.

Mnémosyne et le Génie de la Poésie, au milieu de Thalie, de Melpomène et de deux autres Muses. Melpomène tient dans la main droite un papier ouvert sur lequel est écrit : RAFAEL VRBINAS INVENT. On lit au bas : *G. Au. f. C. P. R. — R. Vrbin. In.*

L. 0,375. H. 0,199.

175 — 177.

Trois planches sur chacune desquelles se voient deux sujets allégoriques, femmes et Génies, gravés d'après des bas-reliefs antiques sur des dessins attribués à Raphaël. Pièces anonymes.

L. 0,259. H. 0,203.

178 — 179.

Deux planches représentant des sacrifices et gravées d'après bas-reliefs sur des dessins attribués à Raphaël. Pièces anonymes.

L. 0,253. H. 0,169.

180.

Un Faune jouant de la double flûte et dansant entre deux Bacchantes. On lit au bas : *R. Vrbin. In. — G. Au. sculp. C. P. R.*

L. 0,373. H. 0,197.

181.

Silène couché tenant sous son bras droit une outre pleine de vin qu'il renverse. On lit au bas : *Iullius. Rom. — G. Au. sc. C. P. R.*

L. 0,233. H. 0,179.

182.

Quatre figures drapées de la mort qui furent placées aux angles du catafalque érigé dans l'Église des pères de l'Oratoire de la rue Saint-Honoré, par l'Académie royale de peinture, à la mémoire du chancelier Séguier, son protecteur, le 5 mai 1672. Pièce anonyme.

H. de la planche 0,344. L. 0,272.

On connaît deux états de cette planche :

I. L'état décrit.

II. On lit au bas l'adresse de G. Audran, *à Paris, rue St.-Jacques, aux 2 piliers d'or, avec privilége du Roy.*

183.

Quatre figures de femmes destinées à soutenir le sarcophage du chancelier Séguier. Elles représentent symboliquement la Douleur, la Vérité, l'Abondance et la Justice. On lit au bas : *C. Le Brun. G. Audran fecit, A Paris rue St.-Jacques, aux 2 piliers d'or auec priuil du Roy.*

H. 0,346. L. 0,272.

184.

Église Saint-Ouen, à Rouen. Façade latérale. On lit au haut, sur une banderole au-dessous de laquelle se trouvent deux écussons armoriés : ÉGLISE DE L'ABBAYE ROYALE DE S^{T}.-OVEN, DE ROVEN, VEVE DV COSTÉ DV MIDY, et au bas, au-dessous de vingt vers latins et français : *I. Toutain, del. — G. Audran scul.*

L. 0,560. H. 0,421.

185. *Six dessins d'ornements dans des angles, d'après G. Charmeton.*

Ces six estampes, quoique gravées sur des planches différentes, se trouvent quelquefois imprimées sur une seule feuille. On lit dans un cartouche ménagé sur la première de ces planches: *Ornements du sieur Charmeton, peintre du Roy, et gravé par Audran*, et à la gauche du bas : *à Paris chez Audran, rue St.-Iacques, aux 2 piliers d'or.*

186 — 215. Livre à dessiner.

Estampes décorant le livre de notre maître intitulé : LES PROPORTIONS DU CORPS HUMAIN, *mesurées sur les plus belles figures de l'antiquité. Paris, Girard Audran*, 1683, *in-f°*.

Ce volume est composé de deux feuilles de texte, comprenant le titre qui occupe le premier feuillet, la préface en quatre pages, les avertissements et l'extrait du privilége qui se trouvent au recto du dernier feuillet, et trente feuillets contenant les figures.

Ces figures sont numérotées de 1 à 30 à la droite du bas.

Les vingt premières sont en hauteur ; voici leurs dimensions.

H. 0,292 à 0,310. L. 0,215 à 0,220.

Les autres sont en largeur; voici les dimensions des n°s 21-26.

L. 0,305 à 0,308. H. 0,215 à 0,220.

Toutes ces figures sont gravées au trait et sont accompagnées de points et de chiffres indiquant les proportions.

Les planches 27 et 28 ne sont pas gravées par *Audran*, elles ont été exécutées par *Jean Pesne* et elles sont décrites dans le catalogue de son œuvre. (Tome III, p. 156, nos 82 et 83.)

Les planches portant les nos 29 et 30 ont seules été signées par Audran.

Voici les dimensions de ces deux derniers numéros qui sont terminés.

L. 0,242 et 0,245. H. 0,190 et 0,195.

186.

(1) Le Laocoon vu de face. Au haut est une explication en six lignes, suivie de ces mots : *Pl. Liu.* 36. *Ch.* 5 On lit au bas : *Ce vend à Paris, chez Audran, rue S.-Jacques, aux deux Piliers d'or. Auec priuilége du Roy.*

187.

(2) La même figure tournée de profil à droite. On lit au haut : *Laocoon*, etc., et au bas à droite : *Auec priuilége.*

188.

(3) La même figure tournée de profil à gauche. On lit au haut : *Laocoon*, etc., et à la droite du bas : *Auec priuilége.*

189.

(4) La même figure vue par derrière. On lit au haut : *Laocoon*, etc., et à la droite du bas : *Auec priuilége.*

190.

(5) L'Hercule Farnèse vu de face, avec plusieurs de ses parties isolées de chaque côté. On lit au haut une explication en deux lignes, commençant par ces mots : *La statue d'Hercule*, etc., et à droite du bas : *Auec priuilége du Roy.*

191.

(6) La même figure tournée de profil à gauche et deux de ses parties isolées. On lit au haut : *Le même Hercule*, etc., et à la droite du bas : *Auec priuil.*

192.

(7) La même figure vue par derrière. On lit au haut : *Le mesme Hercule*, etc., et à la droite du bas : *Auec priuil.*

193.

(8) Le Pyrame du jardin Ludovisi vu de face. On lit au haut : *Pyrame*, etc., et à la gauche du bas : *Auec priuil.*

194.

(9) La même figure dans une autre attitude. On lit au haut : *Le mesme*, etc., et à la droite du bas : *Auec priuilége.*

195.

(10) Figure égyptienne vue de face et de profil. On lit au haut une description de la figure commençant par ces mots : *Le terme ouvrage Égyptien...*, et à la gauche du bas : *Auec priuil.*

196.

(11) L'Antinoüs vu de face et de profil, avec plusieurs de ses parties. On lit de bas en haut, au côté gauche de l'estampe : *La statue d'Antinoüs*, etc. Au haut : *Elle a de hauteur 7 testes 2 parties*, et au bas vers la gauche : *Auec priuilége.*

197.

(12) La même statue vue de profil et de dos. On lit au haut : *Le mesme Antinous*, etc., et à gauche du bas : *Auec priuilége.*

198.

(13) La Paix des Grecs vue de profil et de face, avec quelques-unes de ses parties. On lit au haut le titre de ce morceau, avec deux lignes d'explication, et à la droite du bas : *Auec priuil.*

199.

(14) La Vénus Callipyge vue par le dos. On lit au haut : *La Bergère grecque a*, etc., et à la droite du bas : *Auec priuilége.*

200.

(15) La Vénus de Médicis vue de profil et de face, avec quelques-unes de ses parties. On lit au haut en deux lignes *La statue de Vénus*, etc., et à la droite du bas : *Auec priuilége.*

201.

(16) La même statue vue de profil et de dos, plus son visage vu de face. On lit en haut une explication en deux lignes, commençant par : *La Vénus Aphrodite*, etc., et à la droite du bas : *Auec priuilége.*

202.

(17) L'Apollon du Belvédère vu de profil et sa partie inférieure. On lit au haut une explication en deux lignes, commençant par : *Apollon pythien*, etc., et à la droite du bas : *Auec priuilége.*

203.

(18) La même statue vue à peu près de face. On lit au haut : *Le mesme*, etc., et à la droite du bas : *Auec priuilége du Roy.*

204.

(19) La même statue vue un peu plus de face. On lit

au haut : *Le mesme*, etc., et à la droite du bas : *Auec priuilége.*

205.

(20) La même statue tournée à gauche. On lit au haut : *Le mesme*, etc., et à la droite du bas : *Auec priuilége du Roy.*

206.

(21) Statue fragmentée, vue de face et de profil, avec plusieurs de ses parties. On lit au haut : *Ce fragment de l'antique*, etc., et au bas : *Auec priuil.*

207.

(22) L'esclave, autrement dit le Gladiateur mourant, avec plusieurs de ses parties. On lit au haut : *La même*, etc., et au bas : *Auec priuil.*

208.

(23) La même figure avec quelques autres de ses parties. On lit au haut : *Mirmille mourant*, etc., et au bas : *Auec priuil.*

209.

(24) Le grand enfant du Laocoon vu de profil et de face. On lit au haut : *Le grand enfant*, etc., et au bas : *Auec priuil.*

210.

(25) Le plus jeune des enfants du Laocoon et son aîné. On lit au haut : *L'un des enfants*, etc., et au bas : *Auec priuil.*

211.

(26) Un enfant vidant un vase, vu de profil et de face, avec quelques-unes de ses parties. On lit au haut : *Il a 5 testes de hauteur*, et au bas : *Auec priuil.*

212.

(27). . . . .

213.

(28). . . . .

214.

(29) Deux têtes, l'une d'un roi et l'autre d'un guerrier, tournées à droite, d'après Raphaël. On lit au bas, à gauche : *R. Vrbin. In.* et à droite : *G. Au. sculp. cum priuil.*

215.

(30) Deux têtes de vaincus tenues par les cheveux ; d'après Raphaël. On lit au bas, à gauche : *R. V. In.* et à droite : *G. Au. s. C. P. R.*

TABLE DES DIVISIONS DU CATALOGUE DE L'ŒUVRE DE GÉRARD AUDRAN.

APPENDICE

AU CATALOGUE DE L'OEUVRE DE JEAN COUSIN.

Depuis que le Catalogue de l'œuvre de Jean Cousin a été imprimé, nous avons été assez heureux pour avoir communication d'un volume qui contient, à n'en pas douter, trois planches dont le dessin peut être attribué à Jean Cousin. Ces planches représentent des paysages destinés à expliquer le mécanisme d'un instrument nommé *holomètre*. Voici le titre de l'ouvrage : *Vsaige et description de l'holomètre pour sçavoir mesvrer toutes choses qui sont soubs l'estandüe de l'œil : Tant en longneur et largeur, qu'en hauteur et profondité. Inuenté par Abel Foullon, vallet de chambre du Roy*. Paris, 1555, in-4°.

La préface du même ouvrage nous donne, sur le véritable auteur de la traduction de Vitruve (traduction attribuée jusqu'à présent à Jean Martin), des renseignements que nous croyons utile de transcrire : « .... J'ay crainct aussi (c'est Foullon qui parle) que quelqu'vn ne m'en fist, comme par cy deuant ma faict vn autre : qui après m'estre tant fié en luy, que luy communiquer la traduction francoise de Vitruue, et luy auoir fait part du labeur que i'auoys pris pour sçauoir vser en icelle, des propres mots, desquels ordinairement usent les maçons et autres ouvriers, chacun en son art et ouurage, me fist soustraire par l'imprimeur qui lors m'auoit mis en besongne, les huit premiers liures dudit Vitruve, soubz faintise d'vne entière amitié : tellement que ie fu frustré par l'vn, de l'honneur, et par l'autre du sallaire que mon labeur pouuoit meriter..... »

FIN DU TOME NEUVIÈME.

PARIS. — IMPRIMERIE DE Mme Ve BOUCHARD-HUZARD, RUE DE L'ÉPERON, 5.

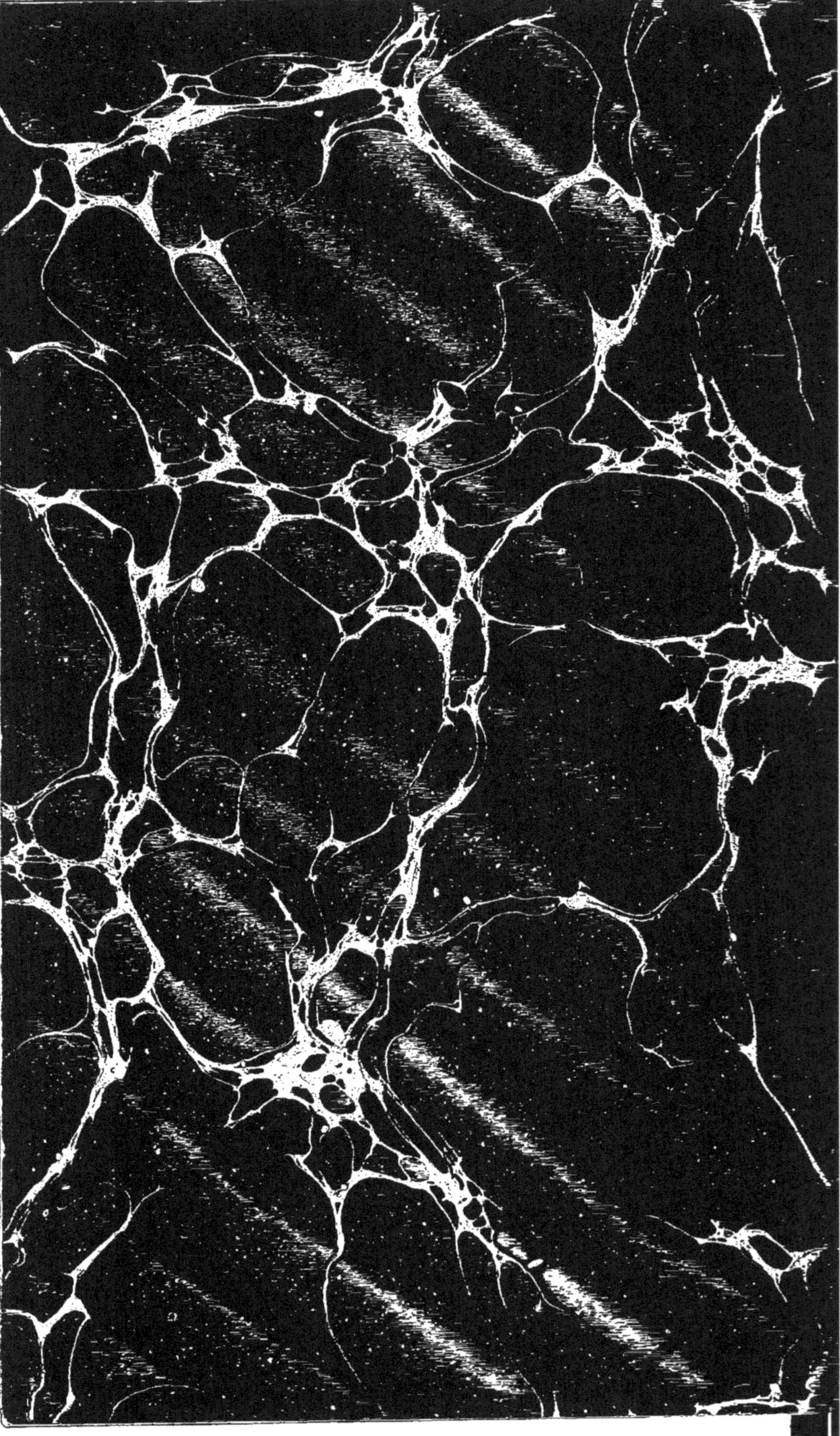

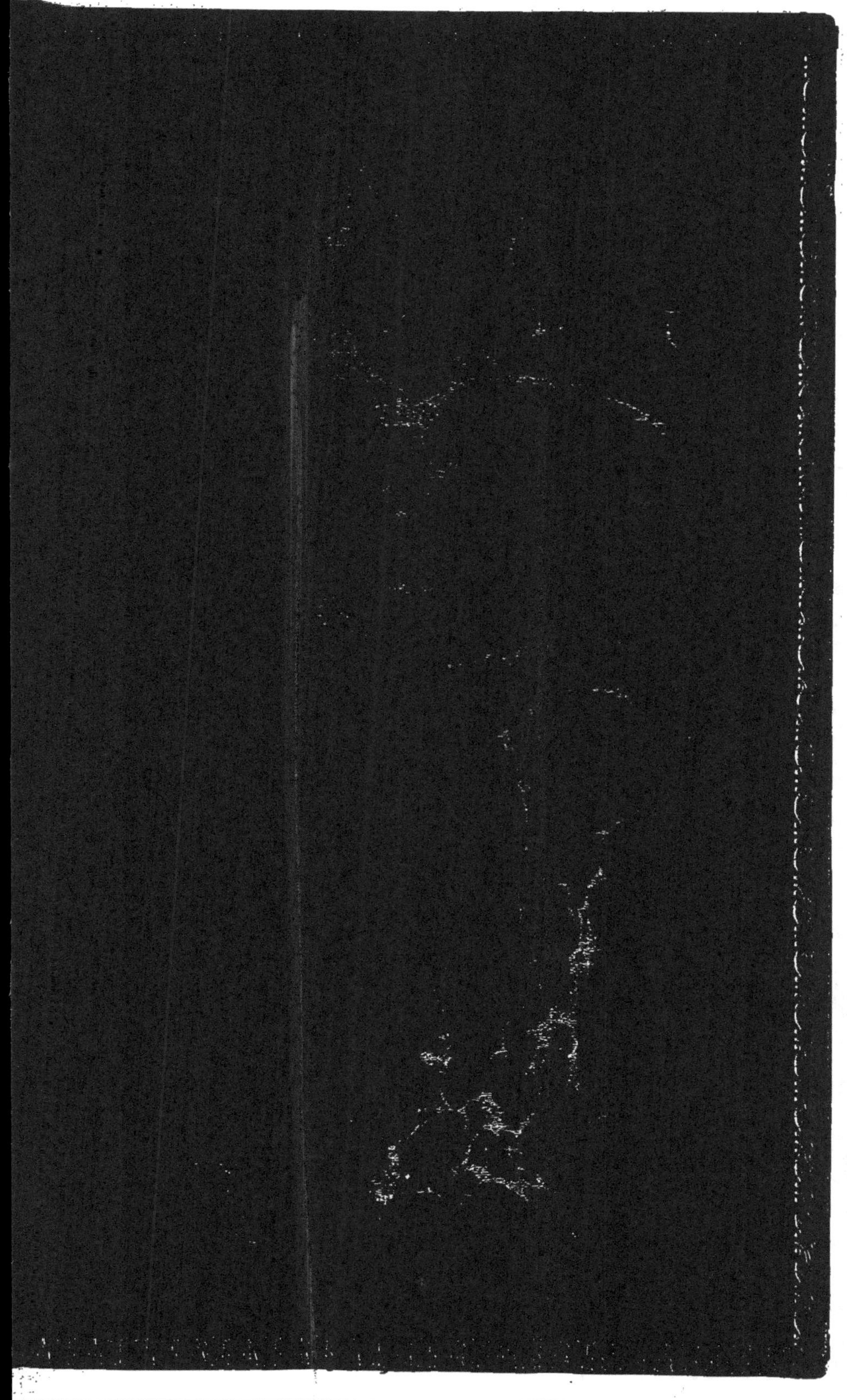

www.ingramcontent.com/pod-product-compliance
Lightning Source LLC
LaVergne TN
LVHW020534230826
846091LV00002B/275
9782014441178